全球化视野下的当代中国研究

当代西方中国学研究

管永前 著

学苑出版社

图书在版编目（CIP）数据

当代西方中国学研究 / 管永前著. -- 北京：学苑出版社，2020.7
ISBN 978-7-5077-5972-3

Ⅰ.①当… Ⅱ.①管… Ⅲ.①中国学—研究—西方国家 Ⅳ.①K207.8

中国版本图书馆 CIP 数据核字（2020）第 136315 号

责任编辑：	潘占伟　李　嫒
出版发行：	学苑出版社
社　　址：	北京市丰台区南方庄 2 号院 1 号楼
邮政编码：	100079
网　　址：	www.book001.com
电子信箱：	xueyuanpress@163.com
联系电话：	010-67601101（销售部）、010-67603091（总编室）
印　刷　厂：	北京建宏印刷有限公司
开本尺寸：	787×1092　1/16
印　　张：	15
字　　数：	290 千字
版　　次：	2020 年 7 月第 1 版
印　　次：	2020 年 7 月第 1 次印刷
定　　价：	88.00 元

前　言

改革开放以来，随着中国国家地位的上升和世界影响力的不断增强，海外中国研究呈现出突飞猛进的态势，越来越多的国家、地区、机构和学者参与到中国研究中来。从传统中国到当代中国，从文学、历史、哲学、宗教、语言、艺术到经济、政治、外交、军事、法律、环保，中国研究的深度与广度不断扩展。有关中国研究的著作汗牛充栋，数不胜数。可以说，海外对中国的了解和研究已经成为当今学界、商界、政界等各类人群所共同关注的焦点，海外中国学已经成为一门方兴未艾的世界性显学。

中国是世界文明古国，海外有关中国的研究始自中外文化交流，可谓源远流长。海外中国学在东方有上千年历史，在西方作为一门学科独立设立已有200余年历史。海外中国学与汉学既有联系又有所区别。一般说来，汉学偏重于对中国传统文化的研究，而二战后出现的中国学则以研究中国现实问题为主。[1]中国学（汉学）研究则是一门以海外的中国研究为关注对象的学术研究，亦即"研究的再研究"。随着中国学在海外成为一门显学和我国学术界对海外中国研究的关注，这项多学科的综合研究越来越受到人们的重视，成为中国改革开放以来发展最为迅速的学科之一。

20世纪初，中国学者就关注到世界范围内中国研究的进展。新中国成立后尤其是改革开放以来，中国学者广泛译介海外中国研究的优秀成果，关注世界各国的中国学、中国观与中国形象，并以国际化视角、全球化视域、跨学科思维对世界各国的中国研究开展学术史、文化比较等多方面的研究，取得了积极丰硕的成果。然而，正如朱正惠先生所言，海外中国学研究的外延很广，举凡中国历史、中国文学、中国哲学、中国政治、中国经济、中国社会、中国军事等，都在其研究范围之内，任何单位和个人都难以穷尽，只能通过具体学科的研究来各个击破。它们的研究会有交叉重叠，但又相对独立。中国以外的中国研究，不是一个国家、两个国家，而是遍布全球；中国以外的中国研

---

[1] 侯且岸：《当代美国的"显学"——美国现代中国学研究》，北京：人民出版社，1995年，第12页。

究，在西欧、东亚，时间长达百年、千年，长远的积累，成果浩如烟海；在一些发达国家，社会科学及其方法论相当成熟，影响到对中国的全面探讨，其深度与广度绝非短期之内能够把握清楚。诸如此类的情况说明，对海外汉学、中国学的研究绝非一蹴而就，而是一项长期建设的艰巨工程，需要我们踏踏实实去做。[1]

当今世界正处于百年未有之大变局中，在实现中华民族伟大复兴的道路上，中国国家软实力和国家形象需要不断提升，人类命运共同体的构建需要世界各国交流互鉴、凝聚共识、合作共赢，海外中国学研究对促进各国间民心相通、文化交流、文明对话方面发挥着独特的作用。海外中国学的繁荣发展，一方面表明世界比以往任何时候都更加关注中国，中国研究正日益显示出它的世界性；另一方面也表明中国比以往任何时候都更加需要关注世界，需要以世界眼光审度海外学术界对中国的评价与研究。中国的崛起是人类历史上的一个伟大奇迹，中国的成功从根本上挑战了西方近二百年来的"现代性"观念和现代化理论，中国道路和中国模式具有世界性意义。在中国走向世界的重大历史关头，崛起的中国需要重新塑造自己的国际形象，在世界范围内发出中国的声音，在与世界各种文明的对话中确立自我立场，进一步提升中华文化的国际影响力。

党的十九大报告强调"坚定文化自信"，建设社会主义文化强国；"加强中外人文交流，以我为主、兼收并蓄"；"推进国际传播能力建设，讲好中国故事，展现真实、立体、全面的中国，提高国家文化软实力"。[2]新时代要求我们广泛参与世界文明对话，促进中外文化互鉴，增强中华文化在世界上的感召力和影响力，推动中华文化走向世界。尤其是在当前中美关系紧张，后疫情时代中国国际舆论环境面临巨大压力的时候，中国不仅需要了解世界，也要让世界更加了解中国。加强海外中国学研究，推动中国文化走向世界，是讲好中国故事、传播好中国声音、提升中国文化软实力、树立良好国际形象、改善国际舆论环境的一项有效举措。

首先，在立场上我们要走出"西方中心主义"的窠臼，对中国文化树立高度的自信和自觉。我们必须清醒地认识到，在当前的世界学术话语中，无论是人文学科还是社会科学的研究，占主导地位的仍是西方的学术话语。在解释中国文明与文化，在解释当代中国的发展方面，西方中国学研究领域已经形成了一整套的理论和方法。关于中国研究，这个原本属于我们掌握话语权的研究领域，在国际范围起主导作用的仍是西方的中国学研究者，这在社会科学研究领域十分明显。然而，近年来世界的重心在向东方转移，走出"西方中心主义"是一个大的趋势，西方文明和中国文明一样都是地域性文

---

[1] 朱正惠：《中国学者对海外中国学研究的百年回顾——进程、特点和若干问题的思考》，载《甘肃社会科学》2013年第5期。

[2] 习近平：《决胜全面建成小康社会 夺取新时代中国特色社会主义伟大胜利》，北京：人民出版社，2017年。

明，既有普遍价值也有其局限性。对西方汉学和中国学盲目崇拜的时代应该结束了，一个平等对话的时代开始了。因此，在人类文明史的发展长河中重新评价中国文化的价值，在中西文化互动中重新理解西方的局限性，在文明互鉴的比较中重新书写世界历史，走出百年来的"西方中心主义"，对中国文化树立高度的自信和自觉，应该是我们的一个基本立场。

其次，在方法上我们要客观评价汉学家和中国学家的作用，引导他们向世界介绍一个真实完整的中国。我们应该看到，海外中国研究是在中西文化交流背景下展开的，从事海外中国研究的主体是汉学家和中国学家。然而，中国是一个有着超长文化历史的国家，一个有着超多人口的发展中国家，一个有着超大疆域的大国，一个快速崛起的新兴大国。理解中国并不是一件容易的事情，在一定意义上比从单纯的知识论上把握中国更加困难。一些从事中国历史文化研究的汉学家，对文化中国和历史中国充满感情，但由于中国政治体制不同于西方，难以接受一个当下发展中的中国；一些从事当代中国研究的中国学家，对中国的发展成就给予很高的评价，但无法解释这样一个生机蓬勃、总能化解矛盾、以惊人速度不断发展的中国，它的文化力量来自哪里。其实，中国是一个完整的中国，今天的中国是历史中国的自然延续，当代中国的成就有其内在的发展逻辑与文化的合理性。但中国本身的历史逻辑和思想逻辑的连续性还不能被国外的汉学家和中国学家们完全理解，他们整体的中国观是动摇的或者模糊的。因此，如何引导汉学家和中国学家向世界介绍一个真实而完整的中国，是我们在方法论上必须深入思考和解决的一个重大问题。

最后，在学术上我们要积极展开互动，建立批评的中国学研究。知识无国界，海外中国学的存在表明中国知识和学问的国际化。对海外中国学展开研究，是中国学术健康发展的一个重要标志。正如张西平教授所言，我们要与汉学家和中国学家积极进行对话、交流，展开严肃的学术讨论、批评，对这种异域学问进行跨文化的理解，建立一种批评的中国学研究。[1]在世界范围内展开中国文化研究，熟悉国际范围内的中国文化研究成果，学习汉学家和中国学家的宝贵经验，理解他们在跨文化背景下开展中国文化研究的特点；同时与其展开学术对话，纠正他们在知识论和方法论上存在的问题，从而更好地向外部世界介绍中国，这是全球化时代中国学术走向世界的必由之路，也是中国学术重建的必由之路。

正是在这种意义上，本书希望为推进海外中国学研究奉献绵薄之力。鉴于海外中国研究涉及地域之广阔、语种之复杂、内容之丰富、方法之多样、时间跨度之长久，本书研究范围主要指（但不限于）欧美西方英语学界关于现当代中国的研究。本书收录了作

---

[1] 张西平：《建立一种批评的中国学》，载《国际汉学》2020年第1期。

者近年来发表的21篇相关学术论文，分为三个专题。

一、中国学（汉学）研究。《对国外中国学（汉学）研究的回顾与思考》在试图厘清"汉学""中国学"概念的基础上，简要回顾了国内中国学（汉学）研究的概况，对这一领域在学科定位、理论构建、人才培养、力量整合等方面存在的问题提出了初步思考。《文献计量学视角下的国外当代中国研究——以《中国季刊》（1960—1969）为个案》采用文献计量学方法，在对国外当代中国研究领域中的主要学术期刊进行简要比较的基础上，对《中国季刊》1960—1969年间357位作者的国别、部门、职业、身份、职称、研究领域和专长进行分类统计，对其发表的449篇论文、367篇书评进行归纳分析，初步总结了20世纪60年代《中国季刊》的作者概况、研究重点、研究特色与缺憾不足，为深入了解西方当代中国研究提供了一个可资参考的学术个案。《麦克法夸尔与〈中国季刊〉的创立》考察了20世纪60年代初麦克法夸尔创办《中国季刊》的历程，介绍了他担任主编期间组织的主要学术活动，并就其推动西方中国学从政策研究向学术研究转变的历史贡献进行了简要述评。《从"传教士"汉学到"新汉学"：西班牙汉学发展与流变述略》爬梳了16世纪中叶至21世纪初西班牙汉学的发展历程和流变，并以各个历史时期具有代表性的汉学家为线索，梳理西班牙汉学发展史上的重要文献，将21世纪初西班牙汉学所呈现出来的不同于传统"传教士"汉学的研究路径和研究方法概括为"新汉学"。《70年来印度的中国研究：历史与趋势》将1949年以来印度的中国研究分为三个阶段，初步梳理了每一阶段的研究内容和基本特点，分析了当前印度的中国研究中存在的问题和不足，认为今后两国学术界应进一步开展建设性互动和思想对话，以促进中印人文交流和文明互鉴。。

二、海外视野中的中国政治研究。《美国"中国通"眼中的中国共产党——谢伟思1944—1945年的延安报告》考察了谢伟思与毛泽东等中共领导人的亲密接触，他对中共的成长历程、国共关系及中共对美苏态度等问题的深刻见解，揭示了谢伟思在中美交往史中的独特地位和重要作用。《〈中国季刊〉视角下的西方毛泽东研究（1960—2014）》梳理了《中国季刊》发表的关于毛泽东研究的103篇文章，初步总结了西方毛泽东研究的主要内容和基本特色，以期为学界深入研究提供借鉴。《国际学术视野中的邓小平研究——基于"中国文化海外传播动态数据库"的分析》对20世纪40年代以来海外邓小平研究的历史分期、文献出版（语种、出版年、出版社）、主要内容、方法与局限进行初步梳理，大体上勾勒出海外邓小平研究的发展状况。《莫里斯·迈斯纳的中国社会主义思想研究》通过迈斯纳的独特视角来理解毛泽东以及他的那个时代，并通过这些历史和思想遗产的思考，探寻其对我们所具有的启迪和意义。《斯图尔特·施拉姆关于中国革命"乌托邦"思想根源的探析》借用西方"乌托邦"的分析范式，试图对中国革命和建设发展过程中取得的成就和走过的曲折道路进行探究，并力图寻找其根源。《以王道取代霸道：中国崛起在世界上的角色——汪荣祖教授访谈录》认为，中华文化的精髓是王道精神，王道乃中华所尊奉的悠久传统，也是中国和平崛起的精神依据，中美之间的矛盾不是霸权挑战霸权，而是中国要以王道来对付霸道。

三、中国文化海外传播研究。《在文明互鉴中树立文化自信》从历史的角度探讨如何坚定文化自信问题，认为中华文化自信在面向世界的开放中增强，在与世界各国文明的交流互鉴中彰显；中华民族历史上素有文化自信的气度，但当代中国文化自信面临严重问题；树立文化自信，应该重拾中华优秀传统文化的自信，推动中华文化与世界其他文化进行平等交流互鉴，提升中华文化国际话语权。《一带一路与中华文化海外传播》认为，"一带一路"倡议从历史深处走来，饱含着中华五千年文明的基因，我们必须更加重视文化交流合作，处理好经贸合作和人文交流的关系，务实推进文化影响与舆论引导的关系，为推动"一带一路"建设提供文化支撑。《中华文化在美国的影响——以王小良研究为个案》通过美国华裔学者王小良的研究表明，中华文明对美国早期发展的影响涉及哲学、法律、农业、技术、航海和贸易等方方面面，远非今天的中国人和美国人所能想象；中华文明对美国建国进程的影响不是一个"历史故事"，而是一个历史史实和传统。《孔子与美国建国——美国开国元勋以儒家道德哲学建立新美德的努力》是本书中唯一的一篇译文，该文罕见地揭示了美国创立初期，开国元勋们针对当时道德腐败所带来的糟糕结果，利用中国儒家道德哲学建立美国的"新美德"，以培养具有良好道德的公民为国家服务，从而彰显了中华文明对西方文明的影响，尤其是儒学对世界其他文明的潜移默化作用。《〈习近平谈治国理政〉海外传播效果初探》和《〈习近平谈治国理政〉海外传播效果再探》通过连续追踪分析收藏该书的世界各大图书馆的数量及其分布，梳理海外各界对该书的评价与认知，认为该书之所以受到国际社会的持续关注，主要在于它回应了一个时期以来国际社会对一个正在走向世界舞台中心的大国的关注，为海外读者开启了一扇观察和感知当代中国的重要窗口，是推动中国理念"走出去"的一次重要尝试。《初大告与中文典籍英译》表达的主旨是，初大告是较早进行中文典籍英译并获得成功的中国学者之一，曾为中西文化交流和海外汉学的发展做出过重要贡献。《一位矢志于新中国对外传播事业的美国人——李敦白的跌宕人生》告诉我们，李敦白做过35年中国对外广播的专家顾问，参加过许多中央文件，包括《毛泽东选集》的翻译定稿工作，曾经"红"遍神州大地；他对当代中国的许多剧变都有近距离的观察，在新中国的对外文化宣传活动中扮演了极有影响力的角色；他个人生活的跌宕起伏，折射着历史的华章与疯狂；他对理想矢志不渝的追求，可以帮助我们感受理想主义者的真诚，追寻生命的力量与真谛。《跨越国界的友谊传播——费正清与林徽因的交往》通过回顾这段鲜为人知的跨国友谊，使我们不仅能够感受中美两国学人结下的深厚情谊，更可体验那段坎坷动荡的岁月里，中国知识分子在异常艰苦的条件下仍矢志不渝坚持学术报国的可贵精神。可以说,这是发生在中国20世纪三四十年代的一道亮丽的文化风景线。《在世界范围内展开中国文化研究——张西平教授访谈录》是最后一篇,以访谈的形式展示了张西平教授丰富多彩的人生经历、学术转型的心路历程和为推动海外汉学研究所做出的重大贡献。自20世纪90年代初,他从西方当代哲学研究转向明清中西文化交流史研究,并以此为基点向东西两侧展开,向东即"西学东渐",进入明清基督教史研究和明清文化史、思想史研究;向西即"中学西传",进入欧洲早期汉学史研究、欧洲近代文化史和思想史研究,在世界文化的范围内审视中国文化的价值。他为何要"问学于中西之间"?如何看待这一代人的学问与志向?如何评价海外汉学(中国学)的价值和意义?如何促进全球化状态下的学术互动?都是本文探讨的中心问题。

以上三个方面构成了本书的主要框架,也是作者近年来关注的主要学术方向。但是海外中国学(汉学)不是一个学科,它是一个研究领域,其内容几乎没有边界。在世界范围内考察中国文化的当代意义,在与西方文化的互动中关照中国文化的价值和意义,这是一个全新的研究。我在这些方面所做的一些初步探讨,还是粗浅甚至粗陋的,错误和不足一定在所难免,诚恳希望得到方家的批评指正。

为中国和平发展服务是当代中国知识分子义不容辞的责任,推动中国学术"走出去"、提高中国文化国际影响力,是当代中国知识分子的使命担当。我们只有在世界范围内与海外中国学界展开对话与合作,才能逐步拥有在世界学术领域中的发言权;我们只有在世界范围表达我们中国学术的理想、立场、传统与文化,才能在当下这个"三千年未有之大变局"的背景下,真正重建中国当代学术体系和理论,开创属于我们这一代人的学术事业。

管永前

2020年7月12日

目　录

中国学（汉学）研究

对国外中国学（汉学）研究的回顾与思考………………………………………002

文献计量学视角下的西方当代中国研究
　　——以《中国季刊》（1960—1969）为个案…………………………………008

罗德里克·麦克法夸尔与《中国季刊》的创立…………………………………029

从"传教士汉学"到"新汉学"：西班牙汉学发展与流变述略…………………039

70年来印度的中国研究：历史与趋势……………………………………………051

海外视野中的中国政治研究

美国"中国通"眼中的中国共产党
　　——谢伟思1944—1945年的延安报告…………………………………………062

《中国季刊》视角下的西方毛泽东研究（1960—2014）…………………………070

国际学术视野中的邓小平研究
　　——基于"中国文化海外传播动态数据库"的分析……………………………084

莫里斯·迈斯纳的中国社会主义思想研究………………………………………099

斯图尔特·施拉姆关于中国革命中"乌托邦"思想根源的探析…………………110

以王道取代霸道：中国崛起在世界上的角色
　　——汪荣祖教授访谈录…………………………………………………………123

中国文化海外传播研究

在文明互鉴中树立文化自信……………………………………………………132

略论"一带一路"与中华文化海外传播…………………………………………138

中华文明对美国早期发展的影响
　　——以华裔学者王小良的研究为个案………………………………………150

孔子与美国建国
　　——美国开国元勋以儒家道德哲学建立新美德的努力……………………159

《习近平谈治国理政》的海外传播与影响………………………………………171

《习近平谈治国理政》海外传播效果再探………………………………………190

初大告与中文典籍英译……………………………………………………………197

一位矢志于新中国对外传播事业的美国人
　　——李敦白的跌宕人生………………………………………………………208

跨越国界的友谊传播
　　——鲜为人知的费正清与林徽因的交往……………………………………214

在世界范围内展开中国文化研究
　　——张西平教授访谈录………………………………………………………219

致　谢 …………………………………………………………………………229

中国学（汉学）研究

对国外中国学（汉学）研究的回顾与思考

20世纪70年代末以来，随着我国改革开放的不断深入，国外中国学（汉学）专门研究机构相继成立，各种著述和译作大量涌现，连续性专业期刊陆续创立，高水平学术交流活动不断开展，该学科已经成为我国学术界不可忽视的一个新兴领域。但由于起步较晚，这一领域在学科定位、理论构建、人才培养、力量整合等方面还有待于深入探索。本文在试图厘清"汉学""中国学"概念的基础上，对国内中国学（汉学）研究概况进行回顾，对其中存在的问题提出思考，以求教于方家。

一、"汉学"和"中国学"辨异

本文所谓的"汉学"和"中国学"，是对国外研究中国学术的总称，包括国外关于中国社会、政治、经济、文化和历史等诸多领域的研究。

很长时间以来，国外有关中国问题的研究被称为"汉学"。西方汉学（Sinology）始于欧洲，其中西班牙、意大利、荷兰、法国、德国、瑞典等国是汉学开展较早的国家，传教士曾发挥了重要作用。1814年，法兰西学院开设了欧洲第一个汉学讲座，雷慕沙（Jean Pierre Abel-Rémusat，1788—1832）任讲座教授，这是汉学作为一门学科在西方诞生的标志。此后，汉学开始进入西方各国大学，确立了独立的学科地位，到目前为止已有400余年历史。其特点是以研究中国的哲学、宗教、艺术、历史、文学、语言等人文学科为主，对政治、经济等社会科学领域的研究涉猎较少。二战以后，特别是中华人民共和国成立以来，以美国为代表的西方汉学开始转向专注于对中国当代事务的研究，"它完全打破了传统汉学的狭隘的学科界限，将社会科学的各种理论、方法、手段融入汉学研究和中国历史研究之中，从而大大开阔了研究者的研究视野，丰富了中国研究的内容"[1]，在国际上成为具有现代意识、更多地具有社会科学内容的汉学——"中国学"

---

[1] 侯且岸：《当代美国的"显学"——美国现代中国学研究》，北京：人民出版社，1995年，第12页。

（Chinese Studies）。"中国学"所关心的不完全是中国的传统文化，更多的是中国的政治、经济、军事、教育和社会生活、社会心理等各个层面的问题。"中国学"以现实为中心，以实用为原则，以国家战略利益为考量，以非文化或者泛文化为特征，极大地影响了传统汉学的研究方向和内容，其影响力甚至超过了传统汉学。

关于"汉学"与"中国学"的区别，一般认为中国学脱胎于汉学，但又区别于汉学。对于如何称谓国外对中国的研究，我国学术界目前尚未有统一的见解。正如北京大学严绍璗教授所指出的，"我国学术界目前在关于Sinology、Chinese Studies等的译名和关于这一学术的名称的认定方面，认识上的差距很大"[1]。有的主张仍然延续"汉学"的称谓[2]，有的主张用"中国学"取代"汉学"[3]，有的主张"汉学"与"中国学"两种称谓并存[4]。总的倾向是从事古代人文学科研究的学者多喜欢将国外对中国的研究称为"汉学"，而从事近现代社会科学研究的学者则多将国外的中国研究称为"中国学"。

最近几十年，国外"汉学"和"中国学"发展中出现了一种值得关注的趋势："Sinology"和"Chinese Studies"的研究主体、研究对象、研究方法已在相互接近和兼容，许多称为汉学家的人突破了传统"汉学"的领域，也在研究属于当代社会科学的学科，而许多称为中国学家的人超出了当代和社会科学的范围，开始向文学、史学、哲学等人文学科延伸。这种状况既出现在欧洲的汉学界，也出现在美国的中国学研究之中，即是说美国的中国学家也有采用欧洲传统汉学研究方法和模式从事研究的；欧洲也有相当多的汉学家踏入了美国中国学家研究的路径。

在传统"汉学"与"中国学"界限逐渐模糊的情况下，在我国学术界对国外有关中国研究的称谓未达成统一见解之前，笔者认为对国外关于中国的研究统一使用"中国学（汉学）"的称谓，不仅可以包容所有关于中国问题的研究，也可以使人们对历史的中国有更深刻的认识，对现代的中国有更好的理解。本文正是在这样的意义上，将国外对中国的研究统称为"中国学（汉学）"。

二、国外中国学（汉学）研究概况回顾

尽管国外对中国的研究有着很长的历史，我国学界对这一领域的研究却晚得多，将国外中国学（汉学）作为一个学科对待更是20世纪70年代末80年代初的事情。迄今为止国内已经成立了专门科研机构，并有数量可观的专著、译著、论文和专业学术刊物问

---

[1] 严绍璗：《我对国际中国学（汉学）的认识》，载《国际汉学》2000年第5期。
[2] 计翔翔：《汉学正名》，载《浙江社会科学》2002年第5期。
[3] 朱政惠：《日益受到关注的海外中国学研究》，载《华东师范大学学报》1995年第6期；何培忠：《国际汉学的出现与汉学的变化》，载《国外社会科学》2006年第2期。
[4] 阎纯德：《从"传统"到"现代"：汉学形态的历史演进》，载《文史哲》2004年第5期；张西平：《近年来国内对海外中国学翻译、研究述评》，载《国家图书馆学刊》1992年第1期。

世，对国外中国学（汉学）的性质、方法和学科史诸方面进行了有益探索，已经成为国内学界不可忽视的一个新领域。

1949年中华人民共和国成立后，我国对国外中国学关注不多，仅限于数本翻译著作[1]，如泰勒·丹涅特（Tyler Dennett）的《美国人在东亚》（商务印书馆，1959）、赖德烈（Kenneth Latourette）的《早期中美关系史（1784—1844）》（商务印书馆，1963）以及美国著名汉学家劳费尔（Berthold Laufer）的《中国对古代伊朗文明史的贡献》（中华书局，1964）等，可谓寥寥。

国内对国外中国研究的关注始于20世纪70年代末期，至今已约40年，可大致分为两个阶段。第一阶段自20世纪70年代末期至80年代末，主要是对国外中国学情况的调查了解和研究作品的翻译介绍。

1975年中国社会科学院情报研究所成立了国内第一个专门研究国外中国学（汉学）的机构——国外中国学研究室，编辑出版了《国外中国研究》（丛书，共出版4辑，1977）、《美国的中国学家》（1977）、《外国研究中国》（丛书，共出版4辑，1978—1980）、《国外西藏研究概况》（1979）、《国外研究中国问题书目索引》（1981），并于1979—1983年先后整理出版了美国、日本和苏联中国学手册，其中尤以《美国中国学手册》（1986、1993有增订本）最受好评，为国内在这一领域的研究提供了基础资料。

1981年中华书局出版了《近三十年国外"中国学"工具书简介》（冯蒸编著），该书可被认为是此后众多国外中国学工具书的先行之作。北京大学中文系古文献研究室编辑出版的《国外中国古文化研究情况》（1979）、中国社会科学院近代史所编辑出版的《国外中国近代史研究》（1980—1995，共出版27册）以及青海人民出版社出版的《国外中国学研究译丛》（1986）等也是80年代前后国内学界在这一领域的早期努力。

除上述丛书外，其他单独出版的单卷本或多卷本中国学著作，数量更加可观，其中最为著名的是英国科学家李约瑟（Joseph Needham，1900—1995）主编的《中国科学技术史》，英、美汉学家崔瑞德（Denis Twitchett，1925—2006）、费正清（John King Fairbank，1907—1991）等主编的《剑桥中国史》等。

第二阶段自20世纪90年代初至今，主要是专门研究机构的建立、众多研究丛书的出版和专业刊物的出现，国外中国学研究进入了前所未有的繁荣时期。

1991年后关于国外中国学（汉学）研究的专门机构相继出现。目前北京大学、华东师范大学、北京外国语大学、清华大学、北京语言大学、北京师范大学、四川外语大学、苏州大学、西安外国语大学、中国社会科学院等高等院校和科研单位都设立了汉学或中国学研究机构，并积极开展各种科研活动。

---

[1] 崔玉军：《80年代以来大陆的国外中国学研究：历史与展望》，载《国际关系学院学报》2006年第3期。

目前已经出版或正在出版的国外中国研究丛书（包括著述和翻译）主要有：中华书局的《中外关系史名著译丛》（1981—2019）、《法国西域敦煌学名著译丛》（1993—2003）、《日本学者研究中国史论著选译》（1992—1993）；江苏人民出版社的《海外中国研究丛书》（1988—2020）；上海古籍出版社的《海外汉学丛书》（1989—2019）、《海外珍藏善本丛书》（1993—2000）；花城出版社的《中国文学在国外丛书》（1990—2003）；江西人民出版社的《东方文化丛书》（1990—2007）；新疆人民出版社的《瑞典东方学译丛》（1994—2000）；上海三联书店的《海外中国学研究系列》（1997—1999）；辽宁教育出版社的《当代汉学家论著译丛》（1997—2000）；吉林摄影出版社的《外国人眼中的中国》（1997—2000）；光明日报出版社的《西方人眼中的中国名著译丛》（1998—2000）；河北人民出版社的《〈东学西渐〉丛书》（1999）；大象出版社的《国际汉学研究书系》（2001—2010）等十数种[1]。此外，还有商务印书馆出版的《海外汉学研究丛书》、上海书店出版的《外人眼中的近代中国》丛书、中华书局出版的《西方的中国形象》译丛、上海远东出版社的《美国史学大师史景迁中国研究系列》、三联书店出版的《余英时作品系列》以及钱林森主编上海书店出版社出版的《走近中国》文化译丛、熊月之主编上海古籍出版社出版的《上海史研究译丛》，等等。

在国别史研究方面，《日本中国学史》（严绍璗，1991）、《德国的汉学研究》（张国刚，1994）、《当代美国的"显学"——美国现代中国学研究》（侯且岸，1995）、《瑞典汉学史》（张静河，1995）、《法国当代中国学》（戴仁主编、耿昇翻译，1998）、《英国汉学史》（熊文华，2007）、《俄罗斯汉学三百年》（阎国栋，2007）、《朝鲜半岛汉学史》（刘顺利，2009）、《美国的中国学研究》（仇华飞，2011）、《美国中国学发展史：以历史学为中心》（朱政惠，2014）、《意大利汉学史》（张永奋、白桦，2016）、《西班牙的汉学研究（1552—2016）》（张铠，2017）等，可谓是前所未有的开山之作。

工具书性质的著作有《世界中国学家名录》（中国社会科学院文献信息中心、外事局，1994）、《北美汉学家辞典》（安平秋、安乐哲，2001）、《美国的中国近现代史研究》（胡大泽，2004）、《欧洲中国学》（黄长等，2005）、《北美中国学：研究概述与文献资源》（张海惠等，2010）、《美国汉学史》（熊文华，上下册，2015）。综述性的著作有《国际汉学漫步》（李学勤，1996）、《国外汉学史》（何寅、许光华，2002）、《国外中共党史研究述评》（梁怡、李向前，2005）、《欧美汉学研究的历史与现状》（张西平，2006）、《当代国外中国学研究》（何培中，2006）、《中国学

---

[1] 温国强：《海外汉学研究出版物一瞥：1978—2000》，载《图书馆杂志》2001年第11期。

（China Studies）》（鲁曙明，2012）等。

其他的著述还有《走进东方的梦：美国的中国观》（王景伦，1994）、《西方中国古代史研究导论》（胡志宏，2002）、《十七世纪中期汉学著作研究》（计翔翔，2002）、《大洋彼岸的回声——美国中国史研究考察》（陈君静，2003）、《美国战后中国学》（王建平等，2003）、《近代中外文化交流史》（张海林，2003）、《美国中国学史研究》（朱政惠，2004）、《美国中国学研究》（刘招成，2009）、《中国观察：欧洲、日本与美国的视角》（［英］罗伯特·艾什、［美］沈大伟、［日］高木诚，2013）、《走进他者的汉学世界：美国的中国研究及其学术史探》（吴原元，2016）、《中印文化交流史》（薛克翘，2017）等。另外，还出现了以国外中国研究为对象的硕士、博士论文100余篇，显示出这一领域正在受到年轻一代学者的关注。

按创刊先后顺序，国外中国学（汉学）连续性学术期刊（含辑刊）主要有：《国外中国学研究》（张良春主编，1991），《清华汉学研究》（葛兆光主编，1994），《国际汉学》（任继愈主编，现为张西平主编，1995），《法国汉学》（［法］龙巴尔、李学勤主编，1996），《汉学研究》（阎纯德主编，1996），《中国学研究》（吴兆路、金伯昀主编，1997），《汉学论丛》（陈仁凤等主编，1997），《世界汉学》（刘梦溪主编，1998）[1]，《海外中国学评论》（朱政惠主编，现为刘昶、王燕主编，2006），《海外中国学研究》（韩强、梁怡主编，2014）。除此外，国内很多学术期刊，如《史学研究》《中国史研究动态》《史学理论研究》《当代中国史研究》《国外社会科学》等也发表了许多国外中国学（汉学）研究方面的论文。上述情况表明，国内的中国学（汉学）研究正呈现出前所未有的繁荣局面，似乎预示着一种新的专业化学科正在进入中国学术系统之中。

三、对国外中国学（汉学）研究的若干思考

经过40年的学术积累，尤其是21世纪头两个十年的迅速发展，我国的国外中国学（汉学）研究已在很多方面取得了引人瞩目的成就。但国外中国学（汉学）研究还是一个正处于发展中的研究领域，需要解决的问题还有很多。

首先，适应学术发展趋势，尽快明确学科定位。"学科"的划分更多是为了研究的方便，"学科"的分聚与兴衰往往随外在的社会需求和学理内部的发展而演化。西方汉学不仅很早就成为一门职业化的专门学问，在二战后发展到中国学阶段，区域研究已成为正式的学科门类，今日西方一些大学（特别是层次较高的大学）多设有专门的区域研究系或科（专业），更出现了科学化、精细化的趋势[2]。但遗憾的是，迄今为止我国的国

---

[1] 任大援：《"汉学"与"中国学"：20年来国内出版物览要（下）》，载《中国出版》1999年第6期。
[2] 罗志田：《国学不是学：西方学术分类与民初国学定位的困惑》，载《社会科学研究》2002年第1期。

外中国学（汉学）研究还不是一个独立的学科，在整体上没有明确的学科归属，国内学术研究管理部门还没有充分认识到这些研究项目的战略意义。国家哲学和社会科学管理部门应充分考虑到跨学科、跨文化研究的发展需要，采取必要的措施予以提倡和扶持，尽快明确该领域的学科定位。[1]

其次，探索内在动因，构建学科理论。对国外中国学（汉学）开展研究，并不是把国外学者的研究翻译成中文，然后做一些评判；也不是对学术演变的发展线路做些跟踪式的叙述，而是应该深刻思考这一领域发展背后的历史原因和内在动力，最大程度地理解其性质和实质，从而为国内积极吸收国外学者的学术成果，与国外学者开展平等的学术交流和对话，在更大的范围和更宽广的领域中加深对中国文化和中国人文社会学术的研究，并最终使中国学术走向世界做出努力。对中国研究背后学科理论的探索和构建，将有助于我们更好地从学术史的角度理解国外中国学（汉学）内在的发展线索，这是一项颇具难度又亟待加强的工作。

再次，改革现行人才培养方式，努力塑造研究型学术"通才"。在国外中国学（汉学）研究领域要克服立竿见影的思想，克服浅视和急功近利的治学态度，要有准备做中长期研究的打算。高等学校与高等研究机构应该真正吸引有志作纯学术研究的人才，鼓励和培养出一批献身学问的非功利型学人，做比较长期的基础性研究工作。因为做学问和搞研究只有在还其本质，去掉了一切光环和利益的诱惑，为其自身的价值和使命而存在的时候，它才真正有意义，或有被光大的可能。在具体培养过程中，必须改革现行人才培养方式，力争塑造"通才"，着重对所学知识的融汇贯通[2]。因为它涉及了中国文明的整个领域，没有真正过硬的学术功底，没有高远博雅的思想境界，不仅不能解决问题，或许连发现问题的可能都没有。

最后，积极加强学术交流，成立全国性研究组织。尽管目前国内涌现出了众多的国外中国学（汉学）研究机构，研究人员也为数众多，但是相关学者之间多无联系，基本上处于一种各自为政的状态，缺乏经常性的学术交流活动，尤其缺乏一个具有指导作用的全国性学术组织。目前非常需要这样一个学术组织，在其指导下不但可以有效地整合现有的研究力量和资源，还可以在一个更高的层面上制订计划，避免研究课题选择上的重复、撞车和研究资源的浪费，以更好地推动这一年轻学科的发展。

（本文最初发表于《山西高等学校社会科学学报》2009年第1期，本次有修订）

---

[1] 侯且岸：《认知中国：文化研究的路径》，北京：北京出版社，2006年，第276页。
[2] 王海龙：《对汉学流变的回顾与思考》，载《上海师范大学学报》1996年第2期。

文献计量学视角下的西方当代中国研究
——以《中国季刊》（1960—1969）为个案

《中国季刊》（*The China Quarterly*）1960年创刊于英国伦敦，是西方最早专门研究当代中国的学术刊物，[1]也是西方学者特别是欧美学者发表有关当代中国研究成果的最主要刊物，长期以来在国外当代中国研究领域具有权威地位和重要影响。[2]本文采用文献计量学方法，在对国外当代中国研究领域中的主要学术期刊进行简要比较的基础上，对《中国季刊》1960—1969年间357位作者的国别、部门、职业、身份、职称、研究领域和专长进行分类统计，对其发表的449篇论文、367篇书评进行归纳分析，初步总结了60年代《中国季刊》的作者概况、研究重点、研究特色与缺憾不足，为深入了解西方当代中国研究提供了一个可资参考的学术个案。

一、当代中国研究领域中的主要英文期刊

在本文讨论的范围内，当代中国研究（Contemporary Chinese Studies），也称当代中国学，主要指西方尤其是美国社会科学界，对1949年中华人民共和国成立后有关中国大陆（内地）及台、港、澳地区社会、经济、政治与文化诸方面的多学科研究，至今已成为包括中国学者参与的有关中国社会变迁与发展的一门综合性、跨学科的学问。[3]

20世纪60年代西方的中国研究，已经大大不同于40年代主要为满足第二次世界大战的需要而进行的"情报刺探和政策研究"，也不同于50年代初期"麦卡锡主义"疯狂打压下的"中国研究禁锢期"，它开始走向机构化、学术化的发展道路，迎来了迅速

---

[1] 《中国季刊》是最早专门致力于当代中国研究的杂志，并长期垄断这一研究领域。除《中国季刊》外，当时关于中国的文章还常常出现在《共产主义问题》（*Problems of Communism*）、《比较共产主义研究》（*Studies in Comparative Communism*）及少数专业杂志上。
[2] 郝平：《美国当代中国研究四十年概述》，载《北京大学学报》（哲学社会科学版）1997年第6期。
[3] 周晓虹：《当代中国研究的历史与现状》，载《南京大学学报》2002年第3期。

发展的"黄金时期"。[1]以《中国季刊》为代表的一批学术期刊，作为重要的研究载体，从60年代开始陆续创建起来。相比较而言，专门研究当代中国的学术期刊，具有理论观点新、信息容量大、出版周期短、发行覆盖面广等特点，是国外中国研究的重要学术资源，其发展一定程度上反映了西方学者对当代中国问题研究与关注的趋向和成果，至今仍是我们了解国外当代中国研究动态和发展趋势的主要窗口和渠道。根据目前已经掌握的资料，当代中国研究领域中的主要英文学术期刊（人文社科类）至少有9种。详见下表：

表1　当代中国研究领域中的主要英文学术期刊（人文社科类）

刊名	创刊年	国别	所在地	主办/出版	现任主编	期/年	学科
The China Quarterly	1960	英国	伦敦	伦敦大学	Tim Pringle	4	跨学科
Issues & Studies	1964	中国	台北	政治大学	Chien-wen KOU	4	跨学科
China Report	1964	印度	德里	德里大学	Sreemati Chakrabarti	4	跨学科
Late Imperial China	1965	美国	巴尔的摩	约翰·霍普金斯大学	Steven Miles	2	历史
The China Business Review	1974	美国	华盛顿	美—中贸易全国委员会	Virginia A. Hulme	6	商贸
Modern China	1975	美国	洛杉矶	加利福尼亚大学	黄宗智	6	跨学科
The China Journal（The Australian Journal of Chinese Affairs）	1979	澳大利亚	堪培拉	澳大利亚国立大学	Anita Chan和Jonathan Unger	2	跨学科
China Information	1986	荷兰	莱顿	莱顿大学	Tak-Wing Ngo	3	跨学科
The Journal of Contemporary China	1992	美国	丹佛	丹佛大学	Suisheng Zhao	6	跨学科

说明：本表来源于作者对国家图书馆所藏西文期刊的初步筛选与统计。

通过对上述期刊进行比较，可以发现，20世纪60年代以前，国外还没有专门以当代中国为研究对象的英文学术杂志。因此，1960年由美国出资、在伦敦创办、由麦克法夸尔（Roderick MacFarquhar，中文名马若德）任主编的《中国季刊》，是西方第一份专门致力于当代中国研究的综合性跨学科刊物。[2]除《中国季刊》外，其他学术刊物都是从20世纪60年代中期开始陆续创立的，主要有：中国台北的 Issues & Studies（《问题

---

[1] 侯且岸：《当代美国的"显学"——美国现代中国学研究》，北京：人民出版社，1995年，第4页。
[2] 参见：管永前、孙雪梅：《麦克法夸尔与〈中国季刊〉的创立》，载《北京行政学院学报》2009年第2期。

与研究》，1964），印度的 China Report（《中国述评》，1964）、美国的 Late Imperial China（《清史问题》，1965）、美国的 The China Business Review（《中国商务评论》，1974）、美国的 Modern China（《近代中国》，1975）、澳大利亚的 The China Journal（《中国研究》，原 The Australian Journal of Chinese Affairs，1979）、荷兰的 China Information（《中国信息》，1986）和美国的 The Journal of Contemporary China（《当代中国》，1992）。

与《中国季刊》相比，Issues & Studies 和 China Report 因地处中国台湾和印度，远离欧美中国研究的"大本营"，在20世纪60年代影响不大；Late Imperial China 虽然在美国，但以研究中国明清史为主，严格说来，既非跨学科，也不大关注当代中国；Modern China 和 The China Journal 等其他刊物都成立于70年代中期及以后。由于《中国季刊》创刊时没有竞争对手，在整个60年代几乎处于垄断地位。可以说，《中国季刊》是60年代国外当代中国研究繁荣发展的具体体现，又是国外当代中国研究的重要载体和历史缩影。把《中国季刊》作为一个学术个案，研究剖析其作者群体、主要论文和书评，是我们把握国外当代中国研究领域主要理论成果、重要观点和发展演变历程的一条重要途径。

二、《中国季刊》的作者群体

《中国季刊》自创刊至今已连续出版52年，其间十易主编，在世界范围内发行，其编委会成员人数众多，国籍分布较广，每年成员数量会有一定变化。如2003年其成员为60人，2019年其成员为47人。其历任主编都是著名的中国问题专家，庞大的作者队伍则基本囊括了当代中国研究领域中的顶级人物。[1]

该刊一年出版4期，每期篇幅多在200页以上，1960—1969年期间作者多达357位（不计重复）。经过对该刊作者国别、所处部门、职业身份、职称、研究领域或专长进行统计分析，我们可以初步勾勒出这一群体的基本面貌，为考察西方当代中国研究队伍的群体状况提供原始数据和基本依据。

（一）国别分布

统计结果显示，60年代在《中国季刊》发表研究成果的作者至少来自22个国家和地区，表明其作者来源的国际广泛性。其中，绝大部分作者来自美国（57.4%）和英国（20.4%），其次为加拿大、澳大利亚、中国香港、日本、印度、法国和中国台湾等。这种作者国别的分布状况，从一个侧面反映了美国在当代中国研究中的"执牛耳"地位，

---

[1] 先后在《中国季刊》发表文章或书评的著名学者如：本杰明·史华慈（Benjamin I. Schwartz）、莫里斯·迈斯纳（Maurice Meisner）、斯图尔特·施拉姆（Stuart Schram）、卢西恩·派伊（Lucien W. Pye）、舒尔曼（Franz Schurmann）、林德贝克（John M. Lindbeck）、约瑟夫·R. 列文森（Joseph R. Levenson）、费维恺（Albert Feuerwerker）等。

也反映了《中国季刊》由于在英国办刊从而为英国学者发表作品提供便利的可能性。

此外,有两个现象值得关注:一是与香港和台湾相比,尽管中国内地(大陆)是《中国季刊》的主要研究对象,但1960—1969年间《中国季刊》却没有一位作者来自内地(大陆)。毫无疑问,这是由20世纪60年代国际冷战的大背景、中国与西方世界几近隔绝的现状以及当时中国国内越来越"左"倾的形势等多种复杂因素所决定,与改革开放后内地(大陆)学者积极参与国际学术交流活动、日益活跃于国际学术舞台的状况形成了鲜明对比。二是据不完全统计,在1960—1969年间357位作者当中,曾在中国内地出生、学习、工作、生活过的有56人,占作者总数的15.7%。这些作者主要是华裔学者、传教士后代、前外交官或来华工作人员。他们熟悉中国的语言、历史和文化,与中国有某种天然的、难以割舍的联系,是国外当代中国研究队伍中一支不可忽视的重要力量。[1]

表2 1960—1969年《中国季刊》作者国别分布[2]

序号	国别	人数	占比(%)	序号	国别	人数	占比(%)	序号	国别	人数	占比(%)
1	美国	205	57.4	9	德国	4	1.12	17	荷兰	1	0.28
2	英国	73	20.4	10	中国台湾	3	0.84	18	以色列	1	0.28
3	加拿大	9	2.52	11	越南	3	0.84	19	意大利	1	0.28
4	澳大利亚	8	2.24	12	新西兰	3	0.84	20	巴基斯坦	1	0.28
5	中国香港	7	1.96	13	韩国	3	0.84	21	苏联	1	0.28
6	日本	4	1.12	14	匈牙利	2	0.56	22	锡金	1	0.28
7	印度	4	1.12	15	马来西亚	1	0.28	23	国别不明	17	4.76
8	法国	4	1.12	16	瑞士	1	0.28	合计		357	100

数据来源:作者对1960—1969年《中国季刊》全部作者情况进行统计获得,下同。

(二)所处机构

按部门划分,《中国季刊》的作者绝大部分来自著名高等院校(56.9%),其次是科研机构(智库)(10.9%)、文化新闻出版机构(10.4%)和政府部门(9%),其他

---

[1] 例如,赵冈(Kang Chao),1929年3月23日生于中国黑龙江哈尔滨,美籍华裔经济学家;陈志让(Jerome Chen),1921年10月2日生于中国四川成都,加拿大籍历史学家;鲍大可(A. Doak Barnett),1921年10月8日生于中国上海,其父鲍乃德为来华传教士;布尔曼(Howard Lyon Boorman,汉名包华德),为美国前外交官,曾多次来华;林迈可(Michael Lindsay),1938—1941年在燕京大学任教,1941年携妻进入解放区,曾参加中国共产党领导的抗日战争。

[2] 本文表2-11的数据来源,系作者对1960—1969年《中国季刊》的全部作者、论文和书评情况进行统计获得,下同,不再逐一说明。

占12%。在高等院校中，以美国加利福尼亚大学（University of California，28人）、哈佛大学（Harvard University，23人）、哥伦比亚大学（Columbia University，17人）、华盛顿大学（University of Washington，13人）和英国伦敦大学（University of London，18人）、牛津大学（University of Oxford，9人）最为集中；科研机构（智库）主要为美国的兰德公司（RAND Corporation）、胡佛研究所（The Hoover Institution）和国会图书馆（Library of Congress）；文化新闻出版机构包括美国的《时代》周刊（TIME）、《纽约先锋论坛》（New York Herald Tribune）、《洛杉矶时报》（Los Angeles Times），英国的路透社（Reuters）、英国国际广播公司（BBC）、《泰晤士报》（The Times）、《每日电讯报》（Daily Telegraph），日本的《产经新闻》（Sankei Shimbun）、中国台湾英文日报《中国新闻》和中国香港《大公报》等；政府部门主要是美国国务院、中央情报局（CIA）、教育部和农业部；其他部门包括基金会、军队、医院和宗教机构等。

表3 1960—1969年《中国季刊》作者所处部门

部门	美国	英国	加拿大	澳大利亚	中国香港	日本	印度	法国	德国	中国台湾	越南	新西兰	韩国	其他国家	合计
高等院校	131	42	8	6	2	1	2	1	3			2		5	203
科研机构（智库）	24	10						1	1					3	39
文化新闻出版	10	9			3	2		1		2	2	1	1	6	37
政府部门	19	7	1			1	2				1			1	33
其他	21	5		1	2			1		1			2	12	43
合计	205	73	9	8	7	4	4	4	4	3	3	3	3	27	357

（三）职业身份

按照职业或身份划分，在《中国季刊》的作者队伍中，超过半数的是来自各大学的教师（180人，占50.4%），然后依次是政府部门中的情报分析人员和科研机构（智库）中的研究人员（42人，占11.8%），记者、编辑、作家和翻译（39人，占10.9%），政府官员（主要是外交官、国会议员、前领导人等共24人，占7%），以博士生为主的学生作者（集中于哈佛大学，共21人，占6%），商人、军官、医生、传教士、律师和制片人等（共51人，占14.3%）。通过上述统计分析，可以看出，《中国季刊》作者队伍的职业身份十分广泛，但明显以高校教师、科研机构中的研究人员和新闻文化界人士为主，其他部门的从业人员数量较少。这种作者职业身份的分布状况，有利于保证《中国季刊》研究成果的学术性和严肃性。

表4　1960—1969年《中国季刊》作者职业身份

职业/身份	美国	英国	加拿大	澳大利亚	中国香港	日本	印度	法国	德国	中国台湾	越南	新西兰	韩国	其他国家	合计
大学教师	117	38	8	3	2	1	2	1	1			2	2	3	180
情报分析研究人员	27	10		2				1	2						42
记者编辑作家翻译	10	8			4	2		2		2	2		1	8	39
政府官员	12	6	1	1		1	1							2	24
研究生（博士生）	11	4												6	21
其他	28	7		2	1		1		1	1	1	1		8	51
合计	205	73	9	8	7	4	4	4	4	3	3	3	3	27	357

（四）作者职称[1]

统计结果显示，1960—1969年《中国季刊》作者队伍中拥有教授/研究员职称的为153人，占作者总数的42.9%；拥有副教授/副研究员职称的为31人，占作者总数的8.7%；拥有讲师职称的为23人，占作者总数的6.4%。三项合计207人，占全部作者总数的58%。其中，拥有副高级以上职称的作者超过了全部作者总数的一半（184人，占51.6%）。从拥有正高级、副高级和中级职称的作者数量看，三者呈"倒金字塔"结构，即正高级职称数量比副高级职称数量大，而副高级职称数量又比中级职称数量大。从职称结构推测来说，《中国季刊》作者队伍的整体学术水平是比较高的。

表5　1960—1969年《中国季刊》作者职称

职称	美国	英国	加拿大	澳大利亚	中国香港	日本	印度	法国	德国	新西兰	马来西亚	其他国家	合计
教授/研究员	107	26	4	4	1	1	1	1	1	1		4	153
副教授/副研究员	22	4	2		1					1		1	31
讲师	5	13	2	1					2				23
合计	134	43	8	5	2	1	1	1	3	2	1	5	207

---

[1] 因职称种类较多，数据不易收集，本文只统计教授/研究员、副教授/副研究员和讲师的人数。如作者同时兼有两种或以上职称，只取其一；对于1960—1969年间作者职称有变动的，一般以最后或最高的职称为准。

（五）研究领域/学科

统计结果显示，1960—1969年《中国季刊》作者队伍所涉及的研究领域或学科非常广泛，几乎涵盖了人文社会科学的所有领域。相比较而言，以往传统汉学所关注的历史、语言、文学、哲学、宗教等人文学科已不占主要地位，取而代之的是政治学、经济学、人类学等现代社会科学学科。按照统计比例排序，1960—1969年《中国季刊》作者所处的研究领域或学科依次为：政治学（74人，21%）、经济学（44人，12.3%）、外交/国际关系（40人，11.2%）、历史/考古学（39人，10.9%）、社会学/人类学（25人，7%）、语言学/文学（16人，4.5%）、军事/法律（13人，3.6%）、边疆区域研究（12人，3.4%）和哲学/宗教（5人，1.4%），其他学科（89人，24.9%）等。

表6　1960—1969年《中国季刊》作者研究领域、学科

研究领域/专长	美国	英国	加拿大	澳大利亚	中国香港	日本	印度	法国	德国	越南	新西兰	韩国	其他国家	合计
政治学	53	13	2	1	1				2				2	74
经济学	28	8	2	1	1							1	3	44
外交/国际关系	24	7	1	3		1							3	40
历史/考古学	22	9	1	2				2	1				1	39
社会学/人类学	17	4	1					1			1		1	25
语言学/文学	11	2	1						1				1	16
军事/法律	7	5											1	13
边疆区域研究	7	4											1	12
哲学/宗教	4												1	5
教育学	1	1				1								3
其他（科技/医学）	31	20	1	1	4	2	3	1	2	2	2	2	16	86
合计	205	73	9	8	7	4	4	4	4	3	3	3	30	357

通过从上述国别、部门、职业、职称、学科五个方面的统计和分析，对于20世纪60年代《中国季刊》作者群体的构成状况，我们至少可以做出如下初步判断：一是从国别来源看，《中国季刊》的作者队伍来源于世界22个国家和地区，具有广泛的国际代表性。其中美、英两国的作者合计占到77.8%，表明美、英两国在当代中国研究中的重要地位和研究实力；二是从所处部门看，《中国季刊》的作者队伍绝大部分来自高等院校、科研机构（智库）和文化新闻出版部门，表明作者具有较强的学术性和专业性。相对来说，国外早期中国研究人员中，大多为来自宗教传布机构的传教士、外交使团官员和零

散来华游客。二者对比，表明60年代国外当代中国研究人员更加专业化、规范化和职业化；三是从职业身份看，《中国季刊》的作者队伍有一半以上是来自各大学的教师，但同时政府官员、情报分析人员、科研机构（智库）中的研究人员亦占到18.8%，表明其中存在一定的政治因素。在当时以美苏为首的东西方两大阵营相互对立的冷战背景下，透过《中国季刊》的部分作者，似乎可以看到他们背后的政治动机和政治意图；四是从拥有职称看，《中国季刊》的作者队伍中教授、研究员占42.9%，副教授、副研究员占8.7%，讲师占6.4%，三者比率递减，以教授、研究员为主，表明作者的专业水准较高；五是从研究领域或学科看，《中国季刊》的作者队伍几乎涵盖了人文和社会科学的所有领域，但研究现代社会科学的人数已大大超过传统汉学，表明传统汉学的发展正在经历分化和转型，当代中国研究的重点已从传统人文学科转向现代社会科学学科。

三、《中国季刊》的论文

自1960年创刊以来，《中国季刊》连续出版从未间断，其中1960—1969年间共发表研究论文（包括专题论文、时评要论、研究报告、研究综述和书评文章等）449篇。作为世界领先的学术期刊，在当代中国研究领域长期占据权威地位，其文章和观点在西方具有较大代表性，也是国外当代中国研究发展的历史见证。

（一）论文概况

1.按栏目划分

在1960—1969年10年间，《中国季刊》先后设立的论文栏目主要有：《评论与分析》《争鸣》（Controversy），《组织、控制与灌输》《论边疆》（On the Frontiers），《中国与苏联卫星国》《新近发展》《中国、苏联与亚洲》《知识分子》《共产党中国的科学》《外交关系》《人口问题》《教育》《中共历史》《北越》（North Vietnam），《美国与中国》《中国与巴尔干半岛国家》（Balkans），《中国共产主义文学》《北韩》（North Korea），《福摩萨》（Formosa，台湾旧称），《农村公社》《中国工业》《中国军事》《东南亚华人》《共产党中国十五年》《中国与原子弹》《共产主义史学》《中—苏与军控》《无产阶级文化大革命》《中共党史与历史学》，等等。

2.按年度划分

《中国季刊》发表的论文，每年都有不同的关注点和侧重点。

1960年《中国季刊》创刊时，适逢中华人民共和国刚刚成立十周年不久，此前的1959年中国西藏地方政府发生武装叛乱，这两件大事立即引起西方学术界密切关注。因此，《中国季刊》创刊号关注的重点，即是对中华人民共和国第一个十年状况的总评与分析，对1959年西藏平叛背景、过程的介绍与追述，[1]以及西方自由派学者与右派学者之间关于"毛主义"独创性的争论。[2]值得注意的是，在1960年《中国季刊》创刊号上，布尔曼（Howard L. Boorman）、菲茨杰拉德（C. P. Fitzgerald）、哈德森（G. F. Hudson）、李卓明（Choh-Ming Li）、史华慈（Benjamin I. Schwartz）、斯坦纳（H. Arthur Steiner）、文特（Guy Wint）、魏特夫（Karl August Wittfogel）等著名学者，从中国与全球革命的关系、中国在世界事务中的角色、中国国家权力的创建、国内经济发展、社会控制等方面对新中国成立后的第一个十年进行了全面分析与评估。总体说来，学者们倾向于认为，经过头十年的发展，中国实现了"极权主义的巩固"，长期衰败和软弱的历史已经颠倒过来，并成为亚洲最令人畏惧的"政治和军事强国"。中国在获得尊重的同时，也给世界带来了"恐惧"。不过，与苏联相比，中国正在明显偏离斯大林模式的轨道。甚至有学者认为，随着中国"后斯大林主义"的发展，"极权主义高潮"在中国将最终消失。[3]

1960年《中国季刊》第2~4期关注的重点是中国共产党的组织原则、中印边界冲突、计划生育与马寅初的"新人口论"、1960年的教育改革以及中国与苏联、东欧国家的外交关系等。1961年《中国季刊》（5~8期）的热门话题是莫斯科宣言与中苏意识形态争论[4]、中国革命模式的外交政策效用[5]、中国的农业灾难、科技发展与应用、知识分

---

[1] George N. Patterson, "China and Tibet: Background to the Revolt". *The China Quarterly*, No.1., 1960.

[2] 这场关于"毛主义"独创性的论争，参与的主角是被称为美国中国学右派代表人物的魏特夫和美国中国学"自由派"代表人物的史华慈，亨利克·夏德马（Henryk Sjaardema）担任评论。争论首先由魏特夫挑起。在《中国季刊》第1、2、4期上，分别刊载了魏特夫批史华慈的长文：《"毛主义"的传说》《"毛主义"——"传说"还是"传说的'传说'"——魏特夫复本杰明·史华慈》。魏特夫的文章重弹麦卡锡主义的老调，矛头直指史华慈1951年在《中国的共产主义与毛泽东的崛起》一书中提出的论点。面对魏特夫的挑战，史华慈在《中国季刊》第2、4期上，以《"'毛主义'的传说"的传说》《史华慈教授的评述》为题发表反驳文章，重申对毛泽东及其思想的观点。亨利克·夏马德在《中国季刊》第4期以《"毛主义"的实质》为题，对魏特夫的观点进行了总评。这样，以《中国季刊》为争辩论坛，双方围绕毛泽东思想与马克思主义之间的关系问题展开了一场学术论争。

详见：Karl A. Wittfogel, Part 1: The Legend of "Maoism". *The China Quarterly*, No. 1., 1960, pp72-86; Karl A. Wittfogel, Part 2: The Legend of "Maoism". *The China Quarterly*, No. 1., 1960, pp16-31; Karl A. Wittfogel, "Maoism"-" Legend "or "Legend of a' Legend'"? Reply to Benjamin Schwartz. *The China Quarterly*, No. 4., 1960, pp88-96. Benjamin I. Schwartz, The Legend of the "Legend of' Maoism'". *The China Quarterly*, No. 2., 1960, pp35-42; Benjamin Schwartz, Prof. Schwartz comments. The China Quarterly, No. 4., 1960, pp96-97; Henryk Sjaardema, The Essence of "Maoism". *The China Quarterly*, No. 4., 1960, pp97-99.

[3] Howard L. Boorman, "China and the Global Revolution"; C. P. Fitzgerald, "Order, Power and Modernization"; G. F. Hudson, "The Bitter Years"; Choh-Ming Li, "Economic Development"; Benjamin I. Schwartz, "Totalitarian Consolidation and the Chinese Model"; H. Arthur Steiner, "China's New Role in World Affairs"; Guy Wint, "The Creation of State Power"; Karl August Wittfogel, "A Stronger Oriental Despotism". *The China Quarterly*, No.1., 1960.

[4] Richard Lowenthal, "Diplomacy and Revolution: The Dialectics of a Dispute". *The China Quarterly*, No.5., 1961; Donald S. Zagoria, "Khrushchev's Attack on Albania and Sino-Soviet Relations". *The China Quarterly* No.8., 1961.

[5] A. M. Halpern, "The Foreign Policy Uses of the Chinese Revolutionary Model". *The China Quarterly*. No.7., 1961.

子和人口问题等。针对中国"大跃进"后出现的严重局面,1962年《中国季刊》(9~12期)组织西方学者围绕"中国之螺旋式下降(China's Descending Spiral)",即中国是否会崩溃展开了激烈争论。[1]此外,有关中美关系、中国教育的理论与实践、中共对阶级内部婚姻的态度、少数民族政策、农村的行政管理、外贸、人大的政治功能、县级政府的统计与计划、法律的作用等问题也引起了西方学者的极大兴趣。《中国季刊》还出版了《北越专集》(North Vietnam),对越南的地方政府与行政管理、领导层与接班人、经济、农业与集体化进行了全面介绍和分析。[2]

1963年《中国季刊》(13~16期)出版了3个专集,分别为《中国共产主义文学专集》[3]、《北朝鲜专集》(North Korea)和《中国台湾专集》(Formosa),还探讨了中国新疆与苏联的关系,蒙古国在中苏争端中的作用,中国向西北和内蒙古的移民,以及中国农村公社的管理问题。1964年《中国季刊》(17~20期)关注的重心是中国的工业和军事,分别出版了《中国工业专集》[4]和《中国军事专集》[5]。工业专集重点讨论了中国的工业发展、资本构成、"新经济政策"和农业机制;军事专集研究了中国的军事教义与战略、民兵、"秘密军事文件"、"学军运动"。此外,还探讨了中国的宗教政策、人民检察院制度、中国与东南亚的关系等问题。

1965年《中国季刊》(21~24期)对中华人民共和国成立15年以来的整体状况进行了回顾分析,着重考察了中国的经济增长、人口统计、大众健康和核武器战略情况;同时讨论了学术与意识形态的关系问题,学者们围绕中共对历史学的解读、对新儒学的评价、对农民战争的阐述、对古代思想家的认识等问题进行了争论。其中,史华慈的

---

[1] 这次争论由美国专栏作家约瑟夫·艾尔索普(Joseph Alsop)引起,他的文章《论中国之螺旋式下降》发表在《中国季刊》1962年第11期,在西方引起了广泛争议。《中国季刊》为此请了10位经济学和政治学专家,对该文进行评论。参见:Joseph Alsop, "On China's Descending Spiral". *The China Quarterly*, No. 11. (Jul.—Sep., 1961), pp. 21–37.

[2] 主要论文有:Nguyen Ngoc Bich, "Vietnam-An Independent Viewpoint"; Philippe Devillers, "The Struggle for the Unification of Vietnam"; Bernard B. Fall, "Power and Pressure Groups in North Vietnam"; P. J. Honey, "The Position of the DRV Leadership and the Succession to Ho Chi Minh"; William Kaye, "A Bowl of Rice Divided: The Economy of North Vietnam"; Gorge Ginsburgse, "Local Government and Administration in North Vietnam"; Gorge Ginsburgse, "Local Government and Administration in the Democratic Republic of Vietnam since 1954 (Part 1)". *The China Quarterly*, No. 12., 1962.

[3] 主要论文有:Cyril Birch, "Chinese Communist Literature: The Persistence of Traditional Forms"; Hellmut Wilhelm, "The Image of Youth and Age in Chinese Communist Literature"; Howard L. Boorman, "The Literary World of Mao Tse-tung"; T. A. Hsia, "Heroes and Hero-Worship in Chinese Communist Fiction"; Vincent Y. C. Shih, "Enthusiast and Escapist: Writers of the Older Generation". *The China Quarterly*, No.13., 1963.

[4] 主要论文有:Audrey Donnithorne, "China's Economic Planning and Industry"; Charles Hoffmann, "Work Incentive Policy in Communist China"; Franz Schurmann, "China's 'New Economic Policy' Transition or Beginning?" *The China Quarterly*, No.17., 1964;

[5] 主要论文有:Alice Langley Hsieh, "China's Secret Military Papers: Military Doctrine and Strategy"; John Wilson Lewis, "China's Secret Military Papers: 'Continuities' and 'Revelations'"; John Gittings, "China's Militia" "The 'Learn from the Army' Campaign". *The China Quarterly*, No.18., 1964.

《现代化与毛主义者的愿景——关于中国共产党目标的一些反思》、哈尔伯恩（A. M. Halpern）的《战后世界中的中国》、哈德森的《十五年后的中国》分别对中共领导人关于世界的看法、新中国在世界地位中的变化、中共政权对国家的影响进行了总结和反思。[1]

1966年《中国季刊》（25～28期）关注的重点是中共的组织机构、中苏关系、农业集体化回顾、城市配给、军队与党的（紧张）关系、军事控制与领导、反知识分子运动以及"无产阶级文化大革命"。其中，鲍大可（A. Doak Barnett）关于中共国家干部的教育、管理与培训，干部队伍内部分化的研究颇受关注。他通过对从中国内地逃往香港的"前共产党难民干部"的采访调查，在《中国共产党官僚机构中的社会分层与人事管理状况》这篇文章中认为，到20世纪60年代中期，中国政治体制中已经出现了复杂的官僚政治社会分层不断发展的趋势。一方面，"共产党中国"的所有干部，根据党内资历、工资等级和职位级别基础上的不同权力和威望层级，可以进行准确分类和配置，出现了干部社会分层的增长趋势；另一方面，作为当时中国的"新精英"，构成党、政府和其他组织机构成员的绝大部分的干部，对共产党政权仍然怀有"一流的忠诚"（prime loyalty），这应归功于共产党人事管理的技巧——严格的纪律、严厉的检查、干部个人的承诺和日益增长的社会压力——的有效性。因此，官僚政治精英内部复杂的分层趋势和共产党政府高度发达的人事管理技巧应当引起关注。鲍大可最后认为，尽管中国官僚政治的实践和组织形式将会发生演变，但中国共产主义革命的经验和根深蒂固的中国官僚政治行为的传统将会为其打上烙印。尽管当局有强烈反对官僚政治的努力，旧日官僚政治的实践已经重现，复杂的精英社会分层不能不使人想起"中国早些时期的状况"。[2]

1966年后，史无前例的中国"文化大革命"爆发后立即成为西方世界关注的焦点，《中国季刊》围绕"文化大革命"的性质、起因和结果先后发表了大量研究文章。1967年《中国季刊》（29～32期）着重讨论了"文化大革命"的起源与发展、红卫兵运动、1960年代中国共产党的变化、以及农业合作化运动中的领导与群众动员问题。1968年《中国季刊》（33～36期）主要关注"文化大革命"中的夺权斗争、林彪权力的增长和党军关系、英雄模仿、领导人与党、国务院与"文化大革命"、中国革命的体制化，以及"毛主义者"的外交政策、"文化大革命"中的少数民族等。1969年《中国季刊》（37～40期）关注的重点仍然是"文化大革命"，如"文化大革命"与政治体制、"文化大革命"中的外交部与外交事务、"文化大革命"视野中的社教运动、"文化大革

---

[1] Benjamin I. Schwartz, "Modernization and the Maoist Vision-Some Reflections on Chinese Communist Goals"; A. M.Halpern, "China in the Postwar World"; G. F. Hudson, "Fifteen Years After-The Chinese State". *The China Quarterly*, No.21., 1965.

[2] A. Doak Barnett, "Social Stratification and Aspects of Personnel Management in the Chinese Communist Bureaucracy". *The China Quarterly*, No. 28., 1966.

命"以来的佛教、海外华人与"文化大革命"等；此外还讨论了党在国家和社会中的作用，如党与工会、党与法庭、共产主义意识形态中的党，以及中国的社会矛盾和人口政策，等等。

1969年，为纪念中华人民共和国成立20周年，《中国季刊》还组织了一系列文章。其中，列文森（Joseph R. Levenson）的《时空中的共产党中国：根与无根》（1969）[1]、约翰逊（Chalmers Johnson）的《两次中国革命》（1969）[2]、林迈可（Michael Lindsay）的《极权主义社会中的矛盾》（1969）[3]、麦克法夸尔的《共产党中国二十年的分期》（1969）[4]都颇有理论深度。而列文森的文章最有代表性。由于列文森1969年4月6日不幸溺水身亡，他专为《中国季刊》写的这篇论文便成为其一生中的最后一篇文章。列文森认为，中国自始至终是最文明的国家。这样说，并非因为中国最好，而是相比较其他任何文明，中国面临更多的人类社会环境挑战，并能够将其付诸行动。列文森坚信，中国能够解决当代生活的压力，而其他国家（文明）则可能不会。列文森坚信四海一家的世界大同主义，认为这种精神本身联结的是人类，而不仅仅是个别民族实体。他首先肯定儒教的普世价值，然后分析20世纪早期中国知识分子为何向西方追寻新的普世价值，以及最终中国共产主义者为何信奉马克思主义的普救说。他不喜欢民族主义、地方主义，也不愿被迫为中国的"文化大革命"寻找流行的根源。同样，他也不喜欢"新左派"采取的立场。在文章结尾，他认为，"中国将再次加入世界大同主义的浪潮。文化仲裁者和文化革命者——将不再是搁浅的鲤科小鱼，也不是搁浅的鲸鱼"。再次表达了对中国大同主义、对中国回归世界文明（相对于"文革"期间的非正常状态而言）的坚定信念。

纵观1960—1969年《中国季刊》的研究重点，其内容十分广泛，但每年都有变化，这种情况一定程度上反映了中国国内形势的发展和世界局势的变化，也可以作为20世纪60年代中国历史的一种域外写照和解读。

（二）研究的主题

本文从文章内容的角度，对《中国季刊》1960—1969年发表的全部论文进行分类，将其大致分为"总论""政治""经济""文化""社会""中外关系""军事国防""法律""科学技术""医疗卫生""边疆与民族""台湾与海外华人""研究综述"等13个专题。

---

[1] Joseph R. Levenson, "Communist China in Time and Space: Roots and Rootlessness". *The China Quarterly*, No.39., 1969.
[2] Chalmers Johnson, "The Two Chinese Revolutions". *The China Quarterly*, No.39., 1969.
[3] Michael Lindsay, "Contradictions in a Totalitarian Society". *The China Quarterly*, No.39., 1969.
[4] Roderick MacFarquhar, "Communist China's Twenty Years: A Periodization". *The China Quarterly*, No.39., 1969.

为便于总结分析，在不同的专题下，本文再把大的专题分为若干主题。如政治类专题包括"政治人物""党组织及功能""政府体制""'文化大革命'""中共党史"和"国际共运"；经济类专题包括"经贸制度与政策""工业、农业与商贸发展"等；文化类专题包括"教育""知识分子""文学艺术""思想学术"和"宗教"；社会类专题包括"城市""社会关系""人口、婚姻和性别"；中外关系类专题包括"外交政策与机构""中国与苏联、东欧国家""中国与亚非拉国家""中国与美国"等。这样，根据不同的专题（或主题）和年度，对《中国季刊》论文发表情况进行详细统计，可以得出论文专题汇总表。

表7　1960—1969年《中国季刊》论文专题统计汇总表

分类		1960	1961	1962	1963	1964	1965	1966	1967	1968	1969	历年合计
	总论	8		9	2		4	1			3	27
政治	政治人物		1	2	2	4	3	5	2	1	1	21
	党组织及功能	2	1	5		1	1	1	1	1	4	17
	政府体制			4	2	2	1	3	1	1	1	15
	"文化大革命"							4	8	5	3	20
	中共党史		2	2	3	1	2		5	4	2	26
	国际共运	1	3	3		3	1		2	2		15
	当年合计	3	7	16	7	11	8	18	19	14	11	114
经济	经贸制度、政策		1	1	1	3		2	1			9
	经贸发展（工业、农业、商贸）			6	2	1	9	3	4	1	2	28
	当年合计			7	3	2	12	3	6	2	2	37
文化	教育	1	4	3		1	1					10
	知识分子	1	5	5	1	2		1			1	16
	文学艺术	6	1	1	13	1	1			1		24
	思想学术	6		3	1		9		2	1		25
	宗教		1			2				1		5
	当年合计	14	11	12	15	8	13	1	2	2	2	80
社会	城市	1						1	1	1		4
	社会关系						3			1		4
	人口、婚姻、性别	1	1	2	2		1	1	1		2	11
	当年合计	2	1	2	2		4	2	2	2	2	19

续表

分类		1960	1961	1962	1963	1964	1965	1966	1967	1968	1969	历年合计
中外关系	外交政策与机构	3	3	1		1			1	1	2	11
	中国与苏联、东欧	7	2	3				3	3			18
	中国与亚非拉	1	4	9	14	1	1	2	2	1		35
	中国与美国、其他国家		1	6	2	1			1			11
	当年合计	11	10	19	16	2	2	5	6	2	2	75
军事国防		2		1	1	6	3	5	1		2	21
法律				1	2	1	1	1	1	1	1	9
科学技术			3				2					5
医疗卫生			2				3					5
边疆与民族		3	5	8	2	3	4			2		27
台湾与海外华人			5		11	2	3	1	1			23
研究综述		2	2							3		7
当年合计		45	53	71	60	45	50	40	34	28	23	449

按照1960—1969年《中国季刊》论文发表数量的绝对值,将论文专题从高到低依次排列,结果如下:"中国政治"114篇,"文化"80篇,"中外关系"75篇,"经济"37篇,"边疆与民族"27篇,"总论"27篇,"台湾与海外华人"23篇,"军事国防"21篇,"社会"19篇,"法律"9篇,"研究综述"7篇,"科学技术"5篇,"医疗卫生"5篇。

表8　1960—1969年《中国季刊》论文专题数量、比例统计

序号	专题	成果数量（篇）	占比（%）
1	政治	114	25.4
2	文化	80	17.8
3	中外关系	75	16.7
4	经济	37	8.2
5	边疆与民族	27	6
6	总论	27	6
7	台湾与海外华人	23	5.1
8	军事国防	21	4.7

续表

序号	专题	成果数量（篇）	占比（%）
9	社会	19	4.2
10	法律	9	2
11	研究综述	7	1.6
12	科学技术	5	1.1
13	医疗卫生	5	1.1
	合计	449	100

从表8统计数据可以看出，有关中国政治、文化、中外关系和经济的文章分别占1960—1969年《中国季刊》发表论文的前四位，合计达到306篇，占论文总数的68.2%。因此，关于中国的政治、文化、中外关系和经济问题是60年代《中国季刊》，也是多数西方学者特别关注的研究重心。其中，仅政治类论文就达到114篇，占论文总数的25.4%，即四分之一强。可见，政治类文章是60年代《中国季刊》关注的重中之重。

其他专题，如边疆与民族、总论、台湾与海外华人、军事国防和社会问题的文章，总计101篇，占22.5%，在《中国季刊》的文章中分别占到一定比例，表明这些问题也是西方学者的研究兴趣所在。至于其他方面的内容，如法律、研究综述、科学技术和医疗卫生领域，尽管《中国季刊》也都有所涉及，但总体看来不占重要地位。

四、《中国季刊》的书评

《中国季刊》对新出版的有影响的学术著作，通常邀请领域内资深学者进行评论。1960—1969年《中国季刊》共评论著作367部。其中，最高年份评论71部（1967年），最低年份评论9部（1960年），平均每年将近37部。书评大约占到《中国季刊》篇幅的1/3—1/4。通过分析《中国季刊》的书评，我们可以考察60年代西方学术界有关当代中国研究的主要著作，以及西方学者本身对这些研究成果的评价状况。

（一）书评概况

正如《中国季刊》的论文一样，按照书评内容进行归类，大致可分为"总论""政治""经济""文化""社会""中外关系""军事国防""法律""科技""边疆与民族""台湾与海外华人""在华见闻"与"研究综述"等13个专题。详见表9。

在比较大的专题下，可将书评再分为若干主题。如政治类专题包括"中国革命""政治人物与思想""意识形态""党和政府体制""文化大革命""中共党史"和"国际共运"；经济类专题包括"经贸制度与政策""经贸发展"；文化类专题包括

"教育和知识分子""思想学术""文学"和"宗教";中外关系类专题包括"外交政策与战略""中国与苏联、东欧国家""中国与亚、非国家""中国与美国"等。

表9　1960—1969年《中国季刊》书评专题统计汇总表

分类		1960	1961	1962	1963	1964	1965	1966	1967	1968	1969	合计
总论		2	1	3	2		4	4	4	3	3	26
政治	中国革命			2	1		1		1			5
	政治人物与思想			1			5	1	3	2	1	13
	意识形态		1		1	1	3		2	2	2	13
	党和政府体制		2	2	3		1	1	7			16
	"文化大革命"								1		3	4
	中共党史			2			3	1	5	5	3	19
	国际共运	2			1	1		3	1	3	1	12
	合计	2	3	7	6	2	13	7	20	12	10	82
经济	经济体制			2	1		2	3		1		9
	经贸发展						2	3	2	5	1	2	15
	合计			2	1		2	5	5	5	2	2	24
文化	教育和知识分子		1	1	2		1	2			1	8
	思想学术		1	2	1		2	3	5	2	5	21
	文学	1				1	1	3		1		7
	宗教						1	3			1	5
	合计	1	2	3	3	2	7	8	5	3	7	41
社会			1	4			1	3	2	3	1	15
中外关系	外交政策与战略			1		1		3	3		3	12
	中国与苏联、东欧				3	2	4	1	3	2		15
	中国与亚非国家	1	2	1		5	7	6	2	12	2	38
	中国与美国、其他西方国家			2	1	2	1	2	5		4	17
	合计	1	2	4	4	10	13	12	13	14	9	82
军事国防				1	1	1		6	3	2	4	18
法律									1	1	1	3

续表

分类	1960	1961	1962	1963	1964	1965	1966	1967	1968	1969	合计
科技				1						2	3
边疆与民族	3	3	2	1		4	2	2		4	21
台湾与海外华人		4	1		1	2	2	6	4		20
在华见闻			2	1		4		10	3	1	21
研究综述		1					3		1	6	11
合计	9	17	29	20	18	53	53	71	48	49	367

（二）评论的主要问题

在不同的专题当中，按照评论著作的数量排列，各专题依次为："中国政治"82部，"中外关系"82部，"文化"41部，"总论"26部，"经济"24部，"边疆与民族"21部，"在华见闻"21部，"台湾与海外华人"20部，"军事国防"18部，"社会"15部，"研究综述"11部，"法律"3部，"科技"3部。

表10　1960—1969年《中国季刊》书评专题数量、比例统计

序号	专题	评论著作（部）	占比（%）
1	政治	82	22.3
2	中外关系	82	22.3
3	文化	41	11.2
4	总论	26	7.1
5	经济	24	6.5
6	边疆与民族	21	5.7
7	在华见闻	21	5.7
8	台湾与海外华人	20	5.4
9	军事国防	18	4.9
10	社会	15	4.1
11	研究综述	11	3
12	法律	3	0.8
13	科技	3	0.8
合计		367	100

从表10可以看出，关于"中国政治""中外关系"和"文化"问题的著作合计205部，占书评总数的55.8%，是《中国季刊》1960—1969年书评关注的重心；有关中国"总论""经济""边疆与民族""在华见闻""台湾与海外华人""军事国防"等著作的数量分别在20部左右，是《中国季刊》书评关注的重要内容；其他部分诸如"社会问题""研究综述""法律"和"科技"有所涉及，但比重很小。

五、《中国季刊》的研究特点

在20世纪60年代特殊的国际和国内政治背景下，一批远离中国大陆而又时刻关注中国发展的西方学者，以《中国季刊》为平台和窗口，对当代中国社会的诸方面进行了广泛而深入的研究。从研究内容上说，以当代中国现实问题为主；从涉及学科上说，以社会科学诸学科为主；从研究方法上说，以综合性"区域研究"为主。研究中的缺憾是，整体性说明和概念性分析较多，历史感和比较意识不够强。

（一）关注当代中国现实问题

从1960—1969年《中国季刊》研究的主要内容来看，它明显不同于欧洲传统汉学。其研究的主要内容不是中国历史、文学、哲学、艺术等传统人文学科，而是以中国当代现实问题——政治、外交、文化、经济、社会、军事、边疆、少数民族、海外华人——研究为主。

在政治研究方面，《中国季刊》关注的重心，从对中国领导人物、政治思想、政治参与过程的介绍，发展到对中外关系和国际共产主义等问题的比较研究；从对中国各种政治组织的功能、动员方法、通信系统、政策制定程序的描述，发展到对中国政治文化的特性、领导权问题、军事在政治上的地位、官僚制度等问题的探究；从对新中国政权结构的一般性叙述，发展到对中国政治体系的本质和政治发展过程的探讨；等等。可以明显看出，这是一个与当代中国政治问题密切相关，随着研究实践的发展又逐步深入、不断深化的过程。

在社会文化研究方面，《中国季刊》最关注的是关于中国社会组织及其控制的变化，思想改造与灌输的技巧和程序，家庭和家族制度变化以及社会变迁等问题。具体说来，教育学研究者对教育如何被用来作为思想灌输的工具颇为重视，同时也对中国教育制度以及与教育有关的劳动力问题发生兴趣。心理学研究者则研究中国社会控制的特殊方法，如"洗脑""劳动改造"等问题。人类学研究者主要关注中国西藏、新疆、内蒙古等边疆地区的经济发展、少数民族政策变化，以及东南亚等地海外华人的生存状况。研究文学史与社会科学的学者注重对中共与知识分子的冲突进行专题研究。例如，"百花运动"及其影响便受到极大的关注。

在经济研究方面，《中国季刊》致力于对中国经济进行定量与非定量的分析，如对国民收入、工业增长、产品价格、非农业人口就业、农业政策和对外贸易等有关问题展开研究。还注重专题研究，如对钢铁工业、交通运输、动力资源的研究等。此外，关于统计制度、政府预算、企业管理、"大跃进"运动等，也都是《中国季刊》十分关注的研究主题。

由于上述问题主要集中在中国政治、外交、社会、文化、经济和军事领域，且绝大部分是对1949年后新中国发展状况的研究，因此，《中国季刊》20世纪60年代的主要研究内容是关于当代中国的现实问题。

（二）以社会科学为主体

若将1960—1969年《中国季刊》的论文和书评按学科进行分类，可以发现，其研究成果涉及的学科十分广泛，其中包括哲学、宗教学、历史学、考古学、伦理学、语言学、文学、艺术学、社会学、人类学、政治学、外交学、经济学、军事学、教育学、地理学、法学、民族学、医学、新闻学和科学技术等人文与社会科学各学科。统计结果表明，排在前5位的学科全部是社会科学学科。它们依次为：政治学，占27.5%；外交学/国际关系，占20.2%；社会学/人类学，占13.9%；经济学，占11%；军事学，占4.8%，5项合计达77.4%，占全部研究成果的四分之三强。相比较而言，哲学、文学/艺术、历史学/考古学、宗教学等传统人文学科所占比重分别为4.2%、3.8%、2.3%、1.2%，这与早期英、美等国的中国研究以人文学科研究为主的现象迥然有别。可以说，20世纪60年代《中国季刊》的研究主要侧重于社会科学诸学科，人文学科虽有所涉及，但所占比重非常有限，这从一个侧面反映出国外当代中国研究的重心已经发生显著变化。

表11　1960—1969年《中国季刊》研究学科分布

序号	学科	研究成果数量（论文和书评）	占比（%）
1	政治学	224	27.5
2	外交学/国际关系	165	20.2
3	社会学/人类学	114	13.9
4	经济学	90	11
5	军事学	39	4.8
6	教育学	38	4.7
7	哲学	34	4.2
8	文学艺术	31	3.8

续表

序号	学科	研究成果数量（论文和书评）	占比（%）
9	历史学/考古学	19	2.3
10	法学	12	1.5
11	宗教学	10	1.2
12	科技	8	0.98
13	医学	5	0.6
14	其他	27	3.3
合计	14	816	100

（三）综合性的"区域研究"

欧洲传统汉学主要研究中国的历史与文化，这种古典的中国学十分注重原始资料，所采取的方法是：熟悉语言——翻译史料——进行史料学分析——进行历史编纂学的分析——概括——总结，自发地摸索现象之间的关系，把事件串连在编年的杆轴上。[1]从传教士裨治文（Elijah Coleman Bridgman）开创美国的中国研究（1830）起直到第二次世界大战结束，美国的汉学家多遵照这个传统。

《中国季刊》则借助于现代社会科学的方法、手段，以多学科、跨学科的综合性"区域研究"为主，同时使用社会科学的各种手段对当代中国进行专门研究。政治学、经济学、社会学、人类学、语言学、历史学、地理学、行为科学，以至文学和更细的学科——所有这些学科都被用来研究中国问题。例如，研究者们重视运用比较研究的方法、数量分析的方法、逆向考察的方法、个案分析的方法、心理分析的方法，对当代中国的历史与现实问题进行比较，尤其是对党的路线、方针、政策和宣传工作，对政府的组织结构、信息传递、社会管理进行分析。

（四）缺憾和不足

从总体上说，《中国季刊》在60年代的研究还存在如下缺憾和不足：

首先，一般性的整体研究多，个案研究和差别性研究少。由于学者们材料有限，他们只好做概括性的说明，而无法在概括中提出不同地区、不同社会组织以及不同部门的差别。这种做法在注重实证研究的西方社会科学方法论中是有忌讳的。通过分析可以发现，即使在傅高义（Ezra F. Vogel）关于广州的个案研究中，也是把它强调为中国的普遍现象。

---

[1] 王景伦：《美国对当代中国的研究》，载《国外社会科学》1993年第7期。

其次，概念化分析多于具体分析。研究者们虽然勾画了政治组织的结构、意识形态的涵义，以及国家政策的内容等等，但并不能讲清楚中国主要的权力部门实际是如何运作的，决策过程到底怎样，政策对社会到底怎样发生影响等问题。另外，在分析方法上虽然采用了统计学、数量分析等很好的研究方法，但由于掌握的资料不够全面，对中国的历史和现实了解不够充分，统计分析难以真正作到深入、准确、客观。纵观《中国季刊》20世纪60年代的研究，还是概念化的东西多于实际具体的分析。

最后，历史感和比较研究的意识不够强。西方学者们倾向于认为，中国共产党在1949年后的经历，可以被用来验证社会科学方法论中的一些基本假设，即在中国这样的社会里，人们是如何实行经济现代化和政治发展，以及全能主义在社会中的作用、后革命社会的状态等等。但是，学者们在考察问题时，多少带有某种孤立的倾向。比如，在讨论中国部分地摆脱苏联模式时，如果把中国同其他社会主义国家的做法相比较，其研究就会更为深入。在研究中国共产党对中国政治、经济和社会所进行的改造时，学者们还不善于把1949年以前的中国同中华人民共和国进行全面系统的分析比较。

由于中西之间存在不同的社会背景，相异的理论观点，复杂的政治因素，决定着20世纪60年代《中国季刊》的研究，在许多问题认识上必然会与中国国内的实际情况存在明显差异。但《中国季刊》的许多观点，采用了与国内不同的视角，其作为"局外人"的看法是相当独特又富有启发意义的。

（本文发表于《北京行政学院学报》2012年第6期，本次发表有修订）

罗德里克·麦克法夸尔与《中国季刊》的创立*

罗德里克·麦克法夸尔（Roderick MacFarquhar，1930—2019，中文名马若德）是当代西方著名中国问题专家，英裔美籍，曾任美国哈佛大学教授，以研究中国"文化大革命"史著称于世，国内学界对其成果多有译介。[1]但他创办并主编《中国季刊》（1960—1968），[2]积极组织学术活动，为促进西方当代中国研究所做出的努力却鲜为人知。本文考察了麦克法夸尔创办《中国季刊》的历程，介绍了他担任主编期间组织的主要学术活动，并就其推动西方中国学从政策研究向学术研究转变的历史贡献进行了简要述评。

一、麦克法夸尔其人

1930年12月2日，麦克法夸尔出生在巴基斯坦的拉合尔（Lahore，Pakistan）。1949—1950年，麦克法夸尔在埃及和约旦的英国皇家坦克团服兵役，后到牛津大学克伯学院（Keble College，Oxford）攻读哲学、政治学和经济学，1953年获文学学士学位；1955年获哈佛大学远东区域研究（Far Eastern Regional Studies）硕士学位；1981年获伦敦政治经济学院（London School of Economics）政治学博士学位。

---

* 本文承蒙麦克法夸尔先生提供部分研究资料，并经麦克法夸尔先生审阅。笔者对此深表谢意！

[1] 译著参见：[美]麦克法夸尔著，"文化大革命"的起源翻译组译：《"文化大革命"的起源：人民内部矛盾，1956—1957：第一卷》，石家庄：河北人民出版社，1989；[美]麦克法夸尔著，"文化大革命"的起源翻译组译：《"文化大革命"的起源："大跃进"，1958—1960：第二卷》，石家庄：河北人民出版社，1989；[美]罗德里克.麦克法夸尔、[美]费正清著，王建朗等译：《剑桥中华人民共和国史（1949—1965）》，上海：上海人民出版社，1990；[美]罗德里克.麦克法夸尔、[美]费正清著，金光耀等译，王建朗等校：《剑桥中华人民共和国史（1966—1982）》，上海：上海人民出版社，1992。
评介文章参见：刘魁栋：《"局外人"的探索与思考——〈"文化大革命"的起源〉评介》，载《社会主义研究》1989年第3期；宫力：《解开通向"文革"之路的历史之谜——〈"文化大革命"的起源〉评介》，载《理论前沿》1989年第71期；李向前：《旧话新题：关于中国改革起源的几点研究——兼答哈里·哈丁和麦克法夸尔两先生对中国改革的质疑》，载《中共党史研究》1999年第1期；王海光：《海外"中国学"的一得之见——关于麦克法夸尔"铁三角"理论的评介》，载《理论学刊》2004年第9期；王海光：《他山之石的启示：关于中国治史理路的再认识——兼评麦克法夸尔的"铁三角"理论》，载《党史研究与教学》2005年第1期。

[2] 据笔者所知，关于麦克法夸尔创办《中国季刊》的详细过程，此前国内还没有介绍。

自20世纪50年代中期以来,麦克法夸尔先后做过报纸记者、刊物编辑、电视评论员、国会议员和大学教授。尽管职业多次变换,但他潜心当代中国研究,注重史料,长于理论分析,撰有多部中国近现代史、中共党史专著,在国外当代中国研究领域引起了广泛关注,为我们提供了一个有益的世界性理论参照坐标。

他的主要著作有:1960年《百花运动与中国的知识分子》(The Hundred Flowers Campaign and the Chinese Intellectuals);1961年《中苏争端》(The Sino-Soviet Dispute);1966年《毛统治下的中国》(China under Mao);1972年《中美关系(1949—1971)》(Sino-American Relations: 1949—1971);1972年《紫禁城》(The Forbidden City);1974—1997年《"文化大革命"的起源》(3卷本, The Origins of the Cultural Revolution,其中前两卷国内有2种中文译本[1]);1987、1991年《剑桥中华人民共和国史》(第十四、十五卷,与已故费正清教授主编, The Cambridge History of China,国内有3种中文译本[2]);1989年《毛主席的秘密讲话》(The Secret Speeches of Chairman Mao);1991年《当代中国四十年》(Perspectives on Modern China: Four Anniversaries);1993年《中国政治:1949—1989》(The Politics of China: 1949—1989);1997年《中国政治:毛泽东与邓小平时代》(The Politics of China: The Eras of Mao and Deng);1999年《中国后毛泽东时代改革的悖论》(The Paradox of China's Post-Mao Reforms);2004年《中国政治》(The Politics of China);2006年《毛泽东的最后革命》(与Michael Schoenhals合著, Mao's Last Revolution)。

考察麦克法夸尔的学术之路,他的成功是与《中国季刊》紧紧联系在一起的。

二、创办《中国季刊》

《中国季刊》是目前"世界上关于当代中国研究最重要的杂志"[3],至今已连续出版49年。其间9易主编,在世界范围内发行,现由一个有59名成员、来自11个国家的知名人士组成的编委会进行管理。国外许多权威学者在《中国季刊》发表论文,阐述观点,其文章在全世界范围内都会产生影响,甚至能够"左右国际当代中国研究的发展方向和舆论观点",[4]至今仍是我们了解国外当代中国研究动态和发展趋势的主要窗口。

《中国季刊》今天的"辉煌",是与创刊人麦克法夸尔早期的苦心经营密不可分的。那么,麦克法夸尔为何要创办《中国季刊》呢?

---

[1] 分别由河北人民出版社(1989)、求实出版社(1989、1990)出版。第三卷香港有中译本,内地未见。
[2] 分别由上海人民出版社(1990、1992)、中国社科出版社(1990、1992)和海南出版社(1992)出版。
[3] 郝平:《美国当代中国研究四十年概述》,载《北京大学学报(哲学社会科学版)》1997年第6期。
[4] 陈燕:《〈中国季刊〉与外国的对华研究》,载《对外大传播》1997年第11期。

（一）创刊背景

20世纪50年代末到60年代中期，中国共产党政权日益稳固，西方已难以回避如何与共产党中国打交道的现实问题。当美苏两大阵营从激烈的冷战对抗渐趋缓和时，中苏同盟破裂，中印发生边界冲突，中国国内在经历"大跃进"、三年困难时期的阵痛后，突然爆发史无前例的"文化大革命"，使世界为之震撼，以美国为首的西方世界逐步认识到中国问题的特殊重要性。[1]

正是在这种复杂多变的全球背景下，西方尤其是美国形成了对中国大陆及台湾地区的政治、经济、社会与文化诸方面的多学科综合性研究高潮，在研究队伍、机构、经费、资料、成果等方面出现了质的飞跃[2]，且"总体上越来越倾向于科学地重新认识中国"[3]，并逐渐形成一门区别于传统汉学的新学科——国外现代中国学（Contemporary Chinese Studies）。

在现代中国学蓬勃发展的进程中，国外涌现出一大批著名的中国研究机构、中国学专家和学术期刊。他们以不同的研究视角、研究方法和研究手段进行学术探讨，取得了许多有价值的成果。其中，1960年由麦克法夸尔在伦敦创办的《中国季刊》，是国外第一份专门研究当代中国的学术刊物[4]，也是西方学者特别是欧美学者发表有关当代中国研究成果的最主要刊物。

（二）创刊经过

《中国季刊》是1960年由总部设在巴黎的文化自由联盟（Congress for Cultural Freedom）出资、麦克法夸尔任主编创办起来的。文化自由联盟成立于1950年，1967年解散。鼎盛时期在35个国家设有分支机构（包括"文化自由美国委员会"），雇有数十位全职工作人员，拥有自己的新闻社，出版20多种显赫刊物，经常举办艺术展览，组织高规格的国际会议，并为音乐家、艺术家颁奖。表面看来，"文化自由联盟"是一个争取文化自由的组织，实际上幕后操纵者是美国中央情报局（CIA），可以说是文化冷战的一个组成部分。[5]

---

[1] Roderick Macfarquhar, "The founding of the China quarterly".*The China Quarterly*, 1995, Sep, No.143: 692-696.

[2] John M. H. Lindbeck, *Understanding China: An Assessment of American Scholarly Resources*. N.Y.: Praeger, 1971: 79.

[3] 孙越生，陈书梅：《美国中国学手册（增订本）》，北京：中国社会科学出版社，1993年，第2页。

[4] 《中国季刊》是最早专门致力于当代中国研究的杂志，并长期垄断这一研究领域。除《中国季刊》外，当时关于中国的文章还常出现在《共产主义问题》（*Problems of Communism*）、《比较共产主义研究》（*Studies in Comparative Communism*）及少数专业杂志上。

[5] Frances Stonor Saunder, The Cultural Cold War: *The CIA and the World of Arts and Letters*. New York: The New Press, 2000.

1955年，文化自由联盟在伦敦创办了《苏联评论》（Soviet Survey）。1958年，该杂志出版了一期中国专辑，1959年又出版了关于中国公社的小册子。随后，《苏联评论》的编辑们劝说巴黎总部，中国已引起世界关注，应该拥有自己的杂志。经总部同意，时任《苏联评论》首席编辑的沃尔特·拉克（Walter Laqueur）让麦克法夸尔负责编辑一本关于当代中国的新杂志。

之所以选中麦克法夸尔做主编，有两点原因。一是麦克法夸尔曾经为《苏联评论》的"百花运动"专集供稿，并于1958年受文化自由联盟委托，在美国编写了一本文献纪录——《百花运动与中国的知识分子》，双方有过合作经历。二是在当时的英国，中国研究的圈子非常狭小，麦克法夸尔刚刚崭露头脚，正是合适人选。麦克法夸尔在著名中国学家费正清的指导下，从美国哈佛大学获得了东亚区域研究项目硕士学位。之后，返回英国做《每日电讯报》（Daily Telegraph）苏联问题专家大卫·佛罗伊德（David Floyd）的见习生。除麦克法夸尔之外，当时正在进行中国研究著述的其他学者多是元老级人物，如《泰晤士报》（The Times）的理查德·哈里斯（Richard Harris）和《卫报》（The Guardian）的盖伊·文特（Guy wint[1]），要他们承担这项新杂志的创办工作无疑又显得太过资深了。

麦克法夸尔当时只有28岁，由于资历浅，便由牛津大学现代中国研究的老前辈G. F. 哈德森（G. F. Hudson）做顾问。1961年，他们还与理查德·罗文塔尔（Richard Lowenthal[2]）和沃纳·克拉特（Werner klatt[3]）联合出版了《中苏争端》一书。这是《中国季刊》出版的第一本书，事实上也是当时西方有关该话题的第一部著作。[4]

1960年3月，《中国季刊》正式出版。麦克法夸尔在创刊号中说，"中国经历了长达一个世纪的帝制衰落、内战丛生和外敌入侵，现在已经成为一个主要大国……我们不能等到中国的人造卫星（sputnik）上天才意识到她更值得密切关注"，因而，"中国的发展需要严格、客观的分析。我们试图通过发表专家们的文章，对当代中国发展的方方面面提供评论意见。我们希望激发争论"。[5]

对于创刊号，麦克法夸尔非常重视。创刊号上的第一个亮点是，麦克法夸尔邀请了当时西方中国研究领域内的9位资深前辈学者，如澳大利亚国立大学的费子智（C. P.

---

[1] Guy wint：《曼彻斯特卫报》亚洲事务主笔，牛津大学圣安东尼学院研究员，伦敦《观察家》杂志撰稿人。主要著作有《亚洲聚焦》《中国常识》。当时正在写作《尼赫鲁时代》。

[2] Richard Lowenthal（1908—1991），德国人，新闻记者、教授，主要研究民主、共产主义与世界政治。

[3] Werner Klatt（1904—1987），出生于柏林，第二次世界大战期间避难于英国，并一直为英国政府服务，主要研究农业经济。

[4] Roderick Macfarquhar, "Geoffrey Hudson（1903—1974）".The China Quarterly, 1974, Apr.-Jun., No. 58：229-230.

[5] Editorial, "The China Quarterly". 1960, Jan.-MaNo. 1.

Fitzgerald[1]）、美国华盛顿大学的魏特夫（Karl A. Wittfogel[2]）、洛杉矶加利福尼亚大学的斯坦纳（H. Arthur Steiner[3]）等，每人写一篇1000字左右的评论，对中华人民共和国头十年状况进行总结和分析。[4]另一个"压轴节目"是组织魏特夫与史华慈（Benjamin I. Schwartz[5]）展开关于"毛主义"独创性（originality of "Maoism"）问题的探讨与交锋，突出了《中国季刊》"包括甚至挑起学术争鸣"的承诺（详见后文）。最后，为吸引非专业普通读者，《中国季刊》专门设立了季度纪事和文献汇编栏目。在研究领域日益分门别类化的今天，这些资料对于所谓的专业人士也具有了重要价值。

（三）遭遇难题

与如今的杂志不同，《中国季刊》面临的第一个难题是稿源紧张。为此，麦克法夸尔不得不向中国问题专家积极索稿。由于美国的特殊地位，大部分作者必然来自美国。早在1959年夏，麦克法夸尔得到文化自由联盟的资助，就来到美国部分新兴的中国研究中心：哥伦比亚大学（Columbia University）、哈佛大学（Harvard University）、华盛顿大学（University of Washington）、加利福尼亚大学伯克利分校（University of California, Berkeley）和兰德公司（RAND Corporation），部分原因是向学界提醒新杂志《中国季刊》即将到来，主要原因还是为杂志物色作者。

有意思的是，最初几年里除记者外所有作者更愿意使用笔名（假名）。因为当时中国研究的圈子是如此之小，圈中人相互了解或彼此熟悉，为避免暴露真实身份，不得不强调假名。例如，《彭德怀元帅之解职》[6]这篇文章在西方流传甚广，当该文发表时，麦克法夸尔为作者选取了"大卫·A. 查尔斯"（David A[lbert] Charles）这个笔名，那是

---

[1] Charles Patrick Fitzgerald（1902—1992）：澳大利亚国立大学远东史教授，是澳洲"汉学三杰"之一。1946—1950年曾生活在北京，随后于1956年、1958年又两次重访北京。主要著作有：《中国文化简史》《中国革命》《中国高潮》。

[2] Karl A. Wittfogel（1896—1988）：犹太人，生于德国。曾任美国太平洋学会会员，美国哥伦比亚大学中国史研究室主任，美国华盛顿大学中国史教授。主要著作：《东方专制主义：对于极权力量的比较研究》《"毛主义"的传说》《中国近代社会史》等。

[3] H. Arthur Steiner：1905年2月22日生于美国密苏里州。1930年加利福尼亚大学伯克利分校博士。1948—1949年在中国从事研究。1947—1971年任加利福尼亚大学洛杉矶分校政治学教授。研究专长为国际关系、比较政治学。主要著作：《共产党中国的国际地位：外交政策的政治和思想指导》《国际关系的原则和问题》《行动中的中国共产主义》《世界社会中的共产党中国》。

[4] 其他著名学者还包括：Howard L. Boorman（包华德，哥伦比亚大学），G. F. Hudson（牛津大学），Stuart Kirby（香港大学），Michael Lindsay（林迈可，澳大利亚国立大学），Benjamin Schwartz（史华慈，哈佛大学），Guy Wint（牛津大学）等。

[5] Benjamin I. Schwartz（1916—1999）：犹太人，美国当代著名中国学家，哈佛大学历史学和政治学教授。研究专长为中国近代史和中国思想史。主要著作：《中国的共产主义与毛泽东的崛起》（1951）、《中国共产主义文献史（1921—1951）》（1954，合著）、《"毛主义"的传说的传说》（1960）、《共产主义与中国：思想和变革》，1968）、《古代中国的思想世界》（1985）和《中国与其他》，1996）。

[6] David A.Charles, "The Dismissal of Marshal P'eng Teh-huai". *The China Quarterly*, 1961, Oct.-Dec., No. 8：63-76.

玛格丽特公主（Princess Margaret）为她新生儿子起的名字。除此之外，所谓农业专家W. K.，就是英国外交部信息研究处（Foreign Office's Information Research Department）的沃纳·克拉特（Werner Klatt O.B.E.）博士；美国外交官莫顿·阿布拉默茨（Morton Abramowitz）更是简单地采用了他妻子的闺名。美国中央情报局（CIA）的分析家们，例如菲利普·布里奇亚姆（Philip Bridgham）等，以一名"中国事务学生"为名，从而可以像其他学者一样发表研究成果而不必担心暴露身份。

《中国季刊》面临的第二个难题是竞争。相比较而言，中国香港的《中国大陆评论》（The Mainland China Review）、《中国新闻分析》（China News Analysis）和印度的《中国述评》（China Report）虽颇有价值，但真正可能使《中国季刊》惨遭败北的，还是美国的竞争者。因为自从苏联成功地发射人造地球卫星后，美国设立专门研究基金，推动了中国研究的迅速发展，美国学者希望拥有自己的中国研究杂志。对此，麦克法夸尔的第一项应对之策是，建立一个包括美国各主要中国研究中心资深专家（他们已经在帮助评审文章了）在内的国际编委会[1]，并为他们树立一种意识，即《中国季刊》既是英国的又是美国的，因而是世界的[2]。除了杰出的编委会，麦克法夸尔认为，还需要一个坚固的学术基地做支撑。凑巧的是，伦敦大学东方与非洲研究学院（SOAS）在美国福特基金会资助下即将成立当代中国研究所（Contemporary China Institute，CCI），那儿显然是《中国季刊》的理想归宿。

《中国季刊》面临的第三个难题是经受与美国中央情报局和文化自由联盟有关的风暴考验。由于《中国季刊》是由文化自由联盟出资创办的，而文化自由联盟从成立之初是由美国中央情报局通过"法弗德基金会"（Farfield Foundation）资助的。1965年，随着这一信息的公开披露，引发了一场针对文化自由联盟的负面宣传风暴。其最终结果导致文化自由联盟解散，它所创办的大部分期刊也跟着倒闭了。[3]

---

[1] 《中国季刊》从1967年3月总第29期开始，首次出现编委会成员名单：G. F. Hudson（牛津大学）、A. Doak Barnett（哥伦比亚大学）、Cyril Birch（加利福尼亚大学伯克利分校）、Howard L. Boorman（哥伦比亚大学）、Jerome A. Cohen（哈佛大学法学院）、Alexander Eckstein（密歇根大学）、John K. Fairbank（哈佛大学）、Albert Feuerwerker（密歇根大学）、Maurice Freedman（伦敦政治经济学院）、A. M. Halpern（哈佛大学）、Werner Klatt（School of Slavonic Studies）、Donald W. Klein（哈佛大学）、Choh-ming Li（香港中文大学）、John M. L. Lindbeck（哈佛大学）、Mark Mancall（斯坦福大学）、Dwight Perkins（哈佛大学）、Lucien W. Pye（麻省理工学院）、Robert A. Scalapino（美国加州伯克利大学）、Stuart R. Schram（Fondation Nationale des Sciences Politiques）、Benjamin Schwartz（哈佛大学）、G. William Skinner（斯坦福大学）、George E. Taylor（华盛顿大学）、Kenneth R. Walker（伦敦大学东方与非洲研究学院）、Hellmut Wilhelm（华盛顿大学）、Mary Wright（耶鲁大学）。共25人，其中19人为美国学者。

[2] 《中国季刊》的世界性，还可从其发行范围看出。自1960年6月第2期开始，扉页登载的杂志售价显示，发行范围至少包括17个国家和地区：英国，美国，法国，德国，南美洲，澳大利亚，印度，以色列，巴基斯坦，日本，锡兰（斯里兰卡的旧称），缅甸，泰国，新加坡，中国香港，非洲和菲律宾。

[3] 关于文化自由联盟的历史，参见：Peter Coleman, *The Liberal Conspiracy: The Congress for Cultural Freedom and the Struggle for the Mind of Postwar Europe*. New York: Free Press; London: Collier Macmillan, 1989.

但《中国季刊》经受住了这场考验。麦克法夸尔认为，这有两个原因。一是因为自创刊之初，《中国季刊》履行了创刊号上"严格、客观分析"的承诺，编辑工作坚持学术标准，没有受到来自巴黎的试图"控制"。他后来辩解说，直到1960年代末，文化自由联盟的秘密被披露后，才知道《中国季刊》的部分资金来自美国中央情报局。[1]二是以英国为办刊基地也是至关重要的。当麦克法夸尔1959年游历美国大学校园时，他仍然发现，十年前那场"谁丢失了中国"的论战遗留下来的苦果还使中国学家们互相分裂对立。到20世纪60年代末，许多曾在50年代遭受右派攻击的美国自由派亚洲学家们，又开始遭受来自左派的攻击。那些已经"丢失"中国的美国学者们，现在被指控为勾结政府，反对中国和越南。左派中的一些批评家则热情颂扬中国的"文化大革命"。而《中国季刊》位于伦敦，远离美国国内正在进行的辩论，既可以毫无偏袒地发表知识分子们（例如魏特夫与史华慈）的学术辩论，又能够更加冷静地思考中国国内发生的动荡与喧嚣。

到60年代中后期，由于《中国季刊》的编辑工作、英国广播公司电视台的撰稿任务和越来越多的政治活动叠加在一起，有意问鼎英国政治的麦克法夸尔深深感到，有些东西不得不放弃了。他开始压缩电视台的工作，并积极建议文化自由联盟将杂志移交给英国伦敦大学。1968年3月，在斯图尔特·施拉姆（Stuart R. Schram[2]）教授的支持下，文化自由联盟（其时已解散，更名为文化自由国际协会，International Association for Cultural Freedom）将《中国季刊》正式移交给伦敦大学东方与非洲研究学院，并同意提供两年过渡经费；同时，麦克法夸尔辞去了主编职务，《中国季刊》的编辑和业务工作由卫奕信（David Wilson[3]）接替。至此，《中国季刊》正式并入伦敦大学，麦克法夸尔完结了一桩心愿，开始了他新的事业发展。

三、历史贡献

在担任主编的8年间，麦克法夸尔以《中国季刊》为依托，通过构建学术团队、扩大社会服务、组织学术论争等方式，扮演了一名"学术组织者"角色，为促进西方的当代中国研究做出了积极贡献。

一是以《中国季刊》为中心形成了一支学术团队。麦克法夸尔通过召集学术会议，形成论文专集，进而转化成书的办法，使一批著名学者围绕《中国季刊》形成了一支"无形的"学术团队。1962年8月，在牛津附近的迪渠利公园（Ditchley Park），《中国

---

[1] Roderick Macfarquhar, "It wasn't the CIA". London Review of Books, January 2006.Vol. 28 No. 2. 26.
[2] 施拉姆（Stuart R. Schram，1924—2012）：1924年2月27日出生，美国人，长期在英国工作。1968—1972年曾任伦敦大学东方与非洲研究学院现代中国研究所首任所长，西方研究毛泽东生平与思想的重要代表人物。主要著作：《毛泽东的政治思想》《毛泽东》《未经修饰的毛泽东：谈话与书信集》《对毛泽东的初步重估》《毛泽东的思想》《中国国家权力的基础和局限性》《毛泽东在历史上的地位》。
[3] David Wilson（卫奕信）：1935年2月14日生于苏格兰。英国外交官与汉学家。1968—1974年任《中国季刊》主编，1987—1992年任香港第二十七任总督，并受勋为终身贵族。

季刊》召开了关于"共产党中国的文学"讨论会,这在西方尚属首次。美国汉学家、中国现代文学权威白之教授(Cyril Birch)是《中国季刊》的特邀主编,也是会议的组织者。这次会议收集到的主要论文在1963年《中国季刊》第13期上发表,计有13篇。[1]这些文章后来编辑成书,在其后的四分之一世纪里是西方关于该主题的唯一一部著作。

这一模式在1964年举办的历史学讨论会(组织者费维恺,Albert Feuerwerker)和1968年举办的中国共产主义讨论会(组织者约翰·威尔逊·刘易斯,John Wilson Lewis),以及工业(组织者李卓敏,Choh-Ming Li)、中国台湾(组织者马克·曼考尔,Mark Mancall)、北越(组织者帕特里克·J. 哈尼,Patrick J. Honey)和北朝鲜(罗伯特·A. 斯卡拉皮诺,Robert A. Scalapino)讨论会中反复运用,吸引了一批著名学者参与,最后也都集文成书。

二是通过扩大社会服务的办法,促进了西方新闻界、外交界和商界人士对当代中国的了解。从1956年起,在英国皇家国际事务研究所(Royal Institute of International Affairs)的赞助下,麦克法夸尔在伦敦举办了月度中国午餐研讨会,参加人员包括新闻记者、外交官和商人。英国广播公司监听部门(BBC Monitoring Service)的最新报导《世界广播精选》[Selections from World Broadcasts(SWB)]是午餐会的主要"食粮"。后来,《中国季刊》在香港的类似服务团体包括来自美国总领事馆的专家、《中国大陆新闻概览》[Survey of the China Mainland Press(SCMP)]及其他翻译系列读物[2]的出品人。针对这些读者,《中国季刊》从第4期开始,新设了"最新事态发展"栏目,并尽可能采用第一手报导材料,为当时无法进入中国大陆(内地)的西方人士开启了一扇观察窗口。

三是组织学术讨论和争鸣,推动了当代西方中国研究的深入发展。其中有两次论争,在20世纪60年代西方中国学界产生了深远影响。

第一次是1960年关于毛泽东思想的独创性问题,即"毛主义"传说(legend of Maoism)的论争。参与争论的主角,是被称为美国中国学右派代表人物的魏特夫和美国中国学"自由派"代表人物的史华慈,亨利克·夏马德(Henryk Sjaardema[3])担任评论。[4]纵观这次颇具政治色彩的论争,魏特夫更多地强调毛泽东的思想与马克思列宁主义

---

[1] 中国《国外社会科学文摘》杂志1963年第12期以《英〈中国季刊〉举办学术会议讨论我国当代文学》为题,对这次会议进行了报道。

[2] 《人民日报》(The People's Daily)和《红旗》(Red Flag)杂志一度是外国人唯一能够订阅的中央级出版物。因此,对西方的研究者来说,《世界广播精选》对中国省级广播电台的报导及《中国大陆新闻概览》对走私到香港的省级报纸的翻译便倍觉珍贵。

[3] Henryk Sjaardema:《国际新闻通讯——亚洲资料》主编,主要研究个体化社会中的生态学基础。

[4] Henryk Sjaardema, "The Essence of 'Maoism'". *The China Quarterly*, 1960, Oct.-Dec., No. 4.: 97-99.

相一致的一面,目的是要证明毛泽东思想是以莫斯科为中心的国际阴谋的产物;[1]史华慈则更多地强调毛泽东的思想在马克思列宁主义中有独创性的一面,认为中国革命的胜利与其说是中国共产党在莫斯科阴谋下获得的成功,不如说是毛泽东独创性革命战略的胜利。[2]争论的双方都强调文献的重要性,频频引用文献驳斥对方,但任何一方都不为对方观点的有效性所说服,结果出现相持不下的局面。这次论争集中体现了西方学术界右派和自由派的主要倾向和基本观点。按照西方学者自己的划分,这是欧美理论界关于毛泽东思想的第一次大讨论[3],影响了20世纪六七十年代西方中国学界关于毛泽东思想研究的走向,意义十分深远。[4]

第二次是1962年关于"中国之螺旋式下降"的论争。这次论争由美国专栏作家约瑟夫·艾尔索普(Joseph Alsop)引起。对于中国大陆政权,艾尔索普是一个公认的批评家,而不是客观的分析人士。艾尔索普的文章《论中国之螺旋式下降》发表在《中国季刊》1962年第11期,在西方引起了广泛争议。该文根据逃往香港的中国内地"难民"提供的证据,认为中共政权很可能无法从"大跃进"过后的饥荒中恢复过来。[5]《中国季刊》为此邀请了10位经济学和政治学专家[6],对该文进行评论。他们的文章形成了一个专栏,发表在《中国季刊》第12期上。针对艾尔索普的论断,专家们既有谨慎的赞同,也不乏尖刻的批评。稍后,中国全国人民代表大会的一份文件提到了这场辩论,足见它亦引起了中国国内的严重关切。

麦克法夸尔创办《中国季刊》,积极组织学术活动,其重要意义在于借助学术刊物推动当代中国研究,促进了西方现代中国学从二战以来的情报研究、政策研究向学术研究的转变。尤其是他组织的学术论争,使西方的当代中国研究进一步具有了学术深度和广度,有利于西方世界重新科学地认识中国。通过这些论争,我们还可以看到西方学术界在马克思主义的本质观、新中国的性质问题上存在着严重分歧。究竟应该如何看待毛泽东思想与马列主义的关系,如何认识毛泽东对马列主义的发展,如何评价新中国的政

---

[1] Karl A. Wittfogek. The legend of "Maoism". *The China Quarterly*, 1960, Jan.-Mar., No. 1: 72-86; Karl A. Wittfogek. The legend of "Maoism" (concluded). The China Quarterly, Apr.-Jun., 1960, No. 2.: 16-34; Karl A. Wittfogek. "Maoism"-"Legend" or "Legend of a 'Legend'"? Reply to Benjamin Schwartz. *The China Quarterly*, 1960, Oct.-Dec., No. 4.: 88-96; Karl A. Wittfogek. Prof. Wittfogel comments. *The China Quarterly*, 1960, Oct.-Dec., No. 4.: 99-101.

[2] Benjamin I. Schwartz. The Legend of the "Legend of 'Maoism'". *The China Quarterly*, 1960, Apr.-Jun., No. 2.: 35-42; Benjamin I. Schwartz.Prof. Schwartz comments. *The China Quarterly*, 1960, Oct.-Dec., No. 4.: 96-97.

[3] 另一次发生在1976—1977年,由《近代中国》杂志组织,主要在"左派"与"自由派"之间进行。

[4] [澳]尼克·奈特:《西方毛泽东研究:分析与评价》,载萧延中编:《外国学者评毛泽东:"传说"的传说:第4卷》,北京:中国工人出版社,1997年,第82页、85页。

[5] Josph Alsop, "On China's Descending Spiral". *The China Quarterly*, 1961, Jul.-Sep, No. 11.: 21-37.

[6] 他们是:Alexander Eckstein, G. F. Hudson, L. La Dany, Choh-ming Li, Michael Lindsay, Roderick MacLeish, Frank Robertson, Kenneth R. Walker, Richard L. Walker, Yuan-li Wu.

权建设和社会发展,确实是西方当代中国研究领域中一个不容忽视的重大问题。[1]

总之,在20世纪60年代东西方两大阵营严重对立的冷战背景下,麦克法夸尔创办并主编《中国季刊》,积极开展关于当代中国的学术活动,为西方学者发表研究成果、进行学术争鸣提供了"学术园地",推动了西方中国学从情报研究、政策研究向学术研究的转变,为深化西方的当代中国研究做出了积极贡献。这是我们不应该忘记的。

(本文发表于《北京行政学院学报》2009年第2期)

---

[1] 侯且岸:《当代美国的"显学"——美国现代中国学研究》,北京:人民出版社,1995年,第163页。

从"传教士汉学"到"新汉学":西班牙汉学发展与流变述略*

历史上,西班牙曾是西方最早的汉学大国,在西方世界独领风骚,开启了"传教士汉学"的"黄金时代",对西方汉学的发展起过引领和奠基作用。后因国力衰落,西班牙汉学出现停滞与衰退,在相当长一段时间内几乎为世界所淡忘。20世纪下半叶,西班牙汉学开始复苏。至21世纪初,伴随着中国的崛起,西班牙形成了以大学和专门科研机构为主导的"新汉学"。目前,西班牙已经成立了数十所致力于了解中国的大学院系和其他机构。这一波"新汉学"的出现,既与中国改革开放后的快速发展息息相关,也是中国与西班牙友好交往的真实写照。

一、西班牙汉学的创立(16世纪中叶)

西班牙汉学最初是伊比利亚民族传播天主教的热情以及贸易和军事扩张主义的产物,传教士在其中扮演着举足轻重的作用。西班牙传教士来到中国后,为了在中国传播"福音",首先要学习中国的语言和文字,进而需要了解中国的国情,由此开始了西班牙汉学的发展历程。

耶稣会士方济各·沙勿略(San Francisco Javier,1506—1552)是西班牙汉学的创始人,被天主教会奉为圣人。1541年,沙勿略受罗马教廷的派遣前往东方传教。由于他在日本和印度的经历以及他对中国的了解,特别是对华夏文明的认知,沙勿略总结出以文化调和主义为核心的传教士"适应"策略。1552年,沙勿略踏上中国的上川岛(属今广东省台山市),由此拉开了基督教继唐与元之后第三次传入中国的序幕。为了向中国民

---

* 本文初稿的完成,特别感谢北京外国语大学张西平先生、中国社会科学院历史研究所张铠先生、西班牙胡安·卡洛斯国王大学历史学系劳尔·鲁伊斯教授、西班牙马德里大学文学系罗慧玲博士、对外经济贸易大学魏京翔博士。

众宣传"福音",沙勿略开始学习中文,编写《教义问答》,并为进入中国内地传教做着积极的准备。然而,不幸的是在等待获得进入中国内地许可的时候,沙勿略因患重病于1552年12月3日在上川岛去世。尽管他未能进入中国内地,但沙勿略提出的"适应"策略成为此后天主教东方传教运动的主导方针,影响广泛而深远。可以说,正是沙勿略从客观上开启了西班牙的汉学研究。[1]

奥古斯丁会修士马丁·德拉达（Martin de Rada,1535—1578）是一位博学之士,曾在萨拉曼卡和巴黎的大学学习数学、地理、天文学和语言。1565年他来到菲律宾后,喜获中国明末刊刻的《古今形胜之图》,由此西方人第一次通过中国的地理图像来认知中国。后在旅菲华人的帮助下,德拉达将该地图上5000余字的中文说明译成了西班牙文。德拉达对《古今形胜之图》的研究可以视为西班牙汉学研究的正式起步。其后,马丁·德拉达在学习中国语言文字的过程中,还撰写了西方第一本关于中国语言的著作——《中国语言的艺术和词汇》（Arte y Vocabulario de la Lengua China）。很遗憾,这本书没能留传下来。[2]

1574年,德拉达曾花两个月的时间在福建旅行,并得到上百本中国古籍。他第一个指出,马可·波罗笔下的"Cathay"就是中国。回到菲律宾后,他利用中国典籍,写出一部《菲律宾群岛奥古斯丁会神甫马丁·德拉达与其同伴赫罗尼莫·马林以及与他们随行的士兵在中国观察与体验到的事物》（Las cosas que los padres Fr. Martm de Rada, provincial Orden de S. Agustin en las islas Feiiipnas, su companeros Fr. Jeronimo Marin y otros soldados que fueron con ellos vieron y entendieron en aquel reino）（简称《中国纪行》）。德拉达由此成为将中国悠久的历史和现实社会概貌较为真实地展示给欧洲的第一位西方人。他的这部《中国纪行》也成为其后西方人认识中国的一个起点。正是在这个意义上,马丁·德拉达可以当之无愧地被称作"西方第一位汉学家"。[3]

二、西班牙汉学的"黄金时代"（16世纪中叶—17世纪）

在沙勿略榜样力量的鼓舞下,前来东方的西班牙传教士刻苦学习中文,亲身体察中国的国情,在西方汉学发展史上创造了多个"第一",迎来了西班牙汉学的"黄金时代"。

1.门多萨与《中华大帝国史》

胡安·冈萨雷斯·德·门多萨（Juan Gonzales de Mendoza,1545—1618）是西班牙奥

---

[1] 张铠:《西班牙的汉学研究（1552—2016）》,北京:中国社会科学出版社,2017年,第9页。
[2] 张小溪:《西班牙汉学:从先驱者到被遗忘——访西班牙历史学教授劳尔·鲁伊斯》,载《中国社会科学报》2012年8月1日,第A04版。
[3] 张铠:《西班牙的汉学研究（1552—2016）》,北京:中国社会科学出版社,2017年,第10页。

古斯丁会修士，后来成为主教。他是一位好战的修士，是征服中国论的支持者之一。他曾觐见菲利普二世，劝说其进行这项军事冒险。1581年，当西班牙王室决定向中国派出使团时，他被委任为团长，并率团来到通往中国的中转站——墨西哥。由于至今未明的原因，他的中国之行受阻。但门多萨利用在墨西哥期间收集到的有关中国的大量资料写出了《中华大帝国史》（*Historia de las Cosas mas Notables, Ritos y Costumbres del Gran Reyno de la China*）。

1585年，《中华大帝国史》首版在罗马一经问世，便立刻在欧洲引起了轰动。实际上，这本书是16世纪有关中国地缘环境、政治、经济、历史、文化、风俗、礼仪、宗教信仰等情况最全面、最详尽的一部百科全书，形成了欧洲对中国的基本概念，对后世历史产生了重要影响。到1700年，这本著作已经有西班牙语、意大利语、法语、英语、德语、荷兰语及拉丁文等几十个版本，堪称盛况空前，"代表着16世纪西班牙汉学的最高成就"。[1]

2.高母羡与东西方文化交流

高母羡（Juan Cobo，1546—1592）是西班牙多明我会修士，于1588年抵达菲律宾，并在旅菲华人聚居的"涧内"（Parian）一带传教。1590年，他将范立本编于1393年的《明心宝鉴》译为西班牙文，因此成为第一位把中文文本翻译成西方语言的人，也是第一位把汉字"拉丁字母化"或"罗马字母化"的人。一些作者认为，高母羡翻译此书的目的在于使西班牙人明白中国的教育水平非常高，政治和军事水准也很高，以此来打消马尼拉西班牙人的好战心理。

为了使中国人了解基督教教义的主要内容和基本精神，高母羡用中文写出《天主教教义》一书，这是继罗明坚（Michael Ruggieri, S.J., 1543—1607）于1584年用中文写出《圣教实录》之后的第二部由西方人写出的中文著作，同时也是在中国境外第一部用中文刊刻的宣教之作。为了让中国人了解到基督教文明主要体现在科学技术上，高母羡又用中文写出一部《辩正教真传实录》（又作《无极天主教真传实录》），该书被称为世界上第一部用中文写作的介绍西方科学与技术知识的著作。高母羡是另一类西班牙汉学家的典型：和中国没有直接交往，仅通过马尼拉的中国居民来了解和学习汉文化。他的历史功绩主要表现在促进东西方两种异质文明的交流上。[2]

3.庞迪我：融入中国社会的"西儒"

在晚明来华的西班牙传教士当中，真正融入中国社会并被中国知识界以"西儒"相待的，只有耶稣会会士庞迪我（Diego de Pantoja，1571—1618）一人。庞迪我于1597年来华，1601年与利玛窦（Matteo Ricci，1552—1610）抵达北京，将西方新奇物品呈献

---

[1] 张铠：《西班牙的汉学研究（1552—2016）》，北京：中国社会科学出版社，2017年，第11页。
[2] 张铠：《西班牙的汉学研究（1552—2016）》，北京：中国社会科学出版社，2017年，第12页。

给万历皇帝,从而获得在京居留权,成为那个时代仅有的能出入紫禁城的西方人。1602年,庞迪我致托莱多主教古斯曼的长信则让欧洲首次对中国有了较为完整客观的认识。

在最近关于西班牙和中国关系的研究中,庞迪我被重新提起并得到肯定,因其代表了西方的"儒家文化"。庞迪我来华后始终坚持沙勿略倡导、利玛窦身体力行的"适应"策略,并在中国知识界上层做着"合儒""补儒"的工作,以期实现"超儒"的目的。因此,庞迪我和利玛窦也是将方济各·沙勿略的"适应政策"运用得最好的两位。庞迪我用中文写成的《庞子遗诠》《七克》《天主实义续篇》和《具揭》等著作为中国士大夫所喜读,一时被称作"庞子""庞公"。庞迪我也是把西方科学介绍到中国来的主要人物之一,比如测量广州和北京的纬度、继续利玛窦对历法的研究、帮助徐光启等中国学者了解西方医学等。尤其是在世界地理学的研究中,庞迪我还写出一部世界地理概述,后经艾儒略(Jules Aleni,1582—1649)整理刊刻,这就是著名的《职方外纪》,为中国知识界打开了认识外部世界的窗口。庞迪我的另一功绩是改进了将中文转写成语音字的系统,这一工程由利玛窦开始做起,不像之前高母羡使用闽方言,利玛窦的系统基于北京方言。庞迪我还是利玛窦著作的遗产受赠人。他于1604年完成的利玛窦书信、文书和日记整理,是当时欧洲有关中国现实的最出色的记载。可以说,庞迪我既是中西文化交流的先驱,也是造诣很高的汉学家,标志着西班牙早期汉学研究进入了成熟期。[1]

4.黎玉范和利安当的汉学贡献

对于沙勿略所倡导的"适应"策略,在西班牙来华传教士中并非都像庞迪我一样认同。对于中国历史文化的特点,特别是在敬天、祭祖和参拜孔子等礼仪问题上,各修会之间、乃至同一修会成员之间都分歧严重,由此引发了长达150余年的"礼仪之争"。其中,多明我会的黎玉范(Juan Bautista de Morales,1597—1664)和方济各会的利安当(Antonio Caballero de Santa Maria,1602—1669)实为反对"适应"策略的代表性人物,正是他们拉开了"礼仪之争"的序幕。

黎玉范是一位名声显赫、立场坚定而执着的传教士,同时也是一位多产的汉学家。在他的著述中,一部分是具有论战性质的专著,诸如《中国传教史》(*Historia Evengeliga de China*)以及与他人合作写成的《中国礼仪研究》(*Estudios sobre los Ritos Chinos*)等。他用中文写的《圣教孝亲解》手稿8页,现藏梵蒂冈档案馆中。他曾编写过一部《西班牙—汉语官话语法》(*Gramatica Espanola mandalina*)和几种汉语—西班牙语双解合璧字典。其中,362页的《汉西字典》手稿,现藏梵蒂冈档案馆中。据说他还编写过一部福安方言字典。在中国方言的研究方面,黎玉范是一位先行者。

利安当以极大的热情学习汉语,专研中国儒家典籍。《天儒印》是其代表作。他从

---

[1] 张铠:《庞迪我与中国(1597—1618)》,北京:北京图书馆出版社,1997年。

《四书》中摘出一些儒家先贤的名言、名句,然后与所谓"天学"中的类似名言、名句相对照,再从中找出两者相似之处。他实际上是在暗示,在整个儒家学说中,暗含着基督教的天启真理,不过中国先人尚没有形成明确的概念。从这一角度来看,利安当应当说是在西方汉学研究中广有影响的"索隐派"的先驱。利安当汉学研究的突出的贡献,主要体现在他对中国哲学体系和中国文化基本特征的深入研究上。以利安当为标志,西班牙汉学有了进一步深化。

5.万济国及其《华语官话语法》

万济国(Francisco Varo,1627—1687)是西班牙来华多明我会修士,曾热心地投入"礼仪之争"的辩论中,写出大量论辩性文章和著作。除了与黎玉范等合作写成《中国礼仪研究》一书外,他还用中文写下了四卷本的《主教明证》(Chu-kiao ming ching)。万济国的贡献在于,在汉语语言学的具体研究上取得了新的进展。他编写的《华语官话语法》(Arte de la Lengua mandarina)是西方第一部系统研究中国语法结构和规律的专著,影响十分深远,至今不衰。他还编写了《汉语官话辞典》(Vocabulario de lingua mandarina)、《西班牙语与汉语官话双解语法》(Gramatica Espanola mandarina)和《通俗汉语官话辞典》(Vobario de la lengua mandarina con el estilo y vocablos con que se habla sin elegance)。如果说利安当在汉学整体研究上有了较大超越,那么万济国则在中国语言研究方面做出了卓越贡献。

6.闵明我:西班牙汉学研究的一代宗师

闵明我(Domingo Fernandez Navarrete,1618—1686)为西班牙来华多明我会修士,"适应"策略的最大反对者之一。他最主要的著作是1676年发表的《中华帝国历史、政治、伦理及宗教论集》(Tratados historicos,politicos,eficos y religiosos de la monarchia de China),该书对中国国情作了全面介绍,试图为衰落中的西班牙帝国提供可借鉴的榜样,以促进西班牙的政治革新。尽管闵明我的良苦用心并没有在西班牙产生他所预期的效果,但这本著作对中国的认识,无论是在深度还是广度上,都是前述西班牙传教士所无法企及的。马丁·德拉达仅在福建呆过两个多月;门多萨从未到过中国;庞迪我虽然在中国度过21个春秋,但其间主要是在北京传教。而闵明我在中国的省城中长期生活和宣教,对中国社会了解得更加深切和全面。此外,马丁·德拉达、门多萨和庞迪我等论述的多是晚明时代的中国概况,闵明我则详述了满族入主中原后清帝国的早期概貌。因此,该著为西方国家提供了一幅更为完整、叙事年代更长的中华帝国的历史画卷。

《中华帝国历史、政治、伦理及宗教论集》发表后,引起欧洲知识界对"礼仪之争"的极大关注,很快被译成英、法、德、意等多种文字出版。在闵明我及其他西方来华传教士相关著作的激发下,在欧洲,尤其是在法国、英国和德国,出现了一场规模空前的研究中国哲学、历史和文化的热潮,即历史上"中国热",从而推动了欧洲启蒙运动的兴起和发展。该书不仅是中西文化交流史上的一部杰作，而且对欧洲一代启蒙大师产生过重要影响。可以说，闵明我是17世纪西班牙汉学研究的一代宗师，达到了18世纪以前西班牙汉学研究的顶峰。[1]

在16、17世纪，随着西班牙在全球的影响力达到顶峰，除上述以传教士为核心的领军人物外，还有许多人关注汉学。不过，这一时期大部分作者的著作都是关于旅行和探险的。在许多情况下，这些作品直接汇报给国王。比如安德雷斯·德·米兰多拉（Andres de Mirandola）于1569年写的《致菲利普二世的信：关于中国的伟大和习俗以及葡萄牙发生了什么》（"Letter to Philip II from Andres Mirandola telling him what happened to the Portuguese, with news from China of her greatness and customs"）以及马尼拉第三任总督桑德（Francisco de Sande）于1576年写的《致菲律宾统治者菲利普二世陛下的信》（"Letter to H. M. Philip II, the governor of the Philippines"）。其他的著作，有的是关于中国自然的百科全书，有的是关于中国历史的书籍，还有一些是有关征服菲律宾、马鲁古群岛（Maluku）和其他西班牙殖民地的情况，如麦哲伦（Fernando de Magallanes，1480—1521）首次环游地球中的中国部分等。简言之，这些书都是为国家或者传教士而写，并不是给普通民众阅读的。[2]

三、西班牙汉学的停滞与衰退（18—19世纪）

18、19世纪，西班牙汉学受到消极的历史环境影响。一方面，1640—1713年，西班牙在全球的霸权地位衰落，国王放弃向外扩张而转为守势。1805年起西班牙陷入一系列战争，先是卷入拿破仑战争，而后又为争夺大西洋的控制权与英国开战，并以战败告终。1808—1839年西班牙内部又陷入"专制主义"与"自由主义"之间长达30年的内战，这场战争使得自1500年来称霸世界的西班牙势力一落千丈。因此，在西方国家争夺海外殖民地的斗争中，西班牙日益处于劣势，在中国尤其如此，没有参与西方世界1839年以来对清王朝的战争掠夺。另一方面，在罗马教廷的权利斗争中，教皇克莱门特十四世为了抑制耶稣会势力的膨胀，于1773年取缔了耶稣会，使西班牙耶稣会士难有作为。与此同时，中国明朝末年发生的"南京教案"，使在华天主教传教士第一次遭受重大挫折；在后来的"礼仪之争"中，西班牙传教士对儒家学说的批判，遭到中国社会的抵制，中国统治当局与罗马教廷之间出现了严重冲突。"礼仪之争"最终使康熙皇帝下决心驱逐天主教传教士，雍正时，严禁新的传教士进入中国（1724），并从乾隆十一年

---

[1] 张铠：《西班牙的汉学研究（1552—2016）》，北京：中国社会科学出版社，2017年，第17页。
[2] 王圣佳编译：《西班牙汉学研究》，载上海社会科学院世界中国学研究所编：《世界中国学理论前沿》，上海：上海社会科学院出版社，2016年，第84-98页。本文原载：*Spanish Sinology*，作者为西班牙胡安·卡洛斯国王大学历史学教授劳尔·鲁伊斯（Raúl Ramírez-Ruiz）。

（1746年）开始对中国国内基督教进行清洗以斩草除根。如此一来，西班牙来华传教士，无论是方济各会修士还是多明我会修士，大多转移到福建边远地区传教，失去了接触中国主流社会的机遇和深入研究汉学的条件。

从整体上看，18—19世纪西班牙汉学陷入了停滞与衰退时期。在这个阶段，西班牙汉学由多明我会和方济各会主导，出现了一些具有传教士特色的语言类著作。与以前为了政治和文化目的编写的著作不同，这些关于语法、词典、词汇、教义问答等的著作是为了教育和传教的需要而写。如弗朗西斯科·古来乐（Francisco varo y Guerrero）的《中国语言的艺术》（Art of the Mandarin language）一书，第一次研究了中国官话的所有音调；佩德罗·皮纽艾拉（Pedro de Pinuela）的《中文艺术（中西文对照）》（Art of the Chinese Language in Chinese and Castilian）是在中国印刷的第一本中文语法书；还有卡斯塔内拉（B. Castaneda）的《中文广州方言基本语法》（The Basic Grammar of the Chinese Language, Cantonese Dialect）；曼努尔·德尔·萨克拉门托（Manuel del Sacramento）的《汉语语法》（Arte de lengua China）；以及圣托·米格尔·卡尔德隆（Santo Miguel Carderon）、克里斯托瓦尔·普拉（Cristobal Pla）、胡安·克罗木（Juan Colon）、多明格·巴劳（Domingo Palau）和圣地亚哥·加西亚（Santiago Garcia）等都曾编撰过福建方言字典。

由于西班牙来华传教士大都深入民间传教，他们用中文写下了相当一部分宣教著作，比较有影响的如《圣体要理》《圣经直解》《圣母行实》《圣母行实目录》《默想神功》《圣教明征》《形神实义》《人类道安》《圣教切要》《天主教入门问答》《罗洒（刹）行实》等。这类中文著作以在民间宣教为目的，易为普通民众所接受，为地区性方言研究奠定了一定的基础。[1]

除此以外，1847年派驻中国的第一任西班牙使臣 Sinalbo Mas y Sanz是继法国、英国和美国之后第四位获清朝皇帝承认的西方使臣。他的著作包括1857年在巴黎出版的《英国、中国和印度》（England, China and India）和1861年同在巴黎出版的《中国和基督教势力》（China and the Christian powers）。他的朋友、西班牙驻中国香港办事处的侯塞（Jose de Aguilar）撰写了《理解中国官话：为中文译者准备的简单句型分析集》（The Chinese Interpreter. Collection of Analyzed simple Sentences to Understand the Official Language of China），于1861年在马德里出版，为中文向现代拼音转化做出了一定的贡献。[2]

---

[1] 张铠：《西班牙的汉学研究（1552—2016）》，北京：中国社会科学出版社，2017年，第30-31页。
[2] 王圣佳编译：《西班牙汉学研究》，载上海社会科学院世界中国学研究所编：《世界中国学理论前沿》，上海：上海社会科学院出版社，2016年，第84-98页。本文原载：*Spanish Sinology*，作者为西班牙胡安·卡洛斯国王大学历史学教授劳尔·鲁伊斯（Raúl Ramírez-Ruiz）。

四、西班牙汉学的复苏（20世纪）

尽管18—19世纪这200年间西班牙汉学一度消沉，但进入20世纪后西班牙汉学出现了复苏。

在汉语研究方面，20世纪初一批新的汉语语言学著作相继问世，如拉蒙·克搂美尔（Ramon Colomer）的《汉西注音辞典》（*Diccionario tonico Sinico-espanol*）和路易斯·玛利亚·尼埃托（Luis Maria Nieto）按"国语拼音字母"排序编写的《中西实用辞典》（*Diccionario manual Chino Castellano*）等。20世纪上半叶，在福建一带传教的西班牙传教士格外重视当地方言研究。如孟塞诺尔·特奥多罗·拉布拉多尔（Monsenor Teodoro Labrador）与拉伊蒙多·吉哈诺（Raimundo Quiano）出版了《西中福州方言辞典》（*Diccionario espanol-chino del dialecto de fuchou*）；皮袋尔-安德来武（Pinol y Andreu）发表了其名著《华班辞典》，即《中西厦门方言辞典》（*Diccionario chino-esparol del Dialecto de Amoy*, 1937）；布拉斯·克尔内霍（Blas Cornejo）编写了《西中福安方言辞典》（*Diccionario espanol-chino, dialecto Fogan*, 1941—1943）。

在中国典籍研究与翻译方面，西班牙汉学家卡梅洛·埃洛杜伊（Carmelo Erolduy, 1901—1989）的汉学研究最受人们推崇。他1961年翻译完成《道德经》；1967年发表《庄子：道家的文学家、哲学家和神秘主义者》（"Chuang teu: Literate, filosofo y mistico taoist"）；1968年出版《东方政治中的人道主义》（"Humannismo politico oriental"）；1972年发表《道家思想中的六十四个概念》（"Sesenta y cuatro conceptos de la ideologia taoist"）；1974年翻译出版《中国浪漫诗歌中颂歌选萃》（"Odas selectas romancero chino"），这是中国《诗经》的选译本。埃洛杜伊对《易经》和《墨子》进行了多年研究，先后于1983年和1987年出版了《变化之书》（*El Libro de los cambios*）和《墨翟：具有普遍之爱的政治家》（*Mo Zi: Politico del Amor Universal*）两本专著。另一位颇有声望的西班牙汉学家是安东尼奥·多明格斯（Antonio Dominguez, 1915—1991），他最主要的贡献是将西班牙汉学研究先驱高母羡1593年用中文撰写的《辩正教真传实录》译成西班牙文，并于1953年出版（1986年再版）；此外他还于1978年出版了《中国文化中的孝道》（*Filial Piety in Chinese Culture*）一书。[1]

1973年中国与西班牙正式建立外交关系，此后西班牙汉学日趋活跃，不断取得新的进展。其成就主要表现在对中国典籍和古典文学的翻译上，比如《西游记》、《红楼梦》、《儒林外史》、《金瓶梅》（西班牙节译本改书名为《金莲》）、《聊斋》、"四书"、《汉书》和《孙子兵法》以及部分中国古典诗词等均已有西班牙文译本。其

---

[1] 雷孟笃（José Ramón Álvarez）：《西班牙汉学研究的现况》，载《汉学研究通讯（台湾）》，26：1（总101期），2007年2月。

中，劳雷亚诺·拉米莱斯（Laurenao Ramirez）所翻译《儒林外史》的西班牙文译本曾荣获西班牙国家翻译奖。刘勰的《文心雕龙》已由格拉纳达大学中国语言与文学系教授阿莉西亚·雷林克·埃雷塔（Alicia Relinque Eleta）译为西班牙文并加以注释；2002年她又翻译出版了《中国戏曲三种》（Tres Dramas Chinos），即《窦娥冤》《赵氏孤儿》和《西厢记》。长期在台湾从事西语教学并致力于中国思想史研究的雷孟笃（Jose Ramon Alvares），其代表性译作有《道德经》（1985）和《老子》（1988）。从事中国诗词翻译的西班牙汉学家主要有艾莲（Ann Helene Suárez），其代表性译著有《李白五十首诗选》（1988）、《苏东坡——赤壁怀古及其他诗作》（1992）、《王维99首绝句及同时期风格相仿的诗人》（2000）、《白居易111首绝句》（2003）等多部。还有卡洛斯·德尔散兹-欧罗斯克（Carlos del Sanz-Orozco）的《唐朝诗人》（1983）、戈麦兹·吉尔（A. Gomez Gil）和陈光孚合译的《中国诗的第一个黄金时期——唐朝诗选》（1999），等等。

与此同时，西班牙汉学界还扩大了对中国近现代文学的译介，如马德里自治大学东方研究中心的塔西亚娜·非撒克（Taciana Fisac）已将巴金的《家》（1985）、铁凝的《没有纽扣的红衬衫》（1989）和钱钟书的《围城》（1992）等相继译为西班牙文。

在20世纪西班牙汉学家中，还有两位女性不得不提。一位是偏重跨文化研究和翻译的女性黄玛赛（Marcela de Juan，1905—1981）。她是一位中国驻西班牙外交官的女儿，曾随父亲回到中国。她致力于把中国文学介绍到西班牙，主要作品有《中国古代的传统故事》（Cuentos chinos de tradición antigua）、《东方幽默故事》（Cuentos humoristicos orientales）、《中国说书人选集》（Antologia de cuentistas chinos）和《昨日中国与今日中国》（La China que ayer vivi y la China que hoy entrevi）等。[1]另一位跨文化女性学者是易玛（Inma Gonzalez Puy），现为北京塞万提斯学院院长和中国西班牙文化中心主任。她是中西建交后最早来华的留学生，曾在西班牙使馆任文化专员，期间创办过"学术论坛"性质的期刊——《西班牙》（Espana）。易玛曾将中国广为人知的《红灯记》译为西班牙文。

五、西班牙"新汉学"的兴起（21世纪至今）

从20世纪末至21世纪初，在西班牙出现了一种"新汉学"，与之前的汉学关系甚少。这种被称为"中国学"的研究思潮，主要来自西班牙的大学科研机构，出现了一些高度专业化的研究人员，将考察中国社会经济作为重要组成部分，并融合了当代中国与古代中国研究、哲学与政治研究、经济与社会研究等诸多领域。新汉学的阵营由学术团体组成并不断发展壮大，他们正在努力创建一个稳固的学术体系，其首要目标是让

---

[1] 雷孟笃（José Ramón Álvarez）：《西班牙汉学研究的现况》，载《汉学研究通讯（台湾）》，26：1（总101期），2007年2月。

"中国研究"进入西方公众视野。这种新汉学的重生伴随着中国在世界的崛起,与当代中国的快速发展息息相关,同欧洲其他国家保持相同的研究水准,并出版了大量论文和专著。

在中国历史文化综合研究方面,极具代表性的著作是胡安·卡洛斯国王大学(Universidad Rey Juan Carlos)的劳尔·米雷斯·鲁伊斯(Raul Ramirez Ruiz)与路易斯·帕拉西奥斯(Luis Palacios)合写的《中国:历史、思想、艺术与文化》(*China: Historia, Pensamiento, Arte y Cultura*, Cordoba, 2011)一书。[1]该著旨在向西班牙语世界介绍中国4000多年来不曾间断的恢宏历史和文明,以及儒家文化对华夏民族的长远影响。这一著作实际上也是认识当代中国崛起原因的一个阶梯。

在中国与西班牙关系史研究方面,近年已涌现出许多佼佼者。如巴塞罗那庞培·法布拉大学(Universitat Pompeu Fabra, Barcelona)的欧阳安(Manél Ollé Rodríguez)[2]写出了《想象中国》(*La invencion de China*, 2000)和《中国事业:从无敌舰队到马尼拉大帆船》(*LA Empresa de China: De la Armada Invencible al Galeón de Manila*, 2002);胡安·吉尔(Juan Gil)著有《马尼拉华人(16—17世纪)》(*Los Chinos en Mannila, Siglos 16-17*, 2011);科尔多瓦大学的安东尼奥·加西亚—巴索罗(Antonio Garcia Abase)著有《砖石城墙与丝绸大炮:在西班牙帝国的中国人(16—18世纪)》(*Murallas de piedra y Cañones de Seda: Chinos en el imperio español, siglos XVI-XVIII*, 2012)。现在台湾大学任教的鲍晓鸥(Z. E. Borao)曾于1994年写出《西班牙与中国(1927—1967)》(*Espana y China, 1927—1967*)一书,目前正致力于西班牙占领台湾史的研究,尤其是台湾少数民族早期的历史,这无疑是非常有价值的课题。

在西班牙来华传教士研究方面,萨拉戈萨大学的何塞·安东尼奥·塞维拉(Jose Antonio Cervera)曾对高母羡的《正教真传实录》进行过深入的研究,并于2001年完成了《东方的传教士科学》(*Ciencia Misionera en Oriente*)一书的写作,从中可以看到在大航海时代西方传教士对于促进东西方文化交流的贡献。有关庞迪我的专题研究也有新进展,由马德里南部历史研究所(Instituto de Estudios Historicos del Sur de Madrid)贝亚特里斯·蒙科(Beatriz Monco)整理的庞迪我致托雷多大主教古斯曼(Luysde Guzman)的长信《关于几位耶稣会神父进入中国后在该国所见所闻纪要》已经于2011年出版。加泰罗尼亚欧佩塔大学(Universitat Oberta de Catalunya)的萨尔瓦多·梅迪纳·拜纳

---

[1] 朱政惠:《西班牙汉学研究的新成果》,载《文汇报》2012年7月23日,第00C版。
[2] 欧阳安(Manél Ollé Rodríguez,1962年生),西班牙汉学家,巴塞罗那庞培·法布拉大学(Universitat Pompeu Fabra, Barcelona)人文学院历史学终身教授,北京外国语大学国际中国文化研究院客座教授。常年从事16、17世纪中国海洋史研究,西班牙、葡萄牙东亚扩张史研究,东南亚华人华侨研究以及现当代中国文化研究等。曾合作翻译《唐诗选》、蒲松龄《聊斋志异》选集,出版专著数部。《中国事业:从无敌舰队到马尼拉大帆船》(*La empresa de China-De la Armada Invencible al Galeón de Manila*)为其代表作之一。感谢对外经济贸易大学魏京翔博士提供材料。

（Salvador Medina Baena）所著《十七世纪的文化融合与有关中国的记述——以庞迪我为例》，是一篇通过对16世纪和17世纪东西方文化交流史的回顾来评述庞迪我历史地位和影响的长篇论文。此外，马德里康普顿斯大学（Universidad Complutense de Madrid）罗慧玲和伦敦大学英国皇家学院的蒋薇已将《关于几位耶稣会神父进入中国后在该国所见所闻纪要》这封致古斯曼主教的长信全部译成了中文，经金国平审校后已收入《耶稣会士庞迪我文集》之中，为深入研究庞迪我这位世界历史文化名人奠定了坚实的资料基础。

在当代西班牙中国政治研究方面，最有影响力的著作是西班牙前驻华大使欧亨尼奥·布雷戈拉特（Eugenio Bregolat I Obiols）所著《中国的第二次革命》（*La Segunda Revolucion China*）。该书详尽地记述和分析了中国改革开放以来所取得的伟大成绩，并深刻阐释了中国所以取得如此辉煌成就的原因，引起了国际上亟欲解读中国崛起之"谜"的政治家和学术界的广泛关注。2014年布雷戈拉特又出版了论文集《中国的复兴》，对中国的发展前景充满了信心。

出于加强对中国了解的需要，西班牙的汉语教学也在快速发展之中。目前，西班牙约有14所大学开设汉语专业，它们是阿利坎特大学（Universidad de Alicante）、巴塞罗那自治大学（Universidad Autonoma de Barcelona）、巴塞罗那大学（Universidad de Barcelona）、马德里自治大学（Universidad Autonoma de Madrid）、格拉纳达大学（Universidad de Granada）、马拉加大学（Universidad de Malaga）、塞维利亚大学（Universidad de Sevilla）、庞培乌·法布拉大学（Universidade Pompeu Fabra）、加泰罗尼亚欧佩塔大学（Universidad Oberta de Catalunya）、布尔戈斯大学（Universidad de Burgos）、马德里康普顿斯大学（Universidad Complutense de Madrid）、巴亚多利德大学（Universidad de Valladolid）、胡安·卡洛斯国王大学（Universidad Rey Juan Carlos）和拉里奥哈大学（Universidad de la Rioja）。此外，西班牙还开设有8所孔子学院，分别是马德里孔子学院、格拉纳达大学孔子学院、瓦伦西亚大学孔子学院、巴塞罗那孔子学院、大加纳利斯拉斯帕尔玛斯大学孔子学院、莱昂大学孔子学院、卡斯蒂利亚拉曼查大学孔子学院以及萨拉戈萨大学孔子学院[1]，它们对于推动西班牙的汉语教学发挥了积极作用。

除上述大学和孔子学院外，还有许多机构提供亚洲课程，并开展教学和研究工作。比如西班牙科学研究中心（CSIC）下辖的历史研究所、西班牙人文社会科学研究中心（CHSS）、巴塞罗那国际事务研究中心（CIDOB）基金会以及西班牙高等研究院（IAS），还有Joaquin Beltran负责的"当代中国图书馆"。

21世纪伊始，西班牙汉学研究机构尝试用不同的方式合作，其中比较有名的是由格拉纳达大学发起的"西班牙亚太研究论坛"（Spanish Forum of Asia Pacific Research）。

---

[1] 详见孔子学院总部/国家汉办网站：http://www.hanban.org/confuciousinstitutes/node：10961.htm，最后访问日期：2019年9月2日。

2002年"亚洲之家"（Casa Asia）成立，旨在推动各种项目和活动，以加强西班牙对亚太国家的认识。2007年，在西班牙政府支持下创立了"拉丁美洲东亚研究网"（REDIAO），成员包括30多个拉美国家机构，目的是促进伊比利亚语世界对东亚的研究合作。而由拉里奥哈大学（Universidad de la Rioja）开发的网络统计引擎Dialnet，则是当今世界最强大的书目门户网站之一，为西班牙"新汉学"注入了新的动力。[1]

综上所述，西班牙的"新汉学"是建立在大学的汉语教学研究机构和学术论坛的设置、以及互联网引擎的开发和利用这三根柱石之上，并在此基础上逐步形成了一个不断发展壮大的稳固的学术体系。新的汉学焕发出勃勃生机，克服了之前遇到的种种困难，重新振作起来。

六、结语

通过对450多年来西班牙汉学发展和变化历程的回顾，我们可以清晰地看到，正如大多数西方国家一样，西班牙已经逐步完成了从传统意义上的"传教士汉学"向当代新汉学——"中国学"研究的转变。西班牙汉学在世界上起步最早，16—17世纪形成了西方汉学发展史上的"黄金时代"，扮演着先驱者的角色。早期的西班牙汉学由传教士所书写，他们大多是多明我会和耶稣会修士。其中门多萨的《中华大帝国史》是西方世界最早的汉学巨著，对西方汉学影响深远；闵明我和其他西方来华传教士的著作则推动了欧洲启蒙运动的兴起和发展。西班牙汉学的发展始终伴随着本国和拉美人民的政治风云变幻，与西班牙的政治兴衰紧密相联。16—17世纪的西班牙是全球性大国，为了在全世界推行天主教而试图统治全球。西班牙汉学缘起于帝国全球扩张的雄心，可以说是宗教狂热和军事扩张主义的产物，因而从一开始就具有双重性。及至18—19世纪，当西班牙军事力量崩溃，政治力量衰落时，汉学成为传播福音的工具，汉学研究也日渐衰颓。因此，西班牙汉学在西方世界似乎没有得到重视，而曾经独领风骚的西班牙汉学逐渐落至被遗忘的境地。自20世纪开始，西班牙汉学出现复苏。特别是中国与西班牙正式建交后，西班牙汉学日趋活跃。至21世纪，伴随着中国的崛起，一股新型的学术力量开始涌现，西班牙"新汉学"从大学和研究机构起步，开创了新的道路，逐步转向专业化的"中国学"研究。目前，西班牙汉学正处于复兴之中，必将推动中西双方的理解和交流。

（本文发表于《国际汉学》2020年第3期）

---

[1] [西班牙]劳尔·拉米雷斯·鲁伊斯著，魏京翔译：《2010—2015年西班牙"中国学"研究现状与趋势》，载《国际汉学》2016年第3期，第186-192页。

70年来印度的中国研究：历史与趋势

中国和印度是世界文明古国，两国人民之间的文化交往已有数千年历史。特别是近现代以来，印度对中国的研究逐渐增多。自1949年中华人民共和国成立至今，印度的中国研究大体可分为三个阶段。第一阶段为1949—1962年，重点是对中国历史和文化的研究。第二阶段为1962—1988年，由于中印边界争端的影响，印度的中国研究开始重视现实问题，尤其关注中国外交、军事和发展战略。1988年至今为第三阶段，随着两国关系的正常化，越来越多的印度学者从事中国政治、经济、军事、外交、社会、语言、文化研究，出现了跨领域、全方位开展研究的局面，促进了两国关系的改善。然而，印度目前的中国研究还存在着高层次汉语人才匮乏、第一手中文资料运用不足等问题。今后，两国学术界应进一步开展建设性互动和思想对话，以促进中印人文交流和文明互鉴。

一、1949—1962年：以中国历史、文化研究为主

1949年中华人民共和国成立之前，印度的中国研究已经有了一定基础。尽管本文主要梳理1949年后印度的中国研究，但对之前的研究状况也有必要做一简要回顾。1918年，加尔各答大学最早开设了中国语言和文学课程，但影响不大。1921年，印度著名诗人、诺贝尔文学奖获得者泰戈尔（Rabindranath Tagore，1861—1941）创立了国际大学（Visva-Bharati University），聘请法国著名中国学家列维（Sylvain Levi，1863—1935）为客座教授，专讲中国文化和佛学。印度学者师觉月（Prabodh Chandra Bagchi，1898—1956）是当时列维的学生，后来成为印度最重要的汉学家之一，赢得了国际学界的高度认可和崇高声誉。1934年，印度正式成立"印中学会"，设在国际大学，泰戈尔任主席，尼赫鲁（J. Nehru，1889—1964）任名誉主席。1935年，中国南京成立"中印学会"，蔡元培为理事会主席，戴季陶为监事会主席。1937年，国际大学成立以谭云山

（1898—1983）[1]为首任院长的中国学院（Cheena Bhavana），泰戈尔亲自主持开幕，印度著名领袖甘地、尼赫鲁等都给予热情祝贺，这是中印近代文化关系史上的一件大事。中国学院先后培养出了包括白春晖（Vasant V. Paranjpe）、南希珍（K. Vankataramanan）、泰无量（Amitendranath Tagore）、慕克吉（P. Makherji）、苏季子（Sujit Mukherji）和谭中在内的一大批印度汉学家，其中精通汉语的白春晖曾出任过印度驻华大使。

1951年，国际大学因经费不足由私立改为国立。中国学院加入国际大学编制，成为新的国立大学的重要部门。当时印度国防部和一些大学，先后办起中文班，谭云山就把中国学院的年轻中国学者推荐给他们。例如，20世纪40年代末50年代初，阿拉哈巴德大学（University of Allahabad）开设中文课程，经谭云山推荐，巴宙[2]前去任教，后来巴宙成为国际知名学者。在巴宙之后，谭云山又推荐周祥光[3]及其夫人前去教授中文。周祥光写过一部《中国佛教史》（*A History of Chinese Buddhism*，1953），在印度学术界很有影响。印度国防部外国语学校开设中文班的时候，谭云山又介绍杨允元去讲授中文，后来杨允元也成为国际知名学者。就这样，国际大学中国学院成为印度各地中文教学和中国文化研究的发源地。

国际大学中国学院作为印度第一个正式开展中国研究的学术机构，着重于宣传中国文化。为此，谭云山写了许多关于中国的英文文章[4]，由"中印学会"（Sino-Indian

---

[1] 谭云山（1898—1983），湖南省茶陵县下东长乐人，印度总理英·甘地夫人称之为"伟大学者"。青年时代在湖南第一师范学校参加了毛泽东创办的"新民学会"和"新文化书社"。1924赴新加坡和马来西亚任教。1928年接受印度诗圣泰戈尔的邀请去印度国际大学任教。1937年首任印度国际大学中国学院院长。1956年周恩来总理访印时，参观该学院，称赞他为促进中印文化交流做出了贡献。1968年从国际大学中国学院退休，享有国际大学终身名誉教授殊荣。谭云山对中国古典文学、诗词、佛教和印度哲学造诣很深，留下丰富的著述。《海畔诗集》辑入其20世纪20年代所写的诗，30年代在南洋华人中影响很大。他撰写的《世界历法与历法革命》《印度周游记》《印度丛谈》《印度六大佛教圣地图志》《西藏见闻录》等38种英文和10余种中文长篇巨著，具有很高的文化学术价值。

[2] 巴宙，佛教学者，四川万县人。生于1918年，卒年不详。字望蜀、望舒，号仙樵。毕业于上海蒙藏学院。二十岁赴印度留学，以研究印度文化与哲学为主，后获国际大学硕士及孟买大学哲学博士学位。博士论文为《梵巴汉藏对照波罗提木叉之比较研究》，该篇论文是研究原始佛教生活及僧团制度的重要著作。曾任教印度国际大学七年、阿拉哈巴大学七年，锡兰大学十四年，后应美国爱渥华大学（University of Iowa）宗教学院聘请，担任佛学教授。巴宙精梵文、巴利语、现代印度语及欧西等多种文字，并擅佛学及印度学。著作除博士论文外，另有《大般涅槃经之比较研究》（1946）、《梵本摩诃僧祇之波罗提木叉》（1956）、《敦煌韵文集》（1965）、《大乘二十二问之研究》（1979）、《交响与重诂》（1980），又译有《南传大般涅槃经》《泰戈尔小品精选》等。

[3] 周祥光（Chou Hsiang-Kuang，1919—1963），浙江黄岩人。1942年赴印度加尔各答及德里大学深造，获得博士学位。先后担任印度国际大学、阿拉哈巴德大学等校教授。周祥光专攻印度哲学，于佛学、史学均有极深造诣。著有《中国禅宗发展史》（英文版）、《中国佛教史》（英文版）、《印度哲学史》、《印度通史》等书，对促进中印文化交流贡献颇大。

[4] 其中包括："Cultural Interchange Between India and China"（1937）、"Buddhism in China Today"（1937）、"What is Chinese Religion"（1938）、"India's Contribution to Chinese Culture"（1942）、"China, India and the War"（1944）、"The Spirit of Indian and Chinese Culture"（1949）、"Ahimsa in Sino-Indian Culture"（1949）、"Sino-Indian Relationship"（1950）、"The History of Chinese Language and Literature"（1952）。

Cultural Society）在印度出版。在当时印度学术界、文化界对中国了解甚少的情况下，这些文章对于帮助印度知识分子了解中国，纠正西方舆论对中国的误解发挥了重要作用。

中国学院从一开始就聚集了一批来自中国和印度各地的"汉学"研究者。在中印学会的组织和影响下，一批中国有志学者前往印度，如徐悲鸿、陈翰笙、常任侠、金克木、徐梵澄、吴晓铃、陈洪进等。他们或讲学，或访问研究，与印度学者切磋交流，可谓盛极一时。在印度方面，主要有前面曾提及的师觉月，他通晓汉语、日语、德语、法语、英语、梵语和印地语等，先任中国学院研究部主任，后来成为国际大学研究主管，最后被印度政府指派为国际大学校长（1954—1955）。国防大学第二任中文讲师泰无量是大诗人泰戈尔的侄孙，曾留学中国，后来回到国际大学中国学院任教，最后又去美国教学多年。当时在国际大学中国学院任教的学者，还有教授哲学和中文的文卡塔拉曼（Venkataraman），以及从事中文教学的萨提兰建·沈（Satiranjan Sen）等。

谭云山担任国际大学中国学院院长时，泰戈尔要他把研究重心放到佛教在中国发展的课题上。佛教是起源于印度的世界宗教，但在中国发展的历史最为辉煌，现在流传于世的佛教经典绝大多数是首先在中国出版的中文典籍。因此，中国学院从一开始就建立了一项把中文佛经译回梵文的研究项目，聘任懂中文的梵文专家来做这项工作。在中国学院研究佛学典籍的几位学者都能够读中文大藏经。例如，穆克吉（Sujit Kumar Mukherjee）和艾雅斯瓦米（N. Aiyaswami Sastri）在50年代就发表过有关的翻译成果，后来在那里研究，直至退休。还有一位寂比丘（和平比丘，Shanti Bhikksu Sastri）也曾在那里研读中文佛经。

除了中国学院外，设在德里的印度国际文化研究院（International Academy of Indian Culture），也是研究中国文化的重要机构。这个机构由印度著名学者拉古·维拉（Raghu Vira，1902—1963）创立，他本人著有《罗摩衍那在中国》一书（1933），后又出版了有关中国诗歌和绘画的论著。他的儿子罗凯什·钱德拉（Lokesh Chandra）子承父业，专心于中国文化研究，成为享誉全印度的中国学专家。[1]此外，根据尼赫鲁的意愿建立了印度国际研究学院（The Indian School of International Studies），即尼赫鲁大学的前身。德什潘德（G. P. Deshpande）、拉马钱德兰（K. N. Ramachandran）、克里希南（R. R. Krishnan）、希拉·穆尔蒂（Sheela Murthy）等成为东亚系教员，对中国有相当全面的研究。

20世纪50年代，根据中印两国政府交换留学生的协议，第一批印度留学生来到中国学习。其中，维迪亚·普拉卡什·杜德（Vidya Prakash Dutta）和他的妻子嘉姬·杜德（Gargi Dutta）回国后分别在德里大学和尼赫鲁大学任教；克里希南纳特·查特吉

---

[1] 郁龙余：《中国学在印度》，载《学术研究》2000年第1期，第122页。

（Krishnanath Chatterer）回国后在贝拿勒斯印度教大学（Banaras Hindu University）任教；沈纳兰（Naryan Chandra Sen）回国后先后在国际大学、尼赫鲁大学任教，后来还曾作为孟加拉文专家在北京工作多年。稍后一批到中国学习的有丽娜·甘古利（Reena Ganguly）和甘山·梅赫塔（Ganshan Mehta）等。[1]

巴帕特（P. V. Bapat）和郭克雷（V. V. Gokhale）也是印度著名中国学家。郭克雷先在国际大学学习，后到德国海德堡大学（Ruprecht-Karls-Universität Heidelberg）学习汉语和藏语，巴帕特则在美国学习中文。他们都曾在费尔古森学院（Fergusson College）中国研究中心工作，从事梵文、巴利文和汉语、藏语佛教典籍的比较研究。

总结第一阶段印度中国研究的发展，可以说，中国学在印度的真正兴起，首先应归功于泰戈尔。在当时的背景下，人们感兴趣的领域主要是中国历史、语言、文学、艺术、佛教和中印之间的历史联系，缺少对现代中国的关注。从中可以看到三个特点：第一，这是一个从无到有的阶段，印度朋友对研究中国表示了热忱。第二，当时中印两国都处在水深火热之中，两国人民成为受帝国主义侵略的难兄难弟，印度的中国研究充分反映出这种中印友谊。第三，泰戈尔创建国际大学和中国学院，成为中印友好与相互了解的象征。[2]

二、1962—1988年：转向现代中国研究

1962年的中印边界冲突是一个分水岭，认识中国和了解中国成为印度朝野的共识。它促使印度转向现代中国研究，主要关注中国的外交政策、军事和安全问题。有关中印边境冲突的成因、军事冲突的过程以及印度北部安全环境的评估都成了印度中国研究中最热门的话题。于是，印度的中国研究开始出现重视地区战略、轻视中印关系，重视现实问题、轻视历史文化的倾向；当时印度最著名的中国通，不再是语言学家、历史学家或者宗教学者，而是关注中印外交和战略关系的政府官员、专栏作家或者媒体记者。[3]

在美国福特基金会（Ford Foundation）的资助下，1964年德里大学建立了"中国研究中心"，选送一批年轻学者到美国各大学深造。1966年德里大学成立中国研究系（后为中国和日本研究系，现为东亚研究系）。但因教员尚未齐全、没有教授，暂由文学院长兼管。1969年杜德博士任教授兼系主任，还聘任了四名从美国深造回国的印度青年学者，即从耶鲁大学学成回国的戴辛格（Giri Deshingkar），从哥伦比亚大学学成回国的白蜜雅（Mira Sinha，后改名Mira Sinha Bhattacharjea），从哈佛大学学成回国的古

---

[1] 薛克翘：《中印文化交流史》，北京：商务印书馆，2017年，第370页。
[2] 谭中：《现代印度的中国研究》，载《南亚研究季刊》2011第1期，第92页。
[3] 章立明，周东亮：《印度汉学研究的百年流变及前景展望（1918—2018）》，载《国外社会科学》2019年第4期，第75页。

普塔（Krishna Gupta），从加利福尼亚大学伯克利分校学成回国的莫汉迪（Manoranjan Mohanty），再加上原有教授中文的谭中与黄绮淑夫妇，德里大学拥有了较强的中国研究和教学阵营。1971年杜德升任大学副校长，谭中担任系主任，一直到1978年为止。与此同时，1968年谭云山从国际大学退休，此后国际大学中国学院开始衰落。在大学编制上"中国学院"名字取消，改称"中国语言文化系"，国际大学中国学院过去的殊荣逐渐转移到德里大学中国研究系。

20世纪60年代中期，中国研究所（Institute of Chinese Studies）成立。该所的最初成员是德里大学的一批学者，主要包括戴辛格、白蜜雅、古普塔、莫汉迪，加上谭中夫妇，他们每周三聚会讨论中国形势，对印度中国研究的发展产生了很大影响。后来中国研究所的队伍不断扩大，包括尼赫鲁大学国际关系学院教授德施班（Govind Deshpande）、阿尔格（Alka Acharya）、德里大学经济发展研究所教授帕姬莎（Patricia Uberoi）、德里大学东亚研究系教授丝莉玛迪（Sreemati Chakrabarti）、玛姐玉（Madhavi Thampi）、尼赫鲁大学中文教授邵葆丽（Sabaree Mitra）、海孟德（Hemant Adlakha）、狄伯杰（B. R. Deepak）等。德里大学东亚系教授谈玉妮（Ravni Thakur）虽然不是中国研究所的正式成员，但也经常参加讨论会。该所出版的《中国述评》（*China Report*）杂志，从1964年创刊至今是印度唯一全面聚焦中国的杂志，在20世纪六七十年代，它是全世界中国以外出版的两大以"China"命名的英文学术杂志之一（另一杂志为英国伦敦的 *China Quarterly*）。特别是70年代后期中印关系逐渐恢复后，《中国述评》对中国改革开放后的政治、经济、外交的研究很多。中国研究所和它的前身中国研究小组在这一阶段变成印度中国研究的中坚，它把来自大学的教师、研究者、其他领域对中国具有特殊兴趣的人和外交官等聚集在一起。莫汉蒂曾于90年代担任该所所长，曾任驻华大使的任嘉德（C. V. Ranganathan）也在其中发挥过重要作用。该所组织过很多国际和国内学术研讨会，专家学者们的建议和意见受到印度外交部等政府部门的重视。

1969年新德里尼赫鲁大学创立，特别重视开展中国研究。尼赫鲁大学设有东亚研究中心（Center for East Asian Studies，CEAS）和社会科学学院（School of Social Science，SSS），还设有语言文学文化学院（School of Languages, Literature & Cultural Studies，SLL&CS）和中国与东南亚研究中心（Center for Chinese and Southeast Asian Studies，CCSEAS）。1978年，谭中教授由德里大学转来执教，并担任中日系主任直至退休。他是现代玄奘——谭云山先生的长子，先后在德里大学和尼赫鲁大学任教。他秉承父志，为中印文化交流事业奋斗了一生，对印度中国学的发展做出了重要贡献，受到中国和印度学术界的高度评价。

新德里国防战略和分析研究所（Institute of Defense Strategy & Analysis，IDSA）成立于20世纪60年代中期，出版过一些杂志和时事通讯，其中有不少关于中国的文章和报道，主要是中国国防和军事方面的。斯瓦兰·辛格（Swaran Singh）、斯里甘特（Srikant）曾经是那里的主要研究人员，发表过很多文章。他们二人后来加入到尼赫鲁大学的社会科学学院。该研究所也经常组织有关中国问题的座谈会或研讨会。

总结第二阶段印度中国研究的发展，也有三个特点。第一，印度全国上下认为中国对印度来说是最重要的国家，自觉发展出一种要求了解中国的强烈愿望。第二，印度要求了解中国的心境很复杂，既要防范中国，又想与中国和平、友好相处。印度的中国研究希望把中国复杂、多变的形象真实反映给印度政府和民间。第三，印度传媒很多时候以"望远镜和放大镜"瞄准中国，往往用西方的传媒报道摄取中国形象，意识形态色彩和以偏概全的误解在所难免。这样，开辟印中之间直接了解的渠道就成为印度中国研究者的神圣职责。[1]

三、1988年至今：跨领域、全方位的中国研究

1988年12月，印度总理拉吉夫·甘地（Rajiv Gandhi，1944—1991）访华，中印关系恢复正常化。90年代以来，由于双方经贸关系的加强，印度对中国研究的兴趣快速增长，双方访问、学术交往等活动日益增多，印度赴中国学习的学生数量也在增加。目前印度的中国研究主要在四所国立大学中展开，即德里大学的东亚研究系，尼赫鲁大学国际学院的东亚系和语言学院的中文系，国际大学的中文系和贝纳拉斯印度教大学的外国语文系（其中中文教学与中国研究占重要地位）。印度的中文教学也出现了较快发展。关于中印关系、中国政治、军事、经济、文化、社会的研究蓬勃发展，印度学术界出现了跨领域、全方位的中国研究。[2]

关于中印关系研究的著述很多，产生了一批知名学者，如白蜜雅、莫汉迪、德什潘德、阿尔卡·阿恰利亚（Alka Aacharya）、谢钢（Srikantha Kondapalli）、斯瓦兰·辛格、莫汉·古鲁斯瓦米（Mohan Guruswamy）、谭中、狄伯杰等。其中，在中印历史与现实互动关系的探讨方面，主要有白蜜雅的《中国世界与印度》（2001），狄伯杰的《二十世纪前半叶的中印关系》（2001）、《1904至2004年的印度与中国：一个世纪的和平与冲突》（2005）、《中印关系：文明视角》（2012）和《印度与中国：外交策略及反应》（2016），以及玛姐玉的《在中国的印度人：1800—1949》（2005）、《殖民主义世界的印度与中国》（2005）和《1943—1949年期间印度驻华使节对中国变动情势的观察》（2015）等。在中印文化关系方面，谭中发表了一系列著述，如《中国与勇敢的新世界：鸦片战争起源研究（1840—1842）》（1978）、《人鱼海神和龙：十九世纪中国与帝国主义》（1986）、《跨越喜马拉雅鸿沟》（1998）、《谭云山与中印文化交

---

[1] 谭中：《现代印度的中国研究》，载《南亚研究季刊》2011第1期，第94页。
[2] 尹锡南：《当代印度的中国现实问题研究简析》，载《南亚东南亚研究》2018年第4期，第106页。

流》（1998）、《印度和中国：20世纪文明交流和震颤》（2006）、《CHINDIA/中印大同：理想与实现》（2007）、《谭云山》（2012）和《简明中国文明史》（2017）等。这些著作从不同视角分析中印关系的历史演变，并对如何加强中印之间的文化互信关系提出了自己的见解。

关于中国政治研究，越来越多的印度学者开始实地考察中国，对中国政治体制、中国特色社会主义道路、毛泽东思想和邓小平理论等均有不同程度的思考。在中国政治体制方面，2007年莫汉迪出版了《印度与中国的草根民主：参与的权利》。2011年印度智库"观察家研究基金会"（ORF）出版了《当代中国政治、社会与文化》，对中国政治体制进行了简要介绍。该书作者包括谈玉妮和任嘉德等著名学者或外交官。在毛泽东研究方面，1991年辛德（B. E. Shinde）出版了《1927—1978年毛泽东与共产党的政策》，对1927—1978年间中国共产党的内政外交进行了研究。1994年印度迪布茹迦大学（Dibrugarh University）出版的论文集《毛泽东与社会重建》，收录了莫汉迪、戴辛格和白蜜雅等15位学者的论文，论述主题涉及毛泽东的哲学、政治、经济、军事和文学等方面的思想，体现了印度学者对毛泽东思想研究的深入和广泛。1998年室利马蒂·查克拉巴蒂（Sreemati Chakrabarti）出版了《毛泽东、中国知识分子与"文革"》。关于毛泽东思想与邓小平理论的比较，印度青年学者万可达（G. Venkat Raman）2008年出版了《毛泽东和邓小平发展战略思想的比较研究》，重点探讨了中国领导人关于国家治理的理论。

关于中国军事研究，主要涉及中国军事思想和指导方针、国防战略、军事现代化、核武发展、军事部署与军力投放、海军与空军发展等主题，显示了印度军方、政界和学术界对中国军事发展不约而同的高度重视。戴辛格、谢钢和潘达（Jagannath P. Panda）等学者可以熟练阅读中文资料，其研究成果值得关注。其中，谢钢原为国防分析研究所重要成员，后转型为尼赫鲁大学国际关系学院东亚研究中心教授，先后出版了《中国人民解放军的发展动力》（The People's Liberation Army: Evolving Dynamics，1996）、《中国军事：中国人民解放军转型》（China's Military: The PLA in Transition，1999）、《中国海军力量》（China's Naval Power，2001）等著作。他还与印度、中国和日本学者合编了论文集《中国与邻国》（China and Its Neighbors，2010）、《中国军事与印度》（China's Military and India，2012）、《中国与金砖五国：另起炉灶》（China and the BRICS: Setting up a Different Kitchen，2017）和《一带一路，天下大同》（One Belt, One Road: China's Global Outreach，2017）等论文集。

关于中国经济研究，主要围绕中国经济发展的原因、动力和前景，中国经济发展对印度的影响和启迪，中印经济发展的多维比较，中印能源合作与贸易关系等方面展开。如莫汉·古鲁斯瓦米等人的《追龙：印度能否赶超中国》（2010），重点探讨了两国快速发展的经济联系及两种显著不同的发展模式所取得成果的差异。乔杜里·巴尔（Raghav Bahl）的《超级大国？中国兔与印度龟的奇妙赛跑》（2010），预言未来将是美国鹰、中国兔和印度龟和平共存和神奇竞赛的时代。普拉纳布·巴丹（Pranab Bardhan）的《崛起的泥足巨人：剖析中国与印度经济崛起》（2013），在考察了两国的贫困状况、收入不平等和环境等问题后，剖析了中印两国的经济改革和经济增长模式，指出了两国面临的诸多结构性和制度性问题。苏米塔·达瓦拉（Sumita Dwara）出版了研究中国经济发展的著作《奇迹背后的中国》（2015）。随着中印两国经贸合作的发展，印度学界对中国经济问题的探讨取代了之前地缘政治类的热门话题。

关于中国文学、文化、社会研究等方面也出现了不少成果，如尼赫鲁大学邵葆丽的《中国女性作家与性别话语（1976—1996）》和《20世纪中国的文学与政治：问题与主旨》，探讨了中国当代文学中的女性作家群现象以及中国现当代的文化批评问题；墨普德（Priyadarshi Mukherjee）翻译和出版了《鲁迅诗集》《中国当代诗歌集》《艾青诗歌寓言集》以及《毛泽东诗词全集》等大量中国文化著作，2014年获得第八届中华图书特殊贡献奖；狄伯杰利用中文资料出版了《中国农业、农村与农民》（2009）一书。印度教大学的嘉玛希（Kamal Sheel）著有《农民社会与中国的马克思主义知识分子》（1989）一书；而专注中国佛教研究的劳吉（Lalji Shravak）则与人合著了《丝绸之路上的印度》（2010）。[1]

在中文教学方面，由于中国经济增长和中印贸易的不断扩大，已经有越来越多的学生选择学习中文。目前印度一共有568所大学，其中包括国立和私立在内的22所大学开设了汉语课程，据估算在印度高校接受汉语学历教育的人数约为2000人。[2]其中，有4所大学中文教学实力较强，课程设置合理，招生稳定，培养学生多，学生基础知识牢固，其教员和学生有机会到中国继续深造，进而成为中国研究的专家学者。这4所大学是：尼赫鲁大学（新德里）、德里大学（德里）、国际大学（西孟加拉邦圣蒂尼克坦）和印度教大学（北方邦瓦拉纳西）。另外一些大学因教学或学生问题，中文课程时断时续，不很稳定。这些大学主要包括：阿拉哈巴德大学（北方邦阿拉哈巴德）、帕提亚拉大学（旁遮普邦昌迪加尔）、外国语学院（德里）、卡尔雅尼大学（西孟加拉邦）、加尔各答大学（西孟加拉邦）、奥朗加巴德大学（马哈拉施特拉邦）、乌特卡尔大学（奥里萨邦）、泰吉普尔大学（阿萨姆邦）、圣雄甘地大学（马哈拉施特拉邦）、戈拉克曹尔大学（北方邦）、海得拉巴大学（安得拉邦）等。[3]

---

[1] 章立明，周东亮：《印度汉学研究的百年流变及前景展望（1918—2018）》，载《国外社会科学》2019年第4期，第76页。
[2] 章立明，周东亮：《印度汉学研究的百年流变及前景展望（1918—2018）》，载《国外社会科学》2019年第4期，第77页。
[3] 薛克翘：《中印文化交流史》，北京：商务印书馆，2017年，第374-375页。

此外，印度的中国研究还受到欧美高校、智库甚至是华尔街中印裔学者的影响。如阿马蒂亚·库马·森（Amartya Kumar Sen）、塔伦·卡纳（Tarun Khanna）、莫汉·马利克（Mohan Malik）、布拉马·切拉尼（Brahma Chellaney）、杜赞奇（Prasenjit Duara）、穆素洁（Sucheta Mazumdar）和沈丹森等人。他们的研究成果涉及中印经济比较、外交策略、军事对抗或者是能源安全等主题，如莫汉·马利克的《中国和印度：权力角逐者》（2011）、布拉马·切拉尼的《亚洲神像：中国、印度和日本的崛起》（2010）、《水：亚洲的新战场》（2011）等。

四、印度中国研究面临的挑战与建议

进入21世纪以来，中印两国在双边关系与国际舞台上都面临着新的形势：一是中印两国都"崛起"为经济大国，两国间的相互重视程度大大增加；二是中印两国都登上了国际舞台，在国际上的接触与合作机会大为加强；三是两国在国际上的地位与作用不断提高，国防力量也相应增长，如何继续保持和平共处与睦邻关系就变得更为重要。

新的形势对印度的中国研究提出了新的挑战。第一，从地缘政治看，中国是印度最重要的邻国之一，印度政府国防、情报等部门以及民间战略专家都以观察研究中国为己任。但他们大多不懂中文，无法阅读第一手中文材料，也很少接受有关中国历史、地理与文化方面的基本训练，其信息来源主要出自英文媒介，容易误导公众舆论。第二，从人才培养看，印度高层次汉语人才比较匮乏。与中印经贸关系升温不同，最近20年来印度高校中文系博士毕业生人数并没有出现太大的增长。尽管印度学界具有重视当代中国研究的强烈意愿，但高级汉语人才的短缺将会造成印度汉学研究队伍的人数不足，进而影响印度中国研究的整体水平，这在短期内难以根本改善。第三，从合作研究看，印度的中国研究机构和研究人员之间缺少明确的导向和紧密合作，也缺乏与中国学者的接触互动。第四，从资料信息看，印度大部分图书馆的检索系统比较原始和混乱，无法为学者和青年学生提供详尽完善的中文收藏信息。

面对上述形势和挑战，中印学界双方应进一步加强学术互动与思想对话，为"一带一路"建设背景下的中印人文交流做出应有的贡献。第一，扩大中印双方之间的交流，建立大学、研究机构和学者之间的文化接触，定期交换书刊杂志，交换访问学者和研究生，共同举办国际会议等。第二，开展合作研究和比较研究。中国和印度学者应加强合作研究，在经济政策、管理实践、市民社会、非政府组织作用、性别研究、环境、文学和大众文化等方面开展比较研究。第三，加强基础研究资料编目工作，为印度汉学家和年轻学者提供中国研究联合书目。其中应包括德里大学中国与日本研究系、圣地尼克坦国际大学中国学院、加尔各答的孟加拉和国家图书馆亚洲文会等机构中此类专门图书馆及藏书。第四，拓展新的研究纬度，如根据佛教文献（主要是梵语佛教文献）研究中印关系，根据中文、藏文和其他一些资源重构印度整个古代和中世纪时期的历史，等等。这种研究涉及古代印度及其科学、天文学、医学、历史、语言发展、印度-雅利安语言的语义学、社会-经济状况以及许多其他的知识门类，极有可能发现迄今为止仍然未知，却具有启发性的资料。[1]

（本文发表于《国际中国文化研究》2019年创刊号）

---

[1] ［印度］哈拉普拉萨德·雷易著，蔡晶译：《印度的中国学研究概览》，载《深圳大学学报》（人文社会科学版）2010年第27卷第6期，第14页。

海外视野中的中国政治研究

美国"中国通"眼中的中国共产党

——谢伟思1944—1945年的延安报告

谢伟思是美国著名的"中国通"、职业外交官,曾一度是美国与中国共产党建立直接联系的首倡者和亲历者。1944年7月—1945年3月期间,他在延安与毛泽东等中共领导人有过亲密接触,对中共的成长历程、国共关系及中共对美苏的态度等问题有独到而深刻的见解,他从延安向美国政府发出大量报告,多次提出调整对华政策建议。然而这些建议不仅未被美国政府采纳,谢伟思本人也因这些真实的报告和延安经历而饱受迫害。由于谢伟思在中美交往史中的独特地位,他对中美关系的积极促进作用也是不容忽视的。

一、谢伟思其人:最早代表官方与中共交往的美国外交官

约翰·斯图尔特·谢伟思(John Stewart Service,1909年8月3日—1999年2月3日),出生于四川成都一个美国传教士家庭,在成都和重庆度过了童年,后随父母返回美国接受教育,毕业于俄亥俄州的奥伯林学院(Oberlin College)。谢伟思从青年起就立志于外交事业,1933年通过美国国务院资格考试,1936年正式任外交官,曾先后在中国上海领事馆和重庆大使馆任职。1943年8月起,谢伟思在史迪威任总司令的驻华美军总部工作期间,利用自己的外交官和军方双重身份,广泛考察中国社会,深入乡村边远地区,体验普通百姓生存状况,对当时中国的政治、经济、社会状况有了较为深刻的认识。谢伟思还建立了广泛的社会关系,不但与宋庆龄、冯玉祥等爱国人士和国民党达官显贵、社会名流都有交往,甚至与八路军驻重庆办事处也保持着经常联系,成为美国外交界名副其实的"中国通"。

太平洋战争爆发后,为了共同抗击日本,谢伟思1943年1月向美国国务院提交关于国共形势的报告,最早建议向中共控制区派遣美国观察员。[1]此时中国共产党人则希望美

---

[1] 于化民:《美国"亲共"外交官谢伟思的风雨人生》,载《党史博览》2006年第9期,第12-16页。

国政府在延安设立领事馆，以便双方合作。而最不愿意看到美国与中共建立官方关系的蒋介石，寻找各种借口阻挠这一计划的实施。1944年6月，美国副总统亨利·华莱士[1]访华。史迪威[2]等吁请华莱士向蒋介石交涉，蒋被迫同意美方派人去延安，这就是"美国军事观察小组"赴延安的由来。7月22日，美国军事观察小组进驻延安，成员包括驻华使馆武官包瑞德[3]、二等秘书戴维斯[4]、三等秘书谢伟思等人，其中谢伟思还被委任为小组政治顾问。美军观察组来延安标志着中共与美国政府建立了一种官方联系，谢伟思和观察小组因此成为最早代表美国官方与中共和毛泽东打交道的美国人。

二、延安印象："来到了一个不同的国家"

谢伟思作为军事观察小组成员，不仅多次会见毛泽东、周恩来、刘少奇、朱德、彭德怀等中共领导人，还访问了许多抗日根据地，见到了陈毅、林彪、聂荣臻等从抗日根据地来延安开会或汇报工作的中共将领。通过对延安的实地考察，谢伟思和美国军事观察组的成员一致认为：与在国民党统治区相比，他们似乎来到了一个不同的国家，碰到了不同的人。[5]不论是延安军民的精神气质还是延安的气氛，都与重庆迥然两样。

1944年7月28日，谢伟思在题为《对陕北共产党根据地的初步非正式印象》的报告中写道："那里不存在铺张粉饰和礼节俗套，言辞和行动上都如此。官员和人民与我们的关系，以及中国人相互之间的关系，都是坦诚、直率和友好的。谈到毛泽东和其他领导人时，都普遍用尊敬的口吻（提到毛泽东时，带有某种尊崇），但是这些人都是平易近人的，对他们完全没有奴颜婢膝之态。他们自由地参加各种小组。这里也完全没有贴身保镖、宪兵和重庆官僚阶层中的哗众取宠的夸夸其谈。初来乍到者在延安看不到警察，

---

[1] 亨利·阿加德·华莱士（Henry Agard Wallace，1888—1965年），美国政治家，富兰克林·罗斯福时期曾任美国农业部长、美国副总统；杜鲁门时期任商务部长。1944年6月以副总统身份访问中国，主要目的是调解国共矛盾与中苏关系，最终促成了蒋介石同意美军观察组进驻华北。这次访问在一定程度上巩固了国共合作统一战线，是抗战时期中美关系史上的一次重要外交活动，也是抗战时期美国对华最高级别的访问。

[2] 约瑟夫·史迪威（Joseph Stilwell，1883—1946年），美国佛罗里达州巴拉特卡市人。1904年西点军校毕业，参加过第一次世界大战，担任过美国驻华大使馆武官等职。第二次世界大战珍珠港事件后，1942年晋升中将，并被派到中国，先后担任中国战区参谋长、中缅印战区美军总司令、东南亚盟军司令部副司令、中国驻印军司令、分配美国援华物资负责人等职务，后晋升为四星上将。在华任职期间，对中国共产党给予同情。在他的推动下，1944年7月，第一批美军观察组终于抵达延安。由于政治上同情中国共产党，最终为蒋介石排挤而离任。

[3] 包瑞德（David Dean Barrett，1892—1977年），美国军人、外交家、中国通。1944年曾任美军驻延安观察组（迪克西使团，the Dixie Mission）组长。

[4] 约翰·佩顿·戴维斯（John Paton Davies，1908—1999）。美国外交官，生于中国，哥伦比亚大学毕业。1931年进入外交界任职。三十年代曾任驻昆明、沈阳等地领事。1942年后任中缅印战区美军司令部政治顾问。对中国国民政府消极抗日表示不满，主张联合一切抗日武装力量，与周恩来等中国共产党人有过来往。1943年6月24日向史迪威建议派遣使团到延安了解抗日民主根据地的真实情况。曾随美国军事观察组访问延安，就军事合作问题与中共领导人会谈。因与驻华大使赫尔利发生矛盾，被迫离华，调职驻苏使馆。五十年代初受到美国反动势力迫害，被解除公职。著有《抓住龙尾——戴维斯在华回忆录》等。

[5] ［美］约瑟夫·W. 埃谢里克编著，罗清、赵仲强译：《在中国失掉的机会——美国前驻华外交官约翰·S. 谢伟思第二次世界大战时期的报告》，北京：国际文化出版公司，1989年，第181页。

也很少看到士兵。也没有乞丐，也没有令人绝望的贫困迹象。衣着和生活都很简朴，除农民外，几乎每个人都穿同样普通的、用土布缝制的中山装。在衣着、生活或接待方面，我们看不见炫耀虚饰的现象……""士气是很高的，战争看来接近了，而且是现实的。这里没有失败主义，而是信心十足，没有厌战情绪。这里到处都强调民主和同老百姓的鱼水关系……人们是严肃认真的，倾向于一种使命感。那里有惊人的政治觉悟。没有对党的领导人的批评，没有政治闲谈。同时，没有紧张和压抑感。"[1]

谢伟思报道了延安令人鼓舞的形势和朝气蓬勃的精神面貌，与经济萧条、官僚腐败、特务横行的重庆形成了鲜明对比。这一反差不禁让谢伟思大发感慨："我们全力支持的政权（蒋介石政权）的表现和我们发誓要消灭的敌人（日本）是如此雷同；而我们从不予支持的中共却又与我们美国人自己这般相像。真是不可思议！"[2]

三、"更像美国人"：谢伟思眼中的中共领导人

在重庆时，谢伟思与国民党领导人有过广泛接触；到延安后，他与中共领导人也进行了很多接触，使他对二者有了十分明显的对比：中共领导人都十分坦诚直率和平易近人，而重庆的官场里充斥着腐朽和等级制。在谢伟思看来，中共领导人给人以两点极为深刻的印象：

第一，青春年华。当时在延安的中共领导人差不多都是40多岁，少数是30多岁接近40岁。正是这种年轻而精力充沛，使他们作为一个集体而显得十分活跃而称职。在这个集体中间，看不到半饥饿的、贫血的中国知识分子形象，同样也看不见吃得肥头胖耳的官吏和官僚派头的人。[3]这种活力不仅表现在体质上，也表现在智力上。中共领导人的知识、兴趣和阅历都是极其多样的，他们都是具有不容置疑的坚强信念的人，谢伟思称之为"韧性"：他们具有耐心，他们在这方面受过长期艰苦的训练；他们将会妥协，如果这确定是符合党的最大的、长远的利益的话；当一旦需要的时候，他们会奋起战斗；并且他们可能会是严厉和无情的，如果必需的话。在中共领导人中间，畏惧或个人利益都是不会加以考虑的。[4]

第二，一贯井然有序。这种特点既是精神上的也是物质上的，因为在延安普遍存在着一种认真的气氛和高效率。中共领导人中好像有一种强烈的集体感和牢固的团结，

---

[1] ［美］约瑟夫·W. 埃谢里克编著，罗清、赵仲强译：《在中国失掉的机会——美国前驻华外交官约翰·S. 谢伟思第二次世界大战时期的报告》，北京：国际文化出版公司，1989年，第181-184页。
[2] ［美］凯恩·博斯特尔著，徐慧译：《"中国通"谢伟思的悲剧》《书摘》2004年第10期，第80-82页。
[3] ［美］约瑟夫·W. 埃谢里克编著，罗清、赵仲强译：《在中国失掉的机会——美国前驻华外交官约翰·S. 谢伟思第二次世界大战时期的报告》，北京：国际文化出版公司，1989年，第197页。
[4] ［美］约瑟夫·W. 埃谢里克编著，罗清、赵仲强译：《在中国失掉的机会——美国前驻华外交官约翰·S. 谢伟思第二次世界大战时期的报告》，北京：国际文化出版公司，1989年，第198页。

完全没有证据表明存在人身攻击、妒贤嫉能和小集体主义。没有一个人给人以"政客"的印象。他们是在一场斗争中升到高位的，而斗争的胜利并不是依靠创建了一部政治机器、玩弄诡计或是利用有利的个人关系，而是依靠实际的成就。[1]

谢伟思在与中共领导人进行广泛接触后得出一个总体结论：这个领导集体由精力充沛、成熟和讲求实效的人们组成，他们忘我地献身于崇高的原则，具有杰出的才干和坚毅的领导素质。就自己在延安的所见所闻，谢伟思给美国国务院撰写了大量报告，对中共领导人的素质和个人能力给予了高度评价："他们的风度，习惯于推理思考和直截了当地处理问题，看来更像美国人，而不像东方人。"[2]

四、毛泽东的谈话：中共对美国的善意和期望

1944—1945年，谢伟思先后两次来到延安，居留时间长达3个多月，期间同毛泽东、周恩来、朱德等中共领导人进行过50多次谈话。其中，谢伟思与毛泽东的多次谈话记录最为精彩和宝贵。他们谈话的内容十分广泛，不仅包括国共两党间关系、中共与美国的关系、中共与苏联的关系，还涉及战后中国经济建设问题。在谈话中，毛泽东代表中共多次表达了对美国的善意，并期望美国能够作出积极反响。

1944年8月23日，在谢伟思对延安的情况有了初步了解和认识后，毛泽东邀请他到枣园自己住的窑洞里正式谈话。[3]话题主要围绕如何避免国共内战和中共与美国的关系问题展开。关于美国与中共的关系，毛泽东说，"我们以前不会提出美国承认（中共）的问题。在正式意义上说，时机还不成熟。我们现在只是要求：美国政策要努力引导国民党改革自己"；政治改革"如果取得成功，就不会有内战的威胁"，但是"假如说国民党不实行改造，那时就必须提出美国对共产党的政策这个问题"。[4]关于美国对华援助，毛泽东认为，如果"美国坚持把武器给予一切抗日部队，包括共产党的军队在内，这样做不是干涉"；如果"美国只把武器给予国民党，其后果将会是干涉，因为它将使国民党能够继续反对中国人民的意愿"。[5]关于美国与中共的合作问题，毛泽东强调："中国和美国的利益是互相关联和相似的，它们在经济上和政治上交织在一起"；"美国会发现我们比国民党更易于合作。我们不怕民主的美国影响——我们愿意欢迎它"；"我们

---

[1] ［美］约瑟夫·W. 埃谢里克编著，罗清、赵仲强译：《在中国失掉的机会——美国前驻华外交官约翰·S. 谢伟思第二次世界大战时期的报告》，北京：国际文化出版公司，1989年，第199-200页。
[2] ［美］约瑟夫·W. 埃谢里克编著，罗清、赵仲强译：《在中国失掉的机会——美国前驻华外交官约翰·S. 谢伟思第二次世界大战时期的报告》，北京：国际文化出版公司，1989年，第202页。
[3] 于化民：《美国"亲共"外交官谢伟思的风雨人生》《党史博览》2006年第9期，第12-16页。
[4] ［美］约瑟夫·W. 埃谢里克编著，罗清、赵仲强译：《在中国失掉的机会——美国前驻华外交官约翰·S. 谢伟思第二次世界大战时期的报告》，北京：国际文化出版公司，1989年，第254页。
[5] ［美］约瑟夫·W. 埃谢里克编著，罗清、赵仲强译：《在中国失掉的机会——美国前驻华外交官约翰·S. 谢伟思第二次世界大战时期的报告》，北京：国际文化出版公司，1989年，第254-255页。

关心的是在建设和生产性的方针指导下，使国家得到最快的发展"；"美国无须害怕我们不愿意合作，我们必须合作，我们需要得到美国援助。这就是为什么了解你们美国人在想什么、计划什么对我们中国共产党人来说是如此重要。我们不能冒险与你们迎头相撞——不能冒险和你们发生任何冲突"。[1]这次会谈持续了6个小时。

这次谈话，正如戴维斯后来评论所说："较诸罗斯福以及华莱士和蒋介石的所有谈话都具有更重大的意义。"[2]谢伟思深知谈话的重要性，他将谈话内容的详细记录于8月27日报告给华盛顿方面。但遗憾的是，"毛泽东为了和美国达成一项可行性安排而作出的非同小可的提议，被美国政府忽视了。且不说国务院的中国问题专家们，连华盛顿也极少注意到毛的主动的表示。于是，中美关系中富有历史意义的瞬间就这样未受注意而被忽略过去了"。[3]

1945年3月13日，毛泽东又约谢伟思进行长谈，用精确的话语解释了为什么中国共产党想和美国保持友好关系。毛泽东说，"中国人民和美国人民之间存在着强有力的同情、理解和互相关切的纽带。两个国家实质上都是民主的和具有个性的。两国都天生爱好和平，是非侵略性的，非帝国主义的"；"中国战后最急需的是发展经济。她缺乏独自发展经济所必须的资本主义的基础。她自己的生活水平是如此之低，不能再进一步压低来提供所需的资本"；"美国和中国经济上彼此互为补充，他们不会竞争。中国不具备大规模重工业所需要的东西。她不可能期待与有高度专业化制造业的美国相竞争。美国的重工业和这些专业化的制造业需要有一个出口市场。它也需要为它的资本投资寻找出路"；"美国不仅是援助中国发展经济的最适当的国家，它也是能够充分参加中国发展的仅有的国家。由于这一切理由，中国人民和美国人民之间不应该也不可能存在任何冲突、疏远和误解"。[4]

1945年3月30日，谢伟思接到要其"最快"返回华盛顿的命令。由于没有说明召其回国的原因，谢伟思本人以及中共领导人都乐观地认为，美国政府有可能要与他磋商关于中国的事情。4月1日下午4时，毛泽东邀请谢伟思到其住所恳谈，参加会见的还有周恩来、朱德和董必武。这是他们的最后一次谈话，内容涉及国共、中美和中苏关系等许多重要议题，无论广度和深度均超过以往历次谈话。围绕中共和美国的关系，毛泽东做了如下阐述："共产党对美国的政策，现在是将来仍然是，寻求友好的美国支持在中国

---

[1] [美]约瑟夫·W. 埃谢里克编著，罗清、赵仲强译：《在中国失掉的机会——美国前驻华外交官约翰·S. 谢伟思第二次世界大战时期的报告》，北京：国际文化出版公司，1989年，第260-261页。
[2] [美]约翰·佩顿·戴维斯著，赵仲强、罗清译：《抓住龙尾——戴维斯在华回忆录》，北京：商务印书馆，1996年，第288页。
[3] [美]约翰·佩顿·戴维斯著，赵仲强、罗清译：《抓住龙尾——戴维斯在华回忆录》，北京：商务印书馆，1996年，第292页。
[4] [美]约瑟夫·W. 埃谢里克编著，罗清、赵仲强译：《在中国失掉的机会——美国前驻华外交官约翰·S. 谢伟思第二次世界大战时期的报告》，北京：国际文化出版公司，1989年，第327页。

实现民主和在对日作战中进行合作。但是不管美国的行动如何，无论他们是否得到哪怕是一门炮或者一粒子弹，共产党人将用对他们来说任何可能的方式，继续寻求和实行合作。"[1]毛泽东等人表示，"共产党人将继续寻求美国的友谊和了解，因为中国在战后建设时期需要它。自然，美国是否与共产党人合作，只能由美国来决定。但是共产党人认为这只会对美国有好处——尽可能快地赢得战争，帮助中国实现团结和民主事业，在解决土地问题的基础上通过工业化，促进中国经济的健康发展和赢得压倒多数的中国人民——农民和知识分子的永恒的友谊。"[2]总之，毛泽东的谈话表明当时中共对美国的政策是希望继续扩大合作，明确传达了中共领导人对与美国发展长期友好关系的诚意和期盼。

对照中美关系几十年来的风雨历程，历史已经证明了毛泽东当年高瞻远瞩的谈话的正确性。尽管毛泽东的谈话早由谢伟思详尽而及时地报告给了美国政府，但这些报告却在美国国务院的档案室里被束之高阁，尘封长达24年之久。直到1969年尼克松当政时期中美两国政府为实现关系正常化开始进行秘密接触时，谢伟思关于毛泽东的谈话报告才首次被公开披露。

五、"援助中共"：给美国政府的中肯建议

作为一名美国职业外交官，谢伟思当然不是共产党人，甚至谈不上共产党的同情者，但他心中充满着美国人民所具有的传统良知，对苦难中的中国人民怀有真挚的同情。经过与中共领导人的逐步深入接触和交往，谢伟思和观察组成员最终认识到，中共完全是中国现实所造就的一股土生土长的革命势力，绝非苏联的"代理人"或"附庸"。由于得到广大民众的衷心拥护，中共必定会在战后的内战中取得胜利，从而取代国民党成为执政党。如美国处置不当，中共完全有可能真的倒向苏联。因此，在援助国民党抗战的同时，美国政府也应给中共以必要的支持。从长远和大局考虑，这样做不仅有利于调动一切力量尽快打败日本，也有利于战后与中共建立建设性的关系。应该说，这是富有深意的真知灼见。

1944年11月，赫尔利[3]接替高思任美国驻华大使。这时，美国对国共两党的政策已微妙地从过去的"援蒋但不反共"转向表面"中立"，但其实是单方面支持蒋介石。面对这种新局面，谢伟思在此后的报告中仍然向美国政府提出下列建议：美国应该采取一种

---

[1] ［美］约瑟夫·W. 埃谢里克编著，罗清、赵仲强译：《在中国失掉的机会——美国前驻华外交官约翰·S. 谢伟思第二次世界大战时期的报告》，北京：国际文化出版公司，1989年，第337页。

[2] ［美］约瑟夫·W. 埃谢里克编著，罗清、赵仲强译：《在中国失掉的机会——美国前驻华外交官约翰·S. 谢伟思第二次世界大战时期的报告》，北京：国际文化出版公司，1989年，第337页。

[3] 帕特里克·杰伊·赫尔利（Patrick Jay Hurley，1883—1963年），美国军人、外交官。1944年8月，经马歇尔和史汀生建议，作为罗斯福总统的私人代表来华，调和国民党和共产党之间的矛盾，后又任驻华大使。由于执行扶蒋反共政策，调停以失败告终。

现实的对华政策，援助中共，联合抗日，这将对中国的现实和未来产生深远而良好的政治影响。1945年2月28日，在谢伟思起草由大使馆全体外交官联名向美国国务院发回的著名电报中写道："依靠这样一种我们认为是现实地承认中国现状的政策，我们可望在战争中获得中国所有力量的合作；把共产党人拉到我们一边而不是把他们投入俄国人的怀抱（否则是不可能避免的，假如俄国参与对日战争的话），说服国民党，它目前明显为一场内战而进行的计划是不可取的；实现某种统一，这种统一即使不能立即完成，也能够为未来朝着充分民主和平发展提供基础。"[1] 可见，谢伟思所追求的理想的中国是一个统一、民主和亲美的国家，这份电报完全是基于美国长远国家利益的考量。但是，这份电报被赫尔利称为"反叛行为"，美国政府内部围绕这一时期的对华政策发生了激烈争论，谢伟思等人因此被调离中国，并随后遭受"丢失中国"的指责和"麦卡锡主义"的严重迫害。

六、"友谊之桥"：对中美关系发展的历史贡献

1945年4月4日，随着谢伟思被迫离开延安，中共与美国政府间仅有的一点联系也切断了。谢伟思回到美国后更是厄运不断，始料未及。同年6月6日，由于将自己所写的文件借给《美亚杂志》编辑贾菲而牵扯进"美亚案件"，谢伟思被美国联邦调查局（FBI）以阴谋违反间谍活动法的罪名逮捕。8月，尽管美国大陪审团宣布谢伟思无罪，然而随着战后美苏间冷战的降临、国民党政权在大陆的垮台，美国国内恐共症弥漫，极右反共的麦卡锡主义泛滥，他以及他那一批希望美国政府与中国共产党而不是蒋介石政府打交道的"中国通"们，被扣上"共产党同伙"等"罪名"，遭到政治迫害。1951年底，谢伟思被美国国务院强行开除，后来虽然重新回到国务院，但一直得不到信任和重用。1962年，53岁的谢伟思提前退休，离开了他曾立志献身的外交事业。但可贵的是，谢伟思尽管屡遭政治迫害，始终坚信自己的观点。

谢伟思对发展中美关系、促进双方相互了解方面的历史贡献，中美双方都有客观的评价。如《美国十字军在中国》一书作者迈克尔·沙勒（Michael Schaller）认为，在1944年7月谢伟思去延安前，可以说没有几个美国人真正了解中国共产党对美国的看法，他们所知道的点滴情况大多来自第二手资料；[2] 就连后来接替史迪威任中国战区统帅部参谋长的魏德迈将军也承认，谢伟思"对中国的风俗习惯了如指掌，因而能同毛泽东、朱德和其他共产党领导人建立保持融洽的关系"；"他写出了一些有价值的政治形势分析，

---

[1] ［美］约瑟夫·W. 埃谢里克编著，罗清、赵仲强译：《在中国失掉的机会——美国前驻华外交官约翰·S. 谢伟思第二次世界大战时期的报告》，北京：国际文化出版公司，1989年，第317页。

[2] Michael Schaller, *The U.S. Crusade in China, 1938—1945*. New York: Columbia University Press, 1982: 182.

因为政治形势影响着中国政府的作战潜力,连带地也影响着在中国的美国部队的作战潜力"。[1]在中国方面,1944年7月26日,毛泽东谈话中称谢伟思是中国共产党的"一位朋友";1945年6月初,延安《解放日报》针对谢伟思被捕事件发表社论,将其视为中美关系的一个分水岭;1972年初尼克松访华前夕,谢伟思应周恩来邀请于1971年9月作为新中国成立后的第一批美国客人访华,这表明中国共产党没有忘记这位老朋友,也充分证明了他在中美关系发展史上的重要影响和地位。[2]

1972年2月,在尼克松总统访华前一周,美国参议院"外交委员会"请谢伟思去追述往事。谢伟思说:"我最近对中国的访问证明——至少对我本人来说是这样——中国今天的许多情况能够从我们于1944年和1945年在延安的中共根据地的所见所闻及我们从那里发回的报告中找到根源。我认为,我们在越南的卷入,我们坚持有必要遏制中国,以防止我们所认为的共产主义在东南亚的扩张的观点,在很大程度上仍基于我们对中国共产党的误解;缺乏对中国人民、对中国共产主义运动的性质,以及对他们的领导人的意图的真正了解。我们确信他们是一个侵略成性的国家。然而,我却认为他们向来没有向外侵略的传统。因此,我想我们之所以陷入越南泥沼,很大程度上是出于我们这种对中国的误解和庸人自扰的恐惧。"[3]

尽管历史不能假设或重演,无疑,历史已经证明谢伟思是对的。

(本文发表于《当代世界与社会主义》2012年第2期)

---

[1] [美]伊·卡恩著,陈亮等译:《中国通——美国一代外交官的悲剧》,北京:新华出版社,1980年,第183页。
[2] 张小路:《谢伟思与中国共产党》,载《中共党史研究》1994年第2期,第30-35页。
[3] 王勇、傅伟韬:《毛泽东的朋友谢伟思——一个美国外交官的中国历程》,载《党史文汇》2007年第8期,第33-37页。

《中国季刊》视角下的西方毛泽东研究
（1960—2014）

西方对毛泽东及其思想的研究由来已久，大半个世纪以来形成了丰富的理论成果。[1]在西方毛泽东研究的历史进程中，1960年创刊于英国伦敦的《中国季刊》（*The China Quarterly*）扮演了重要角色，至今仍是我们了解西方毛泽东研究的重要窗口。作为西方第一份专门研究当代中国政治、尤其是中共党史的学术刊物，[2]《中国季刊》从创刊伊始即将毛泽东研究作为重要内容。在创刊至今的50多年中，《中国季刊》关于毛泽东的研究成果十分突出，一定程度上可以管窥西方毛泽东研究的水准和发展状况。本文通过梳理1960—2014年《中国季刊》发表的关于毛泽东研究的103篇文章，初步总结西方毛泽东研究的主要内容和基本特色，为学界深入研究提供借鉴。

---

[1] 改革开放以来，国内有一批研究机构和研究人员对海外毛泽东研究的进展十分关注，并取得了重要成果。中央党史研究室、中央文献研究室、上海社会科学院等单位最先组织开展了海外毛泽东研究的译介工作，李君如、石仲泉、许全兴、萧延中、侯且岸、叶卫平、毕剑横、陈葆华、尚庆飞等一批学者较早关注了这一领域的研究。特别是萧延中在1997年主编了四卷本的《外国学者评毛泽东》，将这一时期已有的译作以及部分国外最新文献结集出版，为深化国内对西方毛泽东学的研究提供了重要文献来源。2006年起，石仲泉、萧延中又主编了《国外毛泽东研究译丛》，先后翻译出版了15部插图本国外学者重要著作：本杰明·史华慈的《中国的共产主义运动与毛泽东的崛起》、斯图尔特·R. 施拉姆的《毛泽东的思想》、魏斐德的《历史与意志：毛泽东思想的哲学透视》、莫里斯·迈斯纳的《马克思主义、毛泽东主义与乌托邦主义》、约翰·布莱恩·斯塔尔的《毛泽东的政治哲学》、布兰特利·沃马克的《毛泽东政治思想的基础（1917—1935）》、罗斯·特里尔的《毛泽东传》、杨炳章的《从革命到政治：长征与毛泽东的崛起》、竹内实的《毛泽东的诗词、人生和思想》、雷蒙德·F. 怀利的《毛主义的崛起：毛泽东、陈伯达及其对中国理论的探索（1935—1945）》、迪克·威尔逊《历史天平上的毛泽东》、亚历山大·潘佐夫《毛泽东传》、阿兰·鲁林《毛泽东：雄关漫道》、尼克·奈特《再思毛泽东：毛泽东思想的探索》、斯图尔特·R. 施拉姆的《毛泽东》。

[2] 关于《中国季刊》的研究参见：陈燕：《〈中国季刊〉与外国的对华研究》，载《对外大传播》1997年第11期；巫云仙：《从〈中国季刊〉看西方学者对中华人民共和国史的研究》，载《中共党史研究》2008年第1期；管永前、孙雪梅：《麦克法夸尔与〈中国季刊〉的创立》，载《北京行政学院学报》2009年第2期；管永前：《文献计量学视角下的国外当代中国研究——以〈中国季刊〉（1960—1969）为个案》，载《北京行政学院学报》2012年第6期等。

一、《中国季刊》关于毛泽东研究的论文概况

据本文作者统计，1960—2014年《中国季刊》共发表关于毛泽东研究的论文103篇（不含书评）。从论文发表的年代看，主要集中在20世纪六七十年代，20世纪80、90年代相对平稳，新世纪以来显著减少。从论文发表的数量看，1960—1969年38篇（其中1968年8篇，为最高峰），年均3.8篇；1970—1979年30篇，年均3篇；1980—1989年16篇，年均1.6篇；1990—1999年14篇，年均1.4篇；2000年以来仅有5篇，年均0.33篇。如图1所示：

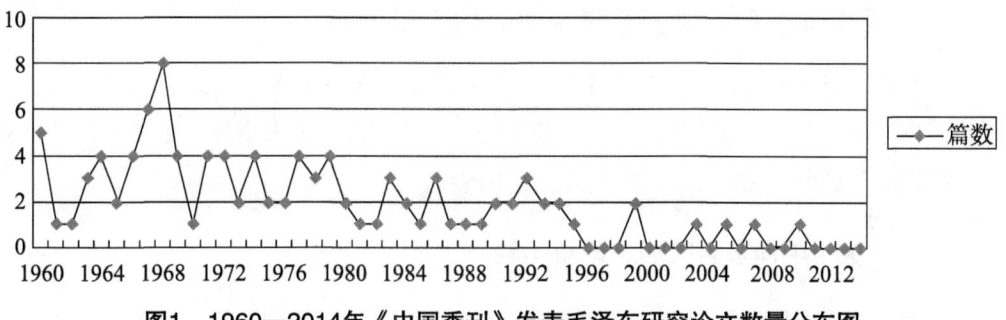

图1　1960—2014年《中国季刊》发表毛泽东研究论文数量分布图

事实上，自从20世纪六七十年代以来，由于《中国季刊》的权威地位，西方大多数研究中国革命、中国政治和中国近现代史的学者都以能在《中国季刊》发表论文为荣。纵观《中国季刊》的作者队伍，1960—2014年期间，西方一大批重要学者都在该刊发表过有关毛泽东研究的文章，如史华慈（Benjamin I. Schwartz）[1]、魏特夫（Karl A. Wittfogel）[2]、麦克法夸尔（Roderick Macfarquhar）[3]、施拉姆（Stuart R. Schram）[4]、

---

[1] Benjamin I. Schwartz（1916—1999）：史华慈，犹太人，美国当代著名中国学家，哈佛大学历史学和政治学教授。研究专长为中国近代史和中国思想史。主要著作：《中国的共产主义与毛泽东的崛起》（1951）、《中国共产主义文献史（1921—1951）》（1954，合著）、《"毛主义"的传说的传说》（1960）、《共产主义与中国：思想和变革》（1968）、《古代中国的思想世界》（1985）和《中国与其他》（1996）。

[2] Karl A. Wittfogel（1896—1988）：魏特夫，犹太人，生于德国。曾任美国太平洋学会会员，美国哥伦比亚大学中国史研究室主任，美国华盛顿大学中国史教授。主要著作：《东方专制主义：对于极权力量的比较研究》《"毛主义"的传说》《中国近代社会史》等。

[3] Roderick Macfarquhar（1930—2019）：罗德里克·麦克法夸尔，汉名马若德，哈佛大学终身教授、国际知名历史学家、汉学家，哈佛大学政府系勒鲁瓦·威廉姆斯（Leroy B. Williams）历史和政治学讲席教授，曾任费正清东亚研究中心主任。其主要著述包括：《百花齐放运动与中国知识分子》、《中苏争端》、《毛泽东统治下的中国》《1949—1971年的中美关系》《"文化大革命"的起源》（三卷本）、《剑桥中华人民共和国史》、（与已故费正清教授联合主编）、《毛主席的秘密讲话》、《毛泽东的最后革命》（与沈迈克合著）等。他是《中国季刊》（The China Quarterly）的创始编辑，曾任英国国会议员。

[4] Stuart R.Schram（191924—2012）：施拉姆，美国人，长期在英国工作。1968—1972年曾任伦敦大学东方与非洲研究学院现代中国研究所所长，西方研究毛泽东生平与思想的重要代表人物。主要著作：《毛泽东的政治思想》《毛泽东》《未经修饰的毛泽东：谈话与书信集》《对毛泽东的初步重估》《毛泽东的思想》《中国国家权力的基础和局限性》《毛泽东在历史上的地位》。

白鲁恂（Lucian Pye）[1]、迈斯纳（Maurice Meisner）、邹谠（Tang Tsou）、施乐伯（Robert A. Scalapino）、沃马克（Brantly Womack）、李侃如（Keneth Lieberthal）、黎安友（Andrew J. Nathan）、泰伟斯（Frederick C. Teiwes）、杨炳章（Benjamin Yang）、陈志让（Jerome Ch'en）、尼克.奈特（Nick Knight）、罗德明（Lowell Dittmer）、怀利（Raymond F. Wylie）、所罗门（Richard H. Solomon）、傅礼门（Edward Friedman）、布尔曼（Howard L. Boorman）、沈迈克（Michael Schoenhals）[2]等，基本上包括了西方毛泽东研究的主流力量。

二、《中国季刊》关于毛泽东研究的主要内容

通过对《中国季刊》1960—2014年间关于毛泽东研究的103篇论文进行梳理，可以发现，西方毛泽东研究涉及人物生平、思想来源、历史评价、重大事件、军事外交乃至文学成就等多个方面。概而言之，主要包括以下内容：

（一）关于毛泽东研究的总论及比较

西方学者注重从总体上分析毛泽东的历史贡献，并从多角度、多层面进行比较，不但研究毛泽东与列宁、斯大林之间的思想联系和差异，而且研究毛泽东思想与中国传统文化、与西方当代思潮之间的异同，还研究毛泽东本人的心理、个性与其思想的内在逻辑。这方面的文章主要有：克罗夫（Justus M. Van Der Kroef）的《列宁、毛泽东和Aidit》（1962）[3]，布尔曼（Howard L. Boorman）的《毛泽东润饰过的形象》（1963）[4]，鲁宾逊（Jay Robinson）的《七十岁的毛泽东》（1964）[5]，伊藤喜三（Kikuzo Ito）和柴田实（Minoru Shibata）的《毛泽东的困境》（1968）[6]，施拉姆的《毛泽东自画像》

---

[1] Lucian Pye（1921—2008）：白鲁恂，美国著名政治学家和中国学家，麻省理工学院教授。出生于中国山西省汾州，父亲为传教士。从小在中国长大，后回美国，就读于著名的卡莱顿教会学校，并在耶鲁大学获得博士学位。后来，曾在耶鲁大学、普林斯顿大学和麻省理工学院等知名学府任职。曾担任美国比较政治学会主席、美国政治学会主席、美中关系全国委员会主席，还是美国国务院与国家安全委员会顾问。在学界和政界颇有声誉，对中国研究和对华政策均曾产生较大影响，尤其对中国政治文化的研究最为著名，并因采用心理文化方法在中国政治文化研究中独树一帜，但也存在众多的学术争议。主要著作有：《中国政治的精髓：一个政治发展进程中的权威危机的心理文化研究》《亚洲权力与政治：文化方面的权力》《毛泽东的心理分析》《作为领袖的毛泽东》等。

[2] Michael Schoenhals：沈迈克，是欧洲著名的中国史学家，瑞典隆得大学（Lund University）中文系教授，专攻中国"文革"史研究。他1972年开始学中文，操纯正"京腔"，被誉为"语言天才"，曾多次到中国各大学访问、交流，致力于收集一手历史材料。1988年加入哈佛大学博士后项目，1992年开始同麦克法夸尔合作撰写"文革"通史。

[3] Justus M. Van Der Kroef, "Lenin, Mao and Aidit", No.10（1962）, *The China Quarterly*.

[4] Howard L. Boorman, "Mao Tse-tung: The Lacquered Image", No.16（1963）, *The China Quarterly*.

[5] Jay Robinson, "Comment: Mao at Seventy", No.18（1964）, *The China Quarterly*.

[6] Kikuzo Ito and Minoru Shibata, "The Dilemma of Mao Tse-tung", No.35（1968）, *The China Quarterly*.

（1974）[1]，罗德明（Lowell Dittmer）的《毛泽东其人及象征》（1976）[2]，白德基（Robert E. Bedeski）的《孙中山与毛泽东的国家概念》（1977）[3]，田中恭子（Tanaka Kyoko）的《1947年土改中的毛泽东与刘少奇：盟友还是争论者》（1978）[4]，傅礼门（Edward Friedman）的《爱因斯坦与毛泽东：革命的隐喻》（1983）[5]，施拉姆的《毛泽东研究：回顾与展望》（1984）[6]，迈克尔·盛（Michael Sheng）的《毛泽东与斯大林：对手还是同志？》（1992）[7]，施拉姆的《毛泽东百年：一位统治者的遗产》（1994）。[8]

其中，施拉姆为纪念毛泽东诞辰百年所写的长文，由"毛泽东及其成长""夺取政权及其结果""走向'中国式社会主义道路'""马克思主义与乌托邦主义""从农村乌托邦思想到'阶级斗争'地狱""毛泽东在中国历史中地位"和"结论"七部分组成，既是他个人关于毛泽东研究的重新表述，也代表了西方毛泽东研究的主流意识。纵观西方学者的观点，大多认为毛泽东是一位具有世界影响的历史人物，他领导的中国革命不仅改变了中国历史的发展方向，而且对整个世界历史的发展有着积极意义。毛泽东的历史功绩，不仅因为他把一个四分五裂的中国统一起来，变成一个让世界尊敬的国家；还由于他在多个方面对马克思主义做出了创造性的丰富和发展，在理论上形成了毛泽东思想，为中国的现代化打下了坚实的物质和精神基础。

（二）关于毛泽东思想及其来源

这是西方学者研究的中心课题，贯穿毛泽东研究的各个历史时期，包括毛泽东的哲学思想、政治思想、经济思想、文化教育思想、建党思想等，其中尤以哲学和政治思想方面的论述最多，使得研究从多角度展开。

1.关于毛泽东思想的来源，即"毛主义"原创性的问题

西方学者对这个课题探讨得比较深入，争论也比较激烈，论战的焦点是"毛主义"是否存在，即是否承认毛泽东思想在马克思主义发展史上具有独创性的贡献。论战的发

---

[1] Stuart R. Schram, "Mao Tse-tung: A Self-Portrait", No.57（1974）, *The China Quarterly*.
[2] Lowell Dittmer, "Mao Tse-tung: the man and the symbol", No.68（1976）, *The China Quarterly*.
[3] Robert E. Bedeski, "The concept of the state: Sun Yat-sen and Mao Tse-tung", No.70（1977）, *The China Quarterly*.
[4] Tanaka Kyoko, "Mao and Liu in the 1947 land reform: allies or disputants", No.75（1978）, *The China Quarterly*.
[5] Edward Friedman, "Einstein and Mao: metaphors of revolution", No.93（1983）, *The China Quarterly*.
[6] Stuart R. Schram, "Mao Studies: retrospect and prospect", No.97（1984）, *The China Quarterly*.
[7] Michael Sheng, "Mao and Stalin: Adversaries or Comrades?", No.129（1992）, *The China Quarterly*.
[8] Stuart R. Schram, "Mao Zedong a Hundred Years on: The Legacy of a Ruler", No.137（1994）, *The China Quarterly*.

起者是美国保守派代表人物魏特夫，他在新创刊的《中国季刊》上撰文，认为费正清（John King Fairbank）、史华慈所说的"毛主义"是不存在的，毛泽东思想并不存在什么独创性的贡献，《湖南农民运动考察报告》《新民主主义论》只不过是列宁主义思想、斯大林立场、第三国际立场的复制品和"阴谋"。针对这种观点，史华慈在反驳中指出，"毛主义"的新理论是在中国革命中为应付现成教条所无法提供的环境所做的努力中形成的，在1933年至1934年的策略已经是一种"异端行动"了，不能否认"毛主义"的独创性贡献。这方面的文章共有4篇，分别是魏特夫的《"毛主义"的传说》（第一、第二部分，1960）[1]、史华慈的《"'毛主义'传说"的传说》（1960）[2]、魏特夫与史华慈的答复《"毛主义"—"传说"还是"传说的'传说'"》（1960）[3]，以及夏德马（Henryk Sjaardema）的《"毛主义"的本质》（1960）[4]。

2.关于毛泽东的哲学思想

西方学者比较推崇毛泽东的哲学思想，尤其是他的辩证法理论，赞誉他是辩证法大师，认为毛泽东对哲学辩证法做出了有目共睹的贡献。探讨毛泽东哲学思想的文章主要有：施拉姆的《论1927年毛泽东"偏离"的性质》（1964）[5]、丹尼斯·杜林和彼得·格拉斯的（Dennis J. Doolin and Peter J. Golas）《根据毛泽东关于"辩证唯物主义"的文章论矛盾》（1964）[6]，维斯沃洛德·霍卢布尼希（Vesvolod Holubnychy）的《毛泽东的唯物辩证法》（1964）[7]，施拉姆的《作为马克思主义辩证学家的毛泽东》（1967）[8]，迈斯纳的《列宁主义和毛泽东思想：关于中国马克思列宁主义的一些民粹主义观点》（1971）[9]，吉廷斯（John Gittings）的《关于毛泽东世界观的新看法》（1974）[10]、利维（Richard Levy）的《毛泽东对苏联政治经济学的新看法》（1975）[11]，施拉姆的《华主

---

[1] Karl A. Wittfogel, "The Legend of 'Maoism'", Parts 1 & 2, Nos. 1 & 2 (1960), *The China Quarterly*.

[2] Benjamin I. Schwartz, "The Legend of the" Legend of 'Maoism'", No.2 (1960), *The China Quarterly*.

[3] Karl A. Wittfogel and Benjamin I. Schwartz, "'Maoism'-'Legend' or 'Legend of a Legend'", No.4 (1960), *The China Quarterly*.

[4] Henryk Sjaardema, "The Essence of 'Maoism'", No.4 (1960), *The China Quarterly*.

[5] Stuart R. Schram, "On the Nature of Mao Tse-tung's 'Deviation' in 1927", No.18 (1964), *The China Quarterly*.

[6] Dennis J. Doolin and Peter J. Golas, "On Contradiction in the Light of Mao Tse-tung's Essay on 'Dialectical Materialism'", No.19 (1964), *The China Quarterly*.

[7] Vesvolod Holubnychy, "Mao Tse-tung's Materialistic Dialectics", No.19 (1964), *The China Quarterly*.

[8] Stuart R. Schram, "(Mao Tse-tung as Marxist Dialectician", No.29 (1967), *The China Quarterly*.

[9] Maurice Meisner, "Leninism and Maoism: Some Populist Perspectives on Marxism-Leninism in China", No.45 (1971), *The China Quarterly*.

[10] John Gittings, "New Light on Mao: His View of the World", No.60 (1974), *The China Quarterly*.

[11] Richard Levy, "New light on Mao: his views on the Soviet Union's Political Economy", No.61 (1975), *The China Quarterly*.

席编辑毛泽东的文学遗产：论十大关系》（1977）[1]，怀利的《毛泽东、陈伯达与1936—38年的"马克思主义中国化"》（1979）[2]，尼克·奈特的《毛泽东的〈矛盾论〉和〈实践论〉：解放前的文本》（1980）[3]。

西方学者认为毛泽东的哲学思想有两个特点，一是它强调实践而不是物质，二是它强调人的因素，人的作用。对于强调人的作用这一点的理解，学者们持有两种看法：施拉姆、迈斯纳等认为，毛强调人的作用，强调人的思想意识能对创造和变革物质世界产生重大影响，这样他就同正统马克思主义决裂了，或者严重偏离了正统马克思主义，犯了唯意志论、唯心主义、乌托邦之类的错误。这是西方毛泽东哲学思想研究中的主导观点。尼克·奈特等人则认为，毛强调人的作用是对唯物辩证法的创造性运用，并未偏离马克思主义哲学原理。应该说，尼克·奈特对毛泽东哲学思想的理解是很深刻的，他的分析是有说服力的。

3.关于毛泽东的政治思想

这是西方学者自60年代以来比较感兴趣的研究课题，涉及这个课题的论述很多，主要有所罗门的《论激进主义与激进主义分子：毛主义者的动员概念及联系国家与社会的政治作用》（1969）[4]，施拉姆的《从"民众的大联合"到"大联盟"》（1972）[5]，黎安友的《中共政治派性模型》（1973）[6]，小麦克唐纳（Angus W. McDonald Jr.）的《毛泽东与1920年湖南自治运动介绍及5篇翻译》（1976）[7]，邹谠的《毛泽东思想、继承权的最后斗争与后毛泽东时代》（1977）[8]，戈迪温（Steven M. Goldstein）的《1937—1941年延安对中国革命与殖民地的观点》（1978）[9]，施拉姆的《"中国道路"的起源：〈毛泽东选集〉第五卷的新观点》（1978）[10]，沃马克的《毛泽东时代以来的中国

---

[1] Stuart R. Schram, "Chairman Hua edits Mao's literary heritage: On the 10 great relationships", No.69（1977）, *The China Quarterly*.

[2] Raymond F. Wylie, "Mao Tse-tung, Ch'en Po-ta and the 'sinification of Marxism,' 1936—38", No.79（1979）, *The China Quarterly*.

[3] Nick Knight, "Mao Zedong's On Contradiction and On Practice: pre-Liberation texts", No.84（1980）, *The China Quarterly*.

[4] Richard H. Solomon, "On Activism and Activists: Maoist Conceptions of Motivations and Political Role Linking State to Society", No.39（1969）, *The China Quarterly*.

[5] Stuart R. Schram, "From the 'Great Union of the Popular Masses' to the 'Great Alliance'", No.49（1972）, *The China Quarterly*.

[6] Andrew J. Nathan, "A Factionalism Model for CCP Politics", No.53（1973）, *The China Quarterly*.

[7] Angus W. McDonald Jr., "Mao Tse-tung and the Hunan self-government movement, 1920: an introduction and five translations", No.68（1976）, *The China Quarterly*.

[8] Tang Tsou, "Mao Tse-tung thought, the last struggle for succession, and the post-Mao era", No.71（1977）, *The China Quarterly*.

[9] Steven M. Goldstein, "The Chinese Revolution and the colonial areas: the view from Yenan, 1937—41", No.75（1978）, *The China Quarterly*.

[10] Stuart R. Schram, "The origins of the 'Chinese road': new perspectives in the light of Volume V）", No.74（1978）, *The China Quarterly*.

政治学与认识论》（1979）[1]，傅礼门的《论毛主义者对资本主义世界体系的概念化》（1979）[2]，施拉姆的《乌托邦去来：中国共产党历史的一个循环》（1981）[3]，邹谠的《历史方向的变化与过去的连续性》（1984）[4]，白鲁洵的《关于国家与个人的整体诠释》（1991）[5]，潘鸣啸等（Michel Bonnin and Yves Chevrier）的《知识分子与国家：后毛时代知识自主性的社会动力学》（1991）[6]。其中，沃马克的观点在西方学术界享有很高声誉。他认为，毛泽东政治思想的基本原则是注意理论和实践的统一，研究毛泽东的理论著作，必须注意其实践性以及它借以产生的政治环境，因为毛泽东的理论概念经常是在实践经验的过程中产生的，而不是在理论研究的步骤中形成的，这在马克思主义和中国政治传统中都是一个重大的创造。对沃马克的上述观点，施拉姆、怀利等人并不完全认同，分别做了批评性评论。

（三）关于毛泽东与"文化大革命"

对西方学者来说，中国"文化大革命"是一个充满魅力的课题。1966年中国"文化大革命"突然爆发后，《中国季刊》迅速做出了反应，在两三个月之内就开始讨论"文革"问题。随着"文化大革命"运动的愈演愈烈，《中国季刊》从对"文革"爆发之初的混乱局面的分析，开始转向关于"文革"的起源与意义的思考，直到"文革"结束后的全面评价。这方面的文章主要有：布里奇哈姆（Philip Bridgham）的《毛泽东的"文化大革命"：起源与发展》（1967）[7]，鲁宾逊的《〈毛泽东的'文化大革命'：起源与发展〉评论》（1967）[8]，纽毫赛尔（Charles Neuhauser）的《1960年代的中国共产党："文化大革命"的前奏》（1967）[9]，布里奇哈姆（Philip Bridgham）的《毛泽

---

[1] Brantly Womack, "Politics and epistemology in China since Mao", No.80（1979）, *The China Quarterly*.

[2] Edward Friedman, "On Maoist conceptualizations of the capitalist world system", No.80（1979）, *The China Quarterly*.

[3] Stuart R. Schram, "To Utopia and back: a cycle in the history of theChinese Communist Party", No.87（1981）, *The China Quarterly*.

[4] Tang Tsou, "The historic change in direction and continuity with the past", No.98（1984）, *The China Quarterly*.

[5] Lucian Pye, "The State and the Individual: An Overview Interpretation", No.127（1991）, *The China Quarterly*.

[6] Michel Bonnin and Yves Chevrier, "The Intellectual and the State: Social Dynamics of Intellectual Autonomy During the Post-Mao Era", No.127（1991）, *The China Quarterly*.

[7] BRIDGHAM, PHILIP, "Mao's 'Cultural Revolution': Origin and Development", No.29（1967）, *The China Quarterly*.

[8] Jay Robinson, "Comment: Mao's 'Cultural Revolution': Origin and Development", No.32（1967）, *The China Quarterly*.

[9] Charles Neuhauser, "The Chinese Communist Party in the 1960s: Prelude to the Cultural Revolution", No.32（1967）, *The China Quarterly*.

的1967年"文化大革命":夺权斗争》(1968)[1],史华慈的《德性统治:"文化大革命"中领袖与党的宏观透视》(1968)[2],邹谠的《"文化大革命"与中国的政治制度》(1969)[3],布里奇哈姆的《毛泽东的"文化大革命":巩固权力的斗争》(1970)[4],施拉姆的《毛泽东与不断革命论》(1971)[5],费弗尔(Richard M. Pfeffer)的《为人民服务与继续革命》(1972)[6],安炳炯(Ahn Byung-joon)的《"文化大革命"与中国政治秩序的寻求》(1974)[7],泰伟斯的《"文化大革命"之前及其后》(1974)[8],罗德明的《理论与实践中的路线斗争:"文化大革命"起源的再思考》(1977)[9],李鸿永(Lee Hong Yung)的《毛泽东的革命战略转变:以"文革"为例》(1979)[10],希尼克(Paul J. Hiniker)的《"文化大革命"再审视:减少不和谐还是权力最大化》(1983)[11],白鲁洵的《文化革命再评价》(1986)[12],施拉姆的《灾难性变化的限度:对"无产阶级文化大革命"在中华人民共和国政治发展中地位的反思》(1986)[13],沈迈克的《我们为什么不武装左派?毛泽东对1967年文化革命"大混乱"的责任》(2005)[14]。其中,史华慈从跨文化研究、追踪思想根源的角度,探讨毛泽东发动"文化大革命"的思想根源,提出了与众不同的"德性统治"说,与当时流行的大多数观点相比,具有与众不同的显著特点。史华慈试图证明的是,毛泽东发动"文化大革命"的直

---

[1] Philip Bridgham, "Mao's Cultural Revolution in 1967: The Struggle to Seize Power", No.(1968), *The China Quarterly*.

[2] Benjamin I. Schwartz, "The Reign of Virtue: Some Broad Perspectives on Leader and Party in the Cultural Revolution", No.35(1968), *The China Quarterly*.

[3] Tang Tsou, "The Cultural Revolution and the Chinese Political System", No.38(1969), *The China Quarterly*.

[4] Philip Bridgham, "Mao's Cultural Revolution: The Struggle to Consolidate Power", No.41(1970), *The China Quarterly*.

[5] Stuart R. Schram, "Mao Tse-tung and the Theory of the Permanent Revolution", No.46(1971), *The China Quarterly*.

[6] Richard M. Pfeffer, "Serving the People and Continuing the Revolution", No.52(1972), *The China Quarterly*.

[7] Ahn Byung-joon, "The Cultural Revolution and China's Search for Political Order", No.58(1974), *The China Quarterly*.

[8] Frederick C. Teiwes, "Before and After the Cultural Revolution", No.58(1974), *The China Quarterly*.

[9] Lowell Dittmer, "Line struggle' in theory and practice: the origins of the Cultural Revolution reconsidered", No.72(1977), *The China Quarterly*.

[10] Lee Hong Yung, "Mao's strategy for revolutionary change: a case study of the Cultural Revolution", No.77(1979), *The China Quarterly*.

[11] Paul J. Hiniker, "The Cultural Revolution revisited, dissonance reduction or power maximization", No.94(1983), *The China Quarterly*.

[12] Lucian Pye, "Reassessing the Cultural Revolution", No.108(1986), *The China Quarterly*.

[13] Stuart R. Schram, "The limits of cataclysmic change: reflections on the place of the 'Great Proletarian Cultural Revolution' in the political development of the People's Republic of China", No.108(1986), *The China Quarterly*.

[14] Michael Schoenhals, "Why Don't We Arm the Left Mao's Culpability for the Cultural Revolution's 'Great Chaos' of 1967", No.182(2005), *The China Quarterly*.

接动因，虽不能排除政治上层权力再分配的因素，但在深层理论的角度上，更应当被看作是自法国启蒙运动以来，以卢梭为代表的"道德主义取向"和以百科全书派为代表的"工程/技术主义取向"之间理论冲突的持续反映。施拉姆提出了"文化大革命"在毛泽东政治遗产中的地位以及这种遗产对当前和今后的意义问题，他认为"文化大革命"和整个毛主义时代，应视为中国近现代变革史中的一个阶段；虽然"大跃进"和"文化大革命"被否定了，但始于五四运动的文化领域的改革和如何适应现代世界潮流，仍然是今日中国的当务之急。白鲁恂认为，如果系统地重新评价"文化大革命"，需要解决三个中心问题。首先是起因问题；其次，需要重新考察个人在"文化大革命"中的感受；最后，应当综合考察"文化大革命"对中国社会主要制度的影响。[1]

（四）关于毛泽东与中共历史事件

中共历史上的许多重大事件都与毛泽东有关，历史事件自然是西方学者关注的重点之一。但他们的研究视角与国内有所不同，既关注"秋收起义""遵义会议""长征"等重大事件，也关注"民生团事件""福建叛乱""富田事变"等过去较少提及的问题。这方面的文章主要有：李钟石（Lee Chong-Sik）的《游击队中的政治迫害：民生团事件》（1966）[2]，小霍夫海因茨（Roy Jr. Hofheinz）的《秋收起义》（1967）[3]，多里尔（William F. Dorrill）的《中共合法性的转移：毛主义者之秘密源起》（1968）[4]，多里尔的《福建叛乱与中国共产党：毛主义者的修正主义一例》（1969）[5]，赵冈（Chao Kang）的《遵义会议决议》（1969）[6]，惠廷（Allen S. Whiting）的《关于毛泽东的新观点：1958年金门误判》（1975）[7]，胡志希［音］（Hu Chi-his）的《毛泽东、林彪与第五次反围剿运动》（1980）[8]，薛龙（Ronald Suleski）的《富田事变再思考》（1982）[9]，塔希恩（John E. Tashjean）的《中苏分裂：1952年博克淄（Borkenau）的预言性分析》（1983）[10]，杨炳章（Benjamin Yang）的《毛泽东权力崛起之路上的遵义会

---

[1] Lucian Pye, "Reassessing the Cultural Revolution", *The China Quarterly*, No. 108, 1986), p. 598.
[2] Lee Chong-Sik, "Witch Hunt Among the Guerrillas: The Min-Sheng-T'uan Incident", No.26 (1966), *The China Quarterly*.
[3] Roy Jr. Hofheinz, "The Autumn Harvest Insurrection", No.32 (1967), *The China Quarterly*.
[4] William F. Dorrill, "Transfer of Legitimacy in the Chinese Communist Party: Origins of the Maoist Myth", No.36 (1968), *The China Quarterly*.
[5] William F. Dorrill, "The Fukien Rebellion and the CCP: A Case of Maoist Revisionism", No.37 (1969), *The China Quarterly*.
[6] Chao Kang, "Resolutions of the Tsunyi Conference", No.40 (1969), *The China Quarterly*.
[7] Allen S. Whiting, "New light on Mao: Quemoy 1958: Mao's miscalculations", No.62 (1975), *The China Quarterly*.
[8] Hu Chi-his, "Mao, Lin Biao and the Fifth Encirclement Campaign", No.82 (1980), *The China Quarterly*.
[9] Ronald Suleski, "The Futian incident reconsidered", No.89 (1982), *The China Quarterly*.
[10] John E. Tashjean, "The Sino-Soviet split: Borkenau's predictive analysis of 1952", No.94 (1983), *The China Quarterly*.

议：对中国共产党历史研究的考察》（1986）[1]，陈志让（Jerome Ch'en）的《关于长征的思考》并附有杨炳章的答复（1987）[2]，高龙江（John W. Garver）的《第二条统一战线的起源：共产国际与中国共产党》（1988）[3]，凯平（Thomas Kampen）的《遵义会议与毛泽东的权力崛起》（1989）[4]，斯塔纳罕（Patricia Stranahan）的《最后一战：毛泽东与国际主义者争夺〈解放日报〉》（1991）[5]，高龙江的《毛泽东、共产国际与第二条统一战线》（1992）[6]，迈克尔·盛的《毛泽东、斯大林与1935—36年抗日联合阵线的形成》（1992）[7]。

（五）关于毛泽东与中国外交、军事、经济建设的方针和政策

西方学者关注毛泽东对中国现代化发展的影响，围绕毛泽东与中国外交、军事、经济建设的方针政策制定展开了探讨。

1.毛泽东与中国外交

主要有：克莱因（Donald W. Klein）的《北京的领导者们：一项关于孤立的研究》（1961）[8]，古普塔（Bhabani Sen Gupta）的《毛主义者的印度路线》（1968）[9]，西蒙（Sheldon W. Simon）的《毛主义与党际关系：北京对日本共产党的疏远》（1968）[10]，亚胡达（Michael B. Yahuda）的《1963年后的中国外交政策：毛主义者阶段》（1968）[11]，布里奇哈姆等的《从华盛顿看1953年毛泽东道路与中苏关系》（1972）[12]，斯特朗等（Tracey B. Strong and Helene Keyssar）的《安娜·路易斯·斯特

---

[1] Benjamin Yang, "The Zunyi Conference as one step in Mao's rise to power: a survey of historical studies of the Chinese Communist Party", No.106（1986）, *The China Quarterly*.

[2] Jerome Ch'en, "Reflections on the Long March, with a Reply by Benjamin Yang", No.（1987）, *The China Quarterly*.

[3] John W. Garver, "The origins of the Second United Front: The Comintern and the Chinese Communist Party", No.113（1988）, *The China Quarterly*.

[4] Thomas Kampen, "The Zunyi Conference and further steps in Mao's rise to power", No.117（1989）, *The China Quarterly*.

[5] Patricia Stranahan, "The last battle: Mao and the internationalists' fight for the Liberation Daily", No.123（1991）, *The China Quarterly*.

[6] John W. Garver, "Mao, the Comintern and the Second United Front", No.129（1992）, *The China Quarterly*.

[7] Michael Sheng, "Mao, Stalin, and the Formation of the Anti-Japanese United Front: 1935—36", No.129（1992）, *The China Quarterly*.

[8] Donald W. Klein, "Peking's Leaders: A Study in Isolation", No.7（1961）, *The China Quarterly*.

[9] Bhabani Sen Gupta, "A Maoist Line for India", No.33（1968）, *The China Quarterly*.

[10] Sheldon W. Simon, "Maoism and Inter-Party Relations: Peking's Alienation of the Japan Communist Party", No.35（1968）, *The China Quarterly*.

[11] Michael B. Yahuda, "Chinese Foreign Policy after 1963: The Maoist Phases", No.36（1968）, *The China Quarterly*.

[12] Philip Bridgham with Arthur Cohen and Leonard Jaffe, "Mao's Road and Sino-Soviet Relations: A View from Washington, 1953", No.52（1972）, *The China Quarterly*.

朗：对毛泽东主席的三次采访》（1985）[1]，高龙江的《中国共产党与苏维埃共产主义的崩溃》（1993）[2]，施乐伯（Robert A. Scalapino）的《列宁主义者时代晚期的中国》（1993）[3]，何迪（He Di）的《最受尊重的敌人：毛泽东对美国的理解》（1994）[4]。

2.毛泽东与中国军事

主要有：鲍威尔（Ralph L. Powell）的《列强与原子弹都是"纸老虎"》[5]（1965），白威廉（William L. Parish）的《中国军事政治中的派系》（1973）[6]，费根鲍姆（Evan A.Feigenbaum）的《士兵、武器与中国发展战略：中国经济和体制性争论中的毛泽东时代的军事》（1999）[7]。

3.毛泽东与经济建设

主要有：史华慈的《现代化与毛主义者的愿景——关于中国共产党目标的一些反思》（1965）[8]，沃克（Kenneth R. Walker）的《合作化回顾：1955年秋—1956年春的"社会主义高潮"》（1966）[9]，李侃如的《毛泽东对战刘少奇？1946至1949年工业与商业政策走向》（1971）[10]，莱昂斯（Thomas P. Lyons）的《毛泽东时期中国的计划与跨省协作》（1991）[11]，莱昂斯的《1976—1978年福建的农村福利：毛主义的遗产》（1999）[12]，高龙江的《毛泽东的苏维埃政策》（2003）[13]。

（六）关于毛泽东与文学、历史及其他

毛泽东在文学和历史方面的成就也引起了国外学者的研究兴趣，如布尔曼的《毛泽

---

[1] Tracey B. Strong and Helene Keyssar, "Anna Louise Strong: three interviews with Chairman Mao Zedong", No.103（1985）, *The China Quarterly*.

[2] John W. Garver, "The Chinese Communist Party and the Collapse of Soviet Communism", No.133（1993）, *The China Quarterly*.

[3] Robert A. Scalapino, "China in the Late Leninist Era", No. 136（1993）, *The China Quarterly*.

[4] He Di, "The Most Respected Enemy: Mao Zedong's Perception of the United States", No.137（1994）, *The China Quarterly*.

[5] Ralph L. Powell, "Great Powers and Atomic Bombs are 'Paper Tigers'", No.23（1965）, *The China Quarterly*.

[6] William L. Parish, "Factions in Chinese Military Politics", No.56（1973）, *The China Quarterly*.

[7] Evan A. Feigenbaum, "Soldiers, Weapons and Chinese Development Strategy: The Mao Era Military in China's Economic and Institutional Debate", No.158（1999）, *The China Quarterly*.

[8] Benjamin I. Schwartz, "Modernization and the Maoist Vision-Some Reflections on Chinese Communist Goals", No.21（1965）, *The China Quarterly*.

[9] Kenneth R. Walker, "Collectivization in Retrospect: The "Socialist High Tide" of Autumn 1955-Spring 1956", No.26（1966）, *The China Quarterly*.

[10] Keneth Lieberthal, "Mao Versus Liu Policy Towards Industry and Commerce: 1946—49", No.47（1971）, *The China Quarterly*.

[11] Thomas P. Lyons, "Planning and interprovincial coordination in Maoist China", No.121（1991）, *The China Quarterly*.

[12] Thomas P. Lyons, "Rural Welfare in Fujian, 1976—1978: The Maoist Legacy", No.160（1999）, *The China Quarterly*.

[13] John W. Garver, "Mao's Soviet Policies", No.173（2003）, *The China Quarterly*.

东的文学世界》（1963）[1]和《作为历史学家的毛泽东》1966）[2]，伍永生［音］（Yong Sang Ng）的《毛泽东的诗》（1963）[3]，陈志让（Jerome Ch'en）的《重访井冈山：毛泽东一首未发表的诗》（1968）[4]等。

除上述方面以外，还有施拉姆的《毛泽东与秘密会社》（1966）[5]，维特克（Roxane Witke）的《毛泽东、妇女与五四时代的自杀》（1967）[6]，海茵茨希（Dieter Heinzig）的《李德回忆录与毛泽东的崛起》（1971）[7]，李伟（Li Wei）的《中国中央领导人的安保服务》（1995）[8]等等，从不同侧面展开了对毛泽东的研究。

三、从《中国季刊》看西方毛泽东研究的特点

毛泽东研究是世界范围内的重要课题，受到西方众多研究者的重视。从总体上说，西方学者与国内学者在毛泽东研究的立场、观点方面差异很大，西方学者受资料、人员限制，整体研究水平还不如国内。但是，由于西方学者在研究中常常采用一些我们不熟悉的研究方法和观察角度，常能提出一些独到的见解，也不乏客观的论述，有些学者对一些课题的研究已具有相当的深度和力度，甚至在一些方面超过了国内的研究水平。他们从不同的视角进行毛泽东研究，治学方法和研究思路具有明显不同于国内的特点，对我们具有较大启发和借鉴价值。

（一）注重毛泽东研究的总结与反思

重视对以往研究的回顾、总结与反思是西方学界的传统。毛泽东去世后，罗德明和施拉姆先后在《中国季刊》发表了带总结性的长文，全面回顾了西方学术界出版的研究毛泽东思想的主要著作[9]，并一一做了评述，同时对毛泽东研究的发展趋势做出了预测。

---

[1] Howard L. Boorman, "The Literary World of Mao Tse-tung", No.13（1963）, *The China Quarterly*.
[2] Howard L. Boorman, "Mao Tse-tung as Historian", No.28（1966）, *The China Quarterly*.
[3] Yong Sang Ng, "The Poetry of Mao Tse-tung）", No. 13（1963）, *The China Quarterly*.
[4] Jerome Ch'en, "Chingkangshan Revisited：An Unpublished Poem by Mao Tse-tung", No.34（1968）, *The China Quarterly*.
[5] Stuart R. Schram, "Mao Tse-tung and Secret Societies", No.27（1966）, *The China Quarterly*.
[6] Roxane Witke, "Mao Tse-tung, Women and Suicide in the May Fourth Era", No.31（1967）, *The China Quarterly*.
[7] Dieter Heinzig, "The Otto Braun Memoirs and Mao's Rise to Power", No.46（1971）, *The China Quarterly*.
[8] Li Wei, "The Security Service for Chinese Central Leaders", No.143（1995）, *The China Quarterly*.
[9] 即白鲁恂（Lucian Pye）的《作为领袖的毛泽东》，费子智（C. P. Fitzgerald）的《毛泽东与中国》，威尔逊（Dick Wilson）的《毛泽东：人民的皇帝》，特里尔（Ross Terrill）《毛泽东传》，迈斯纳（Maurice Meisner）的《马克思主义、毛主义和乌托邦主义》，斯塔尔（John Bryan Starr）的《继续革命：毛泽东的政治思想》，金思恺（Steven S. K. Chin）的《毛泽东思想：形式与内容》，弗朗西斯·苏（Francis Y. K. Soo）的《毛泽东的辩证法理论》，尼克·奈特（Nick Knight）的《毛泽东的"矛盾论"——对解放前的版本的注译》，沃马克（Brantly Womack）的《毛泽东政治思想的基础：1917—1935年》，竹内实（Takeuchi Minoru）主编的《毛泽东集·补卷》，迈克·戴（Mike Henri Day）译的《毛泽东文献（1917—1927）》，麦克唐纳（Angus McDonald）的《乡村革命的城市起源：1911—1927年中国湖南省的精英人物和群众》，谢弗（Lynda Shaffer）的《毛泽东和工人们：1920—1923年的湖南劳工运动》，马丁（Helmut Martin）所编七卷本的《毛泽东文选》（*Mao Zedong Texte*）。

这是西方毛泽东研究学者对其自身研究成果的评价，较为系统地评析了此一时期西方毛泽东研究的整体水平。施拉姆认为，西方大多数研究毛泽东的人，所关心的是在历史背景中理解毛泽东思想的起源和发展，因而是想了解所有那些自五四运动以来经历了文化、政治和社会动乱的中国人的经验。简言之，他们的目标应该是记录和分析毛泽东的生平及思想发展并概括他的政治遗产的实质。但是，中国的"毛泽东研究"与中国之外的"毛泽东研究"存在差异。对于毛泽东的政策及其影响的实际意义问题，中国之外的观察家仍然感到难以把握。在这个问题上，"我们必须主要地依靠中国人"，是他们亲身经历了"反右运动""大跃进"和"文化大革命"。如果不依靠他们，而像西方某些人那样"不相信他们经常自相矛盾的陈述"，那么，"我们就不得不依靠我们自己的想象"。[1]应该说，这种认识是非常深刻的。

（二）强调毛泽东的个人思想研究

国外毛泽东研究是以传记和思想史研究的确立为标志，其研究的基点是毛泽东的个人思想。因此，西方学者侧重于对毛泽东个人成长道路、思想发展历史进行研究。一是把毛泽东研究同毛泽东所处的特定社会历史条件的考察结合起来，全面反映毛泽东思想的全部内容；二是把毛泽东研究作为一个复杂的、动态的历史过程来研究，把毛泽东的早期思想以及后来的思想发展结合起来考察，探求他们的互动关系；三是把毛泽东个人思想作为理解其行为和意图的钥匙，通过考察一种或多种传统与个人的相互作用来思考毛泽东思想是如何形成的。施拉姆把毛泽东思想定义为三种内涵：一是毛泽东个人一生所想的；二是解放后《毛泽东选集》或另外的小册子、书中公开发表的著作内容；三是毛泽东思想的基本原理所构成的科学体系，即"集体智慧的结晶"。施拉姆是在第一种界定上研究毛泽东思想的，这在国外毛泽东思想研究中有着广泛的代表性。[2]

（三）注重研究资料的编撰整理

西方学者认为毛泽东及其思想是解开中国共产党产生和发展奥秘的钥匙，长期以来重视原始资料的搜集、编撰和整理。一是不惜花费重金购买有关毛泽东的第一手资料，力求搞清毛泽东在各个时期的思想发展脉络及其真实动因。他们四处收集我国出版的书刊，从解放区的报纸和各种版本的《毛泽东选集》到新中国成立后公开出版的所有毛泽东文献，乃至红卫兵小报。其中，竹内实和施拉姆是典型代表。竹内实耗费巨大精力，编辑了10卷本《毛泽东集》和10卷本《毛泽东补集》，是目前国外卷数最多、收文较全

---

[1] Stuart R. Schram, "Mao Studies: Retrospect and Prospect", *The China Quarterly*, No. 97 (1984), pp.122-123.
[2] 转引自赵勇、李睿青：《国外毛泽东研究的历史进程及特点》，载《上海党史与党建》2001年第12期。

的毛泽东文献集。施拉姆则编辑出版了《毛主席同人民的谈话》，收入了中国进入社会主义时期以后的毛泽东文献（主要是1956年到1971年毛泽东的谈话与书信）。这两部文集在国际学术界产生了广泛影响。二是重视对原始材料的考证和编辑。仅毛泽东著作方面，施拉姆除了研究我国解放后出版的《毛泽东选集》外，还参考了毛泽东在《新青年》、《湘江评论》、《向导》、《红色中国》、《中央政治通讯》、延安《解放日报》等报刊上发表的文章，各解放区出版的各种版本的毛泽东著作和流传到海外尚未在大陆发表的毛泽东在党内的一些讲话等等。应该说这种严谨的治学态度是值得称道的。

（四）综合运用多种研究方法

西方学者研究毛泽东及其思想，非常注重方法的选择。首先，"比较研究法"是西方毛泽东研究普遍应用的方法。他们通过比较毛泽东与马克思、列宁、斯大林的思想，比较毛泽东的理论和实践与中国传统文化的关系，比较毛泽东思想与当代西方社会思潮的异同等多方面研究，以探讨毛泽东个人成长经历、毛泽东思想形成的内在逻辑、中国革命的特点和毛泽东对马克思主义的重大贡献。其次，一些西方学者还形成了自己独特的研究方法。如沃马克的"动态研究法"，把毛泽东思想看成一个发展变化的过程，力图从思想理论和实践经验的结合上，揭示毛泽东思想理论的演变过程。派伊的"心理分析法"，试图从心理学角度分析毛泽东的个性与意志对他的政治品质和革命倾向的影响，揭示人物的内心世界和思想发展过程。除了上述方法外，西方学者还运用"计量分析方法""权力斗争法""实地考察法"甚至历史唯物主义等方法来研究毛泽东及其思想。

当然，西方学者对毛泽东及其思想的研究也存在一些问题。主要是：（1）西方学者特别重视历史背景研究，但往往忽视客观现实对毛泽东思想形成和发展的影响。这一方面是因为西方研究毛泽东的学者大多是来源于中国历史的研究者，或是作为中国史研究者接受学术训练；另一方面是因为当时东西方冷战的特殊时代背景，西方学者无法进入中国大陆实地考察（中国改革开放后这种情况大为好转）。（2）西方学者往往割裂毛泽东思想与马克思主义的内在联系。西方研究毛泽东的学者大多对马克思主义缺乏深入理解，常把它看作是一种封闭、固定的理论模式。有些学者在探讨毛泽东思想与马克思主义的关系时，认为毛泽东思想与正统马克思主义不一致，是马克思主义的"异端""有缝隙的马克思主义"，进而否定毛泽东思想与马克思主义的联系，有很大的片面性。（3）一些西方学者存在着重视史实考证而忽视理论研究的经验主义倾向。在他们看来，只要埋头考察史实，就可以对毛泽东及其思想做出客观的论述，因而常常抱着经验主义态度，做出武断的结论。

[本文发表于《领导之友》（理论版）2016年第4期]

国际学术视野中的邓小平研究
——基于"中国文化海外传播动态数据库"的分析

邓小平一生"三起三落",充满传奇色彩,在近现代各国领导人中实属罕见。2014年8月20日,中国国家主席习近平在纪念邓小平诞辰110周年座谈会上,称邓小平是"中国社会主义改革开放和现代化建设的总设计师,中国特色社会主义道路的开创者,邓小平理论的主要创立者"[1]。作为20世纪继孙中山和毛泽东之后中国三大伟人之一,邓小平对中国和世界的发展产生过重大影响,不仅改变了中国人的历史命运,也改变了世界的历史进程。邓小平研究早已走出国门,成为海外当代中国政治研究中的一门"显学"。本文在参考前人研究文献的基础上[2],以北京外国语大学"中国文化海外传播动态数据库"[3]的原始数据为依托,对半个世纪以来海外邓小平研究的历史分期、文献出版(语种、出版年、出版社)、主要内容、方法与局限进行初步梳理,以期大体上勾勒出海外邓小平研究的发展状况,为学界深入研究提供借鉴。

---

[1] 习近平:《在纪念邓小平同志诞辰110周年座谈会上的讲话》,载《人民日报》2014年8月21日2版。

[2] 改革开放以来,国内已有部分学者,如冷溶、马启民、成龙、武市红、梁怡、周文华、韩强等,密切关注海外的邓小平研究,并取得丰硕成果。专著参见:冷溶:《海外邓小平研究》,太原:山西经济出版社,1993年;马启民:《国外邓小平理论研究评析》,北京:高等教育出版社,2002年;成龙:《海外邓小平研究新论》,北京:北京大学出版社,2004年等。主要论文参见:黄为民:《简析国外对邓小平及其理论的评论》,载《广西社会科学》1994年第2期;沈建国:《国外邓小平研究综述》,载《国外社会科学》1994年第3期;朱理:《海外邓小平研究综述》,载《学术月刊》1994年第10期;王海军:《邓小平理论研究在海外》,载《黑龙江社会科学》2002年第2期;武市红:《国外邓小平研究述评》,载《党的文献》2003年第2期;成龙:《中国改革开放的总设计师——十一届三中全会以来海外邓小平及其理论研究述评》,载《毛泽东邓小平理论研究》2004年第7期;马启民:《国外学者对邓小平理论的研究》,载《毛泽东思想研究》2006年第2期;陶季邑:《美国邓小平研究述评》,载《党的文献》2014年第4期;成龙:《新世纪国外邓小平研究特点分析》,载《中共党史研究》2014年第8期;周文华:《国外学者关于毛泽东与邓小平的比较研究》,载《国外理论动态》2014年第4期等。

[3] "中国文化海外传播动态数据库"是北京外国语大学受全国哲学社会科学规划办公室特别委托而承担的大型项目,旨在通过对中国文化海外传播的数据进行收集和分析,总结中国文化向外部世界传播的基本情况、规律、经验和方法,为国家制定文化发展战略、推动文化"走出去"提供数据支撑和政策咨询。本文主要以数据库首期建成的"中国学研究外文数据库"为基础,对海外邓小平研究的传播和接受情况进行统计分析和归纳梳理。

一、海外邓小平研究的历史分期

在海外学术界，邓小平研究基本上属于中国近代史、中华人民共和国史和东亚史研究的范畴。按照时代发展和关注重点的变化，大致可以分为四个阶段：

（一）早期关注阶段：20世纪40年代初—20世纪70年代末

根据目前掌握的资料，海外对邓小平及其思想的关注比国内起步要早。1940年美国驻华大使馆海军武官卡尔逊出版的《中国的双星》一书，以简练、明快的笔墨描述了他与邓小平第一次会面的情景，这是西方人撰写的首次介绍邓小平的书籍。1956年，日本学者吉田东祐著的《中国革命的一百零八将》[1]一书，对邓小平的简历做了认真介绍，并对新中国成立初邓小平从西南调到北京任政务院副总理以及邓小平于1953年9月兼管财政一事做了评论。1956年中共召开"八大"，邓小平做了《关于修改党的章程的报告》，在国际上引起密切关注和较大影响，海外中国学界和外交界对邓小平其人和这一报告做了详细评论和研究。20世纪60年代邓小平在中苏两党间谈判、论战中作为中方主帅之一，是苏联谈判的主要对手，引起了苏联中国学界和外交界的密切注意并进行跟踪研究。"文化大革命"中邓小平以其独到的思想、传奇的经历以及对中国社会走向的深刻影响引起国际社会广泛注意，美国著名记者埃德加·斯诺在其介绍中国"文化大革命"的名著《漫长的革命》一书中，用一定的笔墨介绍了邓小平与毛泽东在国内政策上的分歧，谈到了所谓的邓小平的经济主义。1973年邓小平的第二次复出引起国际传媒的关注，各国新闻媒介争相报道，不少国外学者开始系统地研究邓小平的思想。日本学者大久保泰著的《中国共产党史》（1971年，书房社出版）、久田幸助著的《我的中国人研究笔记》（1974年，讲谈社出版），都对邓小平及其思想进行了不同程度的论述和评论。1977年日本学者和田武司、田中信一合著的《不屈的革命家邓小平传》（1977年，德间书店出版）一书，对邓小平的生平事迹和思想脉络做了比较客观、公正、准确的评价。美籍华人学者、芝加哥大学政治学教授邹谠，1977年9月在《中国季刊》发表了《毛泽东思想、为继承权的最后斗争和以后的时代》一文，对邓小平在"文化大革命"后期的思想进行了深刻分析，反映了该学者的研究达到了相当的深度。严格地说，这一时期虽然国外媒介和学术界已经开始注意到邓小平并开始了对他的研究，但还没有出现产生较大影响的学术成果，许多研究是从属于其他学术成果的，还不是真正学术意义上的邓小平研究，仅仅是初步的介绍。[2]

---

[1] 吉田東祐：《中國革命の百八人：毛沢東とスターリンの対決》，東京：元々社，1956。
[2] 马启民：《国内外邓小平理论研究之比较》，载《中国特色社会主义研究》2004年第4期。

（二）研究兴起阶段：20世纪70年代末—20世纪80年代末

1977年邓小平复出，1978年12月中共十一届三中全会召开，此后邓小平领导中国人民走上改革开放之路。此后，随着中国邓小平时代的到来，海外学术界开始真正研究邓小平，越来越多的国外媒体开始介绍邓小平及其领导的中国改革开放事业。1979年1月1日，美国《时代》周刊将邓小平评为1978年度风云人物。1985年，《时代周刊》再次把邓小平评为年度新闻人物，并宣布邓小平当选"是因为他在中国实行了十亿人生产力的全面经济改革"。同年12月，美国《成功》月刊宣布，将邓小平选为1985年的成功者。1986年，《成功》杂志在第一期刊登了《纽约时报》前记者索尔兹伯里撰写的介绍邓小平的文章《中国的首席行政负责人》。1988年，邓小平和英国首相撒切尔夫人一同当选美国《世界报》评选的十年风云人物。

与此同时，邓小平研究的专著开始陆续出版，如德国乌利·弗兰茨的《邓小平——中国式的政治传奇》、法国诺拉·亚的《邓小平：法国岁月》、美国的《邓小平领导下的中国》《中国领导接班人危机中的周恩来与邓小平》，莫里斯·迈斯纳的《毛泽东的中国和毛泽东后的中国》等。海外对邓小平理论的研究也开始起步，一些学者发表了有一定深度的文章，如邹谠《历史性转变和过去的连续性》、美国杨力宇《中国大陆（内地）、台湾与香港》、英国斯图尔特·施拉姆《邓小平超过毛泽东了吗？》、美国谢伟思《"延安精神"与中国的改革》、新加坡林住君《中国经济改革的历史意义与国际影响》、苏联雅科夫列夫《邓小平的政治肖像》、日本小岛朋之《中国的政治社会——探索邓小平以后》、日本天儿慧《中国改革第一线——邓小平政治展望》等，在海外中国学界产生了一定影响。1987年11月，美国布朗大学召开了主题为"邓小平领导下的十年改革"国际学术会议，对邓小平的生平尤其是改革开放政策做了初步探讨。[1]这一时期，海外研究的重点主要集中在邓小平生平研究上，发掘出了一些有价值的历史材料，且对其思想的发展脉络也进行了一定梳理。

（三）兴起高潮阶段：20世纪90年代初—20世纪90年代末

1989年政治风波之后，海外邓小平研究受到影响。1990—1992年，涉及邓小平的研究专著只有少量几本，但此情况很快得到改变。1992年初，邓小平视察武昌、深圳、珠海和上海等地，并发表一系列重要谈话，中国掀起了改革开放新高潮。1992年4月27日，美国《新闻周刊》以《邓的复活》为标题，并以邓小平在各个时期的部分照片为封面，对邓小平南方视察进行了专题报道。这以后，海外邓小平研究兴起新的热潮，学者们开始从对邓小平及其思想的一般性介绍和解释转向广泛深入的研究探讨，并对邓小平

---

[1] 武市红：《国外邓小平研究述评》，载《党的文献》2003年第2期。

理论的来源、属性和历史地位等重大问题展开积极探讨。这一时期，海外开始较为全面深入地研究邓小平，无论是研究成果数量，还是研究深度、选题范围都大大超过了前两个时期。

代表性专著主要有：日本学者矢吹晋《邓小平以后的中国经济》、冈部达味和毛里和子《改革开放时代的中国》、渡边利夫和小岛朋之《毛泽东与邓小平》、天儿慧《作为历史的邓小平时代》《变化中的社会主义大国——中国》、本场康治《邓小平的长征》、伊藤诚《市场经济与社会主义》；俄罗斯学者巴拉赫塔和库兹涅佐夫《风风雨雨六十五载——邓小平的革命生涯》、皮沃瓦罗娃《建设有中国特色的社会主义：道路探索》；美国学者沈大伟主编《邓小平：中国政治家肖像》、罗德里克·麦克法夸尔主编《中国政治：毛泽东和邓小平时期》、杨中美《建立实用共产主义：邓小平早期生活1904—1949》、戴维·W.张《政治家邓小平》、迈克尔·奥克森伯格《回忆邓小平》；英国前外交官理查德·伊文斯《邓小平与中国现代化》；法国学者帕特里·萨巴蒂埃《邓小平传》；澳大利亚学者大卫·古德曼《邓小平政治评传》等。

比较有代表性的论文有：美国学者阿里夫·德里克《后社会主义：论"有中国特色的社会主义"》、J.德雷尔《战士邓小平》、巴里·诺顿《经济学家邓小平》、卢西恩·派依《邓小平和中国政治文化》、马丁·金·怀特《社会改革家邓小平》；英国学者迈克尔·亚胡达《国务活动家邓小平》；俄罗斯学者费奥克蒂斯托夫《邓小平的著作是"有中国特色的社会主义"的理论源泉》、杰柳辛《邓小平——革命家、毛泽东主义者、改革家》和《邓小平和社会主义现代化理论》、阿·布坚科《中国特色的社会主义》、波尔加克夫《邓小平与中国改革政策》；日本学者天儿慧《邓小平时代的外交战略》《中国近现代史中的邓小平》、竹内实《中国历史上的第四位伟人》、高原明生《邓小平的全方位外交》、国分良成《邓小平时代与毛泽东时代的异同》和《"邓小平时代"的成果》；法国学者夏泰宁《社会转型时期中国人观念的变化——写在邓小平南巡之后》；新加坡学者黄明翰《伟大的经济改革家——邓小平》等。

此外，1992年11月，美国弗吉尼亚大学召开了主题为"邓小平领导下的中国的改革和发展"的全国性学术会议。1993年9月，英国《中国季刊》推出"评价邓小平"专刊。1997年2月20日，哈佛大学费正清东亚研究中心举办主题为"中国与邓小平的影响"讨论会等。

（四）持续深化阶段：20世纪90年代末至今

1997年邓小平去世，但海外对邓小平的研究仍然方兴未艾。尤其是进入新世纪以来，中国经济社会持续快速发展，中国道路、中国模式的绩效更为显著，成为国际社会关注的焦点，更多的国外学者、人士加入到研究邓小平及中国特色社会主义的行列。[1]以美国、俄罗斯、日本为主的海外学者发表了相当数量的论著，如俄罗斯斯米尔诺夫的《中国现代化理论：从毛泽东到邓小平》、Б.Н.乌索夫的《邓小平和他的时代》，日本矢吹晋的《邓小平》，美国傅高义的《邓小平时代》、迈克尔·马蒂《中国与邓小平的遗产：从共产主义革命到资本主义演变》、戴维·兰普顿《跟着领袖走：统治中国，从邓小平到习近平》，等等。傅高义的《邓小平时代》是作者对中国30多年改革变化事实的思考，受到了多方好评和中国学界的强烈关注，可谓是迄今为止海外这方面研究的最高水平，在国际范围内再次引发了对邓小平及中国特色社会主义世界影响力的重新解读，也说明了邓小平理论的学术价值和指导意义在世界范围内还将在"争议"中获得进一步的理解和认识。[2]同时，学者们结合中国的政治实际，对邓小平的现代化思想、社会主义市场经济思想、建设有中国特色的社会主义道路等重大问题展开了积极的学术探讨。应该说这一时期海外对邓小平的研究真正具备了学术意义，逐渐进入规范化、系统化、科学化的研究阶段。

二、海外邓小平研究的文献出版

通过上述介绍不难发现，在半个多世纪内，海外关于邓小平的研究已经出版了大量文献成果，既有专著，又有论文。但遗憾的是，由于语言差异、国别不同和时代变迁，大部分著述没有中文译本。迄今为止，在世界范围内还没有一个真正跨语言、跨国别、跨年代的邓小平研究基础书目，各国的研究成果也缺少横向交流和借鉴。本文以北京外国语大学"中国文化海外传播数据库"收录的邓小平研究著作（不含论文）为基础，分别按出版语种、出版年和出版机构进行统计，结果如下：

（一）按语种

据不完全统计[3]，截至2014年（下同），国内外至少以11种语言（不含中文）出版过邓小平本人及邓小平研究的著作178种。其中日语最多，达79种；英语次之，62种；随后是法语13种、俄语7种、德语7种、意大利语3种、西班牙语2种；塞尔维亚—克罗地亚语、葡萄牙语、斯瓦西里语、匈牙利语各1种。（见图1）

---

[1] 成龙：《新世纪国外邓小平研究特点分析》，载《中共党史研究》2014年第8期。
[2] 梁怡：《为什么关注国外邓小平研究》，载《中国社会科学报》2014年8月21日。
[3] 统计以关键词进行筛选，如"邓小平""邓时代""邓""中国共产党""中共领导人""马克思主义中国化""中国特色社会主义"等。面对浩如烟海的大量文献，遗漏在所难免。

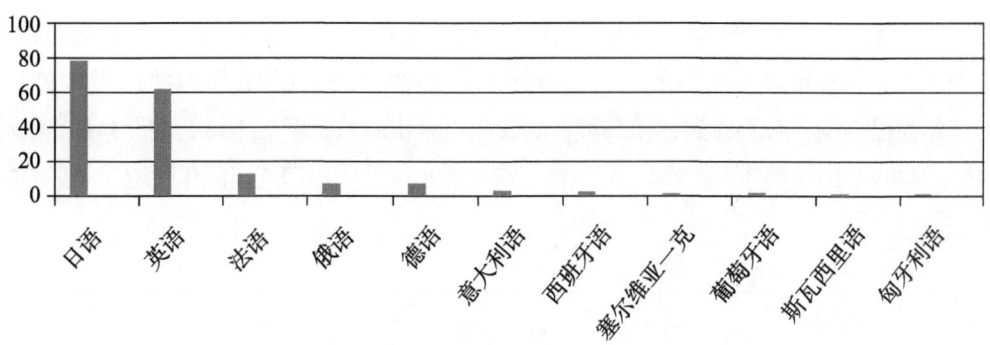

图1　海外邓小平著作和研究多语种出版统计

数据来源：作者从北京外国语大学"中国文化海外传播数据库"统计（下同）

（二）按出版年

1956年，邓小平在中共"八大"上当选为总书记，他的讲话《关于修改党的章程的报告》被译成日文，这是邓小平的著作首次以外文形式出版。[1]1959年，为庆祝建国10周年，邓小平在《人民日报》发表《中国人民大团结与世界人民大团结》一文，后以日文和法文[2]在国外出版。1974年，邓小平率领中国代表团出席联合国大会第六届特别会议，邓小平在大会上发言，全面阐述了毛泽东关于三个世界划分的战略思想，即"三个世界"的理论。该发言被冠以"中华人民共和国代表团团长邓小平在联合国大会特别会议上的发言"，先后以斯瓦西里语[3]、西班牙语[4]、法语[5]、俄语[6]、德语[7]、意大利语[8]、葡萄牙语[9]、日语[10]出版，形成了一个小高潮。1977年后，随着邓小平的复出和中国的改

---

[1] 鄧小平：《中国共産党規約：党規約改正についての報告》，北京：外文出版社，1956年。

[2] Xiaoping Deng, *La grande unite du peuple chinois et la grande unite des peuples du monde. Ecrit pour la Pravde de l'Union Soviétique à l'occasion du Xe anniversire de la Republique populaire de Chine*. Éditions en Langues Étrangères，1960.

[3] Xiaoping Deng, *Hotuba ya Teng Hsiao-ping Mkuu wa Ujumbe wa Jamhuri ya Watu wa China Kwenye Mkutano Maalum wa Baraza la Kawaida la Umoja wa Mataifa*. Ofisi ya Uchapaji wa Lugha za Kigeni，1974.

[4] Hsiao-Ping Teng, *Discurso de Teng Siao-ping jefe de la delegacion de la Republica Popular China en la Sesion Extraordinaria de la Asamblea General de la*. Ediciones en Lenguas Extranjeras，1974.

[5] Teng Siao-ping, *Intervention de Teng Siao-ping，chef de la délégation de la République Populaire de Chine à la Session Extraordinaire de l'Assemblée Générale de l' O.N.U.* Editions en Langues Etrangères，1974.

[6] Выступление главы Делегации Китайской Народной Республики Дэн Сяо-пина на спец，Изд-во лит. на иностр. яз.，1974.

[7] Deng Hsiao-Ping, *Rede von Deng Hsiao-ping，dem Leiter der Delegation der Volksrepublik China，auf der Sondertagung der UNO-Vollversammlung：[10. April]*. Verlag für Fremdsprachge Literatur，1974.

[8] Xiaoping Deng, *Intervento del capo della Delegazione della Repubblica Popolare Cinese Teng Hsiao-ping alla Sessione Straordinaria dell' Assemblea Generale dell' ONU（10 aprile 1974）*. Casa Editrice in Lingue Estere，1974.

[9] Siao-pim Tem, *Discurso de Tem Siao-pim，chefe da delegaçao da Republica Popular da China，na Sessao Extraordinária da Assembleia Geral da ONU*. Ediçoes em Linguas Estrangeiras，1974.

[10] 鄧小平：《国連特別総会における中華人民共和国代表団鄧小平団長の発言. 1974》，北京：中国国際書店，1975。

革开放，海外关于邓小平研究的著作陆续出版。1980年代（1980—1989）共出版33种，其中1987、1988年分别达到6和7种；1990年代（1990—1999）共出版94种，其中1994、1995年为最高潮，分别达到18和26种；2000年以来出版数量明显下降，共计34种，其中2001、2009、2014年分别达到4、5、4种。海外邓小平著作和研究出版年代统计（见图2-图5）：

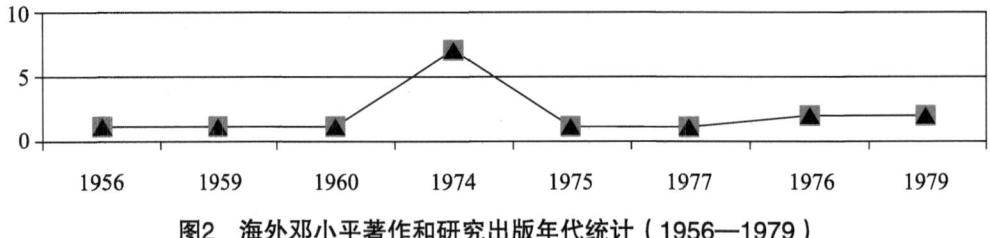

图2　海外邓小平著作和研究出版年代统计（1956—1979）

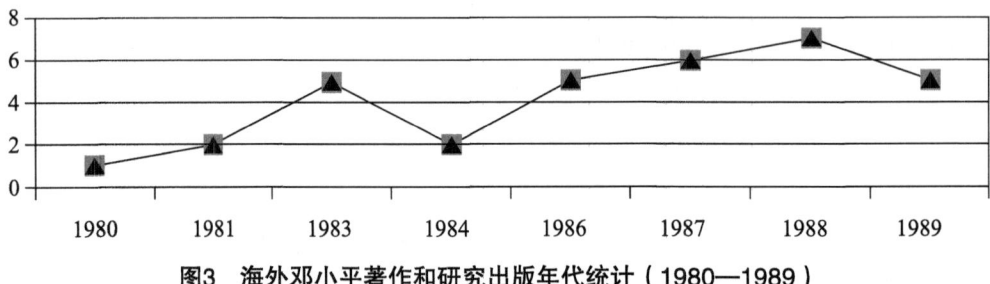

图3　海外邓小平著作和研究出版年代统计（1980—1989）

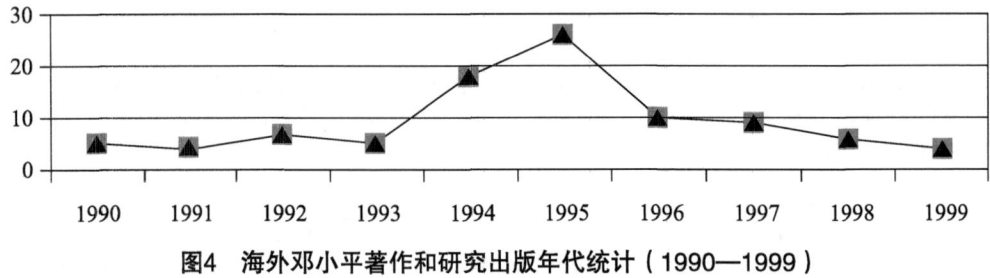

图4　海外邓小平著作和研究出版年代统计（1990—1999）

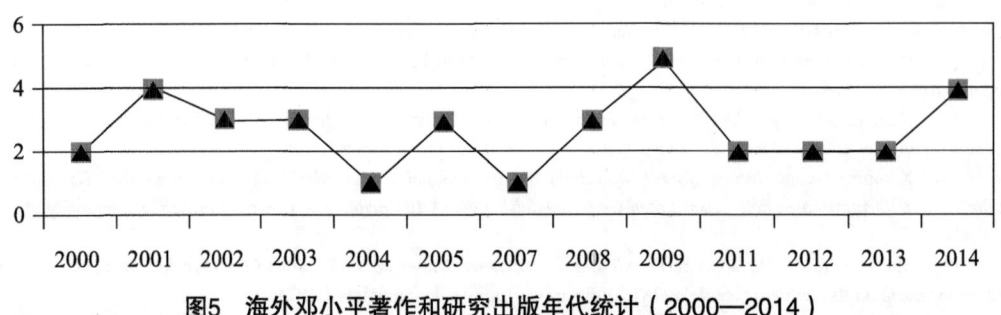

图5　海外邓小平著作和研究出版年代统计（2000—2014）

（三）按出版机构

在世界范围内，至少有130家出版机构，先后出版过邓小平著作及其研究成果。

在日语中，先后出版过邓小平著作及其研究成果的机构共有60家。其中出版最多的机构是北京外文出版社[1]，共计5种（1956；1959；1984；1987；1992，括号中为出版年代，下同）；出版4种的有2家，分别是东京的讲谈社（1995；2003；2003；2004）和岩波书店（1988；1995；1996；2009）；出版3种的有2家，分别是东京的中央公论社（1988；1994；2002）和教育社（1979；1983；1995）；出版2种的有6家，分别是东京的有斐阁（1983；1986）、小学馆（1994；1999）、芦书房（1986；1990）、朝日新闻社（1995；1999）、东洋经济新报社（1993；1999）和町田的苍苍社（1992；2012）。见图6海外邓小平著作和研究主要日语出版机构统计：

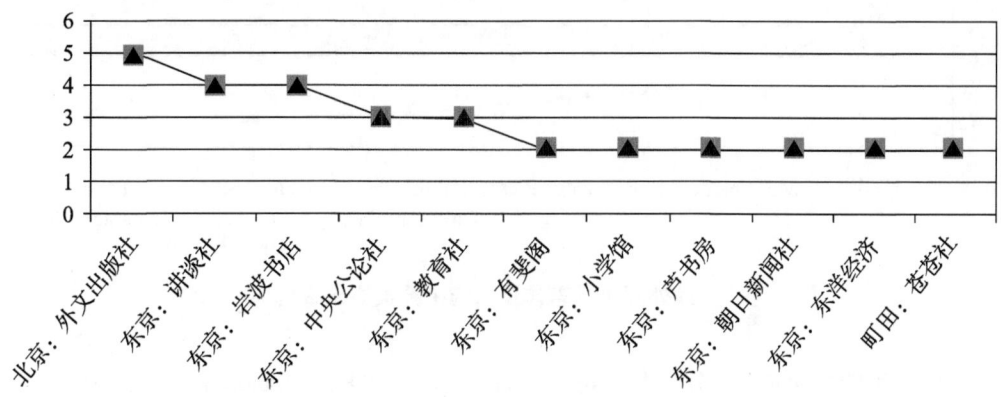

图6　海外邓小平著作及研究主要日语出版机构

此外，出版1种的共计49家，分别是东京的日中出版（1979）、三天书房（1980）、新泉社（1981）、大月书店（1981）、霞山会（1983）、拳头书房（1984）、行政问题研究所出版局（1986）、亚纪书房（1987）、三一书房（1988）、新中心文化中心（1989）、劲草书房（1989）、第一企画出版（1990）、东方书店（1992）、信息中心出版局（1992）、福武书店（1993）、读卖新闻社（1994）、NTT出版（1994）、TBS百科全书（1994）、耶鲁出版社（1994）、商业公司（1994）、畅销书（1994）、学阳书房（1994）、三交社（1994）、集英社（1994）、亚洲经济研究所（1995）、PHP研究所（1995）、苹果出版社（1995）、こう书房（1995）、サリュート（1995）、日本混合（1995）、总统社（1995）、驋々堂出版（1995）、日本经济新闻社（1995）、综合法令出版（1995）、日本贸易振兴会（1995）、日本贸易振兴会海外经济情报中

---

[1] 该社主要是翻译邓小平的讲话和文选，未见邓小平研究的著作。

心（1995）、双叶社（1996）、东京新闻出版局（1997）、德间书店（2000）、法政大学出版局（2007）、风土社（2008）、产经新闻出版和扶桑社（2008）、大仓出版（2013）、日本经济新闻出版社（2013）；名古屋的风媒社（1983）；武藏野的亚细亚大学亚洲研究所（1987）；北京的中国国际书店（1975）等。

在英语世界中，出版过邓小平研究成果的机构共有41家。其中，美国UMI公司出版9种（1990；1992；1994；1996；1997；1998；2001；2002；2005）、美国M.E. Sharpe Inc.出版4种（1983；1991；1995；1997）、英国Routledge Press出版3种（1990；1994；1998）、美国Princeton University Press（1994；1996）、University Press of America（1994；2005）、中国Foreign Languages Press（2002；2008）、英国I. B. Tauris出版公司（2014）分别为2种，见图7。

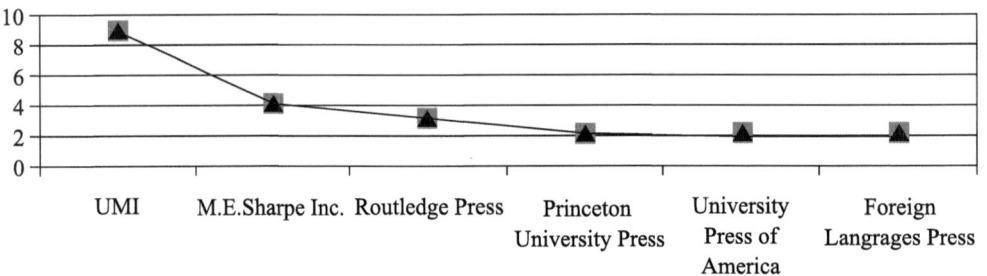

图7　海外邓小平著作及研究主要英语出版机构

出版1种的共计34家，分别是Cosmos Books Ltd.（1978）、Sandpiper Pub.（1986）、Council for Social and Economic Studies（1988）、Harcourt Brace Jovanovich（1988）、St. Martin's Press（1988）、McGraw-Hill Pub. Co.（1989）、Paragon House（1989）、Chambers（1991）、McFarland and Co., Inc., Pub.（1991）、Facts on File（1991）、Hamish Hamilton（1993）、Imprint Publications（1993）、Harvard University Press（1994）、Clarendon Press（1995）、Baldini & Castoldi（1995）、Oxford University Press（1995）、Hong Kong University Press（1995）、Hill and Wang（1996）、Hoover Institution on War, Revolution and Peace, Stanford University（1996）、Kegan Paul International Ltd.（1996）、Cambridge University Press（1997）、University of California（1997）、P. Picquier（1997）、Contemporary World Pub.（1997）、Monde Editions（1997）、Chinese University Press（1998）、New Star Publishers（中国北京）（1998）、Northwest University Press（中国西安）（2001）、Portland, OR（2000）、Singapore University Press（2001）、Singapore University Press, National University of Singapore（2001）、Brassey's（2002）、University of Hawai'i Press（2005）、New World Press（2009）等。

在法语世界中，出版过邓小平研究成果的机构共有8家。其中，Editions en LanguesEtrangères出版3种（1974；1995；1995）；Fayard出版2种（1993；Bayard Editions（1996）、Éditions en LanguesÉtrangères（1960）、Editions Patrick Banon（1997）、Editions du Centre national de la recherchescientifiques（1992）、J.C. Lattès（1990）、LiguoriEditore（1986）各出版1种。

在俄语世界中，出版过邓小平研究成果的机构共有7家。分别是Издат. фирма《Вост. лит.》РАН（1998）、Изд-волит. наиностр. яз.（1974）、МАКСПресс（2009）、Междунар. Отношения（1989）、Стилсервис（2009）、Сычуаньскоеизд-во《Жэньминь》（2009）、Юаньфан（1999），各出版1种。

在德语世界中，出版过邓小平研究成果的机构共有6家。其中，Institut für Asienkunde出版2种（1978；1994）；Lang（1998）、S. Fischer（1992）、Ullstein（1995）、Deutsche Verlags-Anstalt（1987）、Verlag für Fremdsprachge Literatur（1974）分别出版1种。

意大利语共有3家出版社，分别是A. Mondadori（1987）、Baldini&Castoldi（1994）、Casa Editrice in LingueEstere（1974），各出版1种。西班牙语有1家出版社，即Ediciones en LenguasExtranjeras（1974；1992），先后出版过2种。

此外，匈牙利语、塞尔维亚—克罗地亚语、斯瓦西里语、葡萄牙语各有1家出版机构，即Kossuth（1987）、BMG（1996）、Ofisiya Uchapajiwa Lughaza Kigeni（1974）、EdiçoesemLinguasEstrangeiras（1974），分别出版过1种。

三、海外邓小平研究的主要内容

海外邓小平研究的内容相当广泛，既包括邓小平的生平传记、历史地位，又包括邓小平的政治、经济、文化、军事、外交思想，以及邓小平的理论属性、邓小平对毛泽东思想的继承和发展等。

（一）邓小平的生平传记研究

海外学者非常重视对邓小平的生平活动进行研究。他们认为研究邓小平的生平实践活动，不仅可以分析其个性特征、人格力量和政治才能，还能揭示中国的政治特别是中共内部政治的发展变化。为此，海外学者把邓小平的个人经历作为一个重要研究对象，投入较大精力，出版和发表了一大批论著。主要有：匈牙利的巴拉奇·代内什所著的《邓小平》（1987）[1]，详细描述了邓小平从出生、留法直到新时期各个历史阶段的非凡经

---

[1] Baracs Dénes, *Teng Hsziao-ping*. Kossuth, 1987.

历,披露了邓小平在"文革"期间的苦难遭遇和三次复出的经过及缘由;德国的乌利·费兰茨所著的《邓小平传》(1987)[1],作者为撰写本书专门来到中国,深入到邓小平的家乡以及邓小平曾战斗过的多个地方寻访调查,以大量翔实的史料、客观的陈述性文字,展示了邓小平坎坷而英勇的奋斗历程;澳大利亚的大卫·古德曼所著的《邓小平政治评传》(1994)[2],介绍了邓小平领导太行山根据地人民开展革命斗争的情况和领导中国进行现代化建设的非凡魄力;英国的理查德·伊文思所著的《邓小平传》(1993)[3],叙述了1904年到1993年邓小平的重要历史活动,展示了一代伟人从农民的儿子到国家领导人的革命历程。此外还有:俄罗斯的B. H. Усов所著《邓小平》(2009)[4]、美国的杨炳章所著《邓小平政治传记》(1997)[5]、美国的沈大伟主编《邓小平:中国政治家画像》(1995)[6]、意大利的马可·索秋(Marco Sotgiu)所著《龙的尾巴:邓小平的一生》(1994)[7]、日本的伊藤正所著《邓小平秘录》(2008)[8]、日本的寒山碧著,伊藤洁编《邓小平传》(1988)[9]等。

(二)邓小平的历史地位研究

对于邓小平的历史地位,海外学者给予了积极评价。1997年2月20日,邓小平逝世的第二天,美国哈佛大学"费正清东亚研究中心"举行学术讨论会,题目是"邓小平的逝世与评价"。与会者普遍认为,邓小平是20世纪最伟大、最具影响力的领袖之一,是20世纪最伟大的政治家,邓小平以他的政治领导、智慧与影响,对中国与世界的发展、繁荣、和平、进步做出了重大贡献,邓小平的名字将永远载入人类史册。美国学者戴维·兰普顿认为,邓小平对当代中国有三大贡献:一是"重新定义政治和国家生活的目标""从阶级斗争转向经济增长";二是"将中国未来与全球一体化捆在一起";三是"培养一批技术型治国精英并使之机制化"[10]。傅高义指出:邓小平不仅"找到了富民强国之路",引领"中国根本转型",而且领导中国"真正加入国际社会",使中国成为

---

[1] Uli Franz, *Deng Xiaoping: China's Erneuerer: eine Biographie*. Deutsche Verlags-Anstalt, 1987.
[2] David S. G. Goodman, *Deng Xiaoping and the Chinese Revolution: A Political Biography*. Routledge Press, 1994.
[3] Richard Evans, *Deng Xiaoping and the Making of Modern China*. Hamish Hamilton, 1993.
[4] В. Н. Усов, Дэн Сяопин и его время. Стилсервис, 2009.
[5] Benjamin Yang, *Deng: A Political Biography*. M.E. Sharpe Inc., 1997.
[6] Edited by David Shambaugh, *Deng Xiaoping: Portrait of a Chinese Statesman*. Clarendon Press, 1995.
[7] Marco Sotgiu, *La coda del drago: vita di Deng Xiaoping*. Baldini & Castoldi, 1994.
[8] 伊藤正:《鄧小平秘録(上、下)》,東京:産経新聞出版;東京:扶桑社(発売),2008。
[9] 寒山碧著,伊藤洁编:《邓小平传》,東京:中央公論社,1988。
[10] David M. Lampton, *The Three Faces of Chinese Power: Might, Money and Minds*. University of California Press, p.120.

"多种国际组织和全球体系中活跃成员"[1]。关于邓小平历史地位的著作还有：美国的马蒂（Michael E. Marti）所著《中国与邓小平遗产：从共产主义革命到资本主义演变》（2002）[2]、新加坡的黄朝翰（John Wong）& 郑永年（Zheng Yongnian）主编的《"南巡"遗风及后邓小平时代的中国发展》（2001）[3]等。

（三）邓小平的政治、经济、外交思想等研究

关于邓小平的政治思想，理查德·伊文斯认为，邓小平对政治改革的态度经历了三个阶段：1978—1982年，邓小平主要致力于恢复被"大跃进"和"文化大革命"破坏的50年代的政治体制，即重新界定党、军队和政府的职能；1982—1986年，邓小平主要致力于国家机构的年轻化，鼓励党内老党员集体退休；从1986年起，邓小平提高了政治改革的目标，提出党的各级领导人必须更具革命化、年轻化、知识化和专业化。日本学者天儿慧对邓小平主张建立干部退休制度和邓小平的退休给予了高度评价。他指出，在中华人民共和国成立以后的40年里，中国共产党的主要领导人，除死亡和政治上丧失地位之外，几乎都继续保持原有职位。邓小平对这种老化的领导体制有着深刻认识。因此，他才有彻底变革的决定。关于邓小平政治改革思想方面的著作有：王耀宗（Yiu-chung Wong）所著《从邓小平到江泽民：中华人民共和国的二十年政治改革》（2005）[4]、马蒂[5]所著《转型中的中国：邓小平的伟大妥协》（1997）、莫里斯·迈斯纳所著《邓小平时代：探究中国社会主义的命运（1978—1994）》（1996）[6]等。

关于邓小平的经济思想，因其杰出的经济改革，被海外学者誉为"经济学家"，受到海外学者的高度重视。渡边利夫认为，邓小平改革最显著的特征是实验性的实用主义，中国经济搞活的一切试验都不是那种依靠某种口号动员群众，一举在全国实行的试验。完全相反，开始是在某个单位和地方进行初步试验，当这试验在其他的某个单位和地方也被证实是有效的，并且这种有效性被大家都承认时，才在制度上和法律上追认这些试验，并在全国范围内普及和扩大。[7]傅高义指出，邓小平认为人们需要物质

---

[1] Ezra F. Vogel, *Deng Xiaoping and the Transformation of China*. Cambridge, Mass.：Belknap Press of Harvard University Press, 2011.

[2] Michael E. Marti, *China and the Legacy of Deng Xiaoping from Communist Revolution to Capitalist Evolution*. Brassey's, 2002.

[3] John Wong and Zheng Yongnian, eds.), *The Nanxun Legacy and China's Development in the Post-Deng Era*. Singapore University Press, 2001.

[4] Yiu-chung Wong, *From Deng Xiaoping to Jiang Zemin：Two Decades of Political Reform in the People's Republic of China*. University Press of America, 2005.

[5] Michael Eugene Marti, *China in Transition：Deng Xiaoping's Grand Compromise*. UMI, 1997.

[6] Maurice Meisner, *The Deng Xiaoping Era：An Inquiry into the Fate of Chinese Socialism, 1978—1994*. Hill and Wang, 1996.

[7] 渡边利夫，小岛朋之：《毛沢東と鄧小平》，东京：NTT出版，1994年。

刺激，需要看到实实在在的进步才能保持动力，经济繁荣依靠竞争，不仅追求利润的经济生产者和商人如此，试图为当地带来进步的干部也是如此。傅高义还认为，邓小平经济改革态度在变化：第一阶段（1978—1982年），进行经济调整和农村改革；第二阶段（1982—1989年），加快经济发展和开放步伐；第三阶段（1989—1991年），对保守经济政策失去耐心；第四阶段（1992年），提出建设社会主义市场经济[1]。相关著作还有：李平植（Lee Pyungsik）所著《邓小平关于社会主义现代化建设的发展战略的讲话》（2001）[2]、波特雅科夫（В.Я. Портяков）所著《邓小平时代的中国经济政策》（1998）[3]、赵穗生所著《邓小平领导下的经济改革与意识形态，1978—1993》（1996）[4]、纳拉杨·森（Narayan C. Sen）所著《中国经济改革：意识形态合法性与邓小平理论》（2011）[5]等。

关于邓小平的外交思想，海外学术界认为，邓小平坚持了"独立自主的对外政策"，这有利于新时期中国在外交上处于主动，海外学者对邓小平在中国外交事务中的作用给予了充分肯定。这方面的著作主要有：冉弘毅（Hung-Yi Jan）所著《邓小平的四个现代化、改革开放路线与中国外交政策：中国应对关贸总协定、世界贸易组织、不扩散核武器条约及人权问题的政策分析》（1998）[6]、邱坤云（Kun-shuan Chiu）所著《邓小平时代中国对美国的政策：1979—1988》（1990）[7]、明石散人所著《大老猫的外交术：邓小平秘录》（2003）[8]等。

（四）邓小平理论的属性研究

20世纪80年代，海外学者在邓小平理论属性方面主要有"新版的马克思主义""后社会主义"和"民族共产主义"三种说法。莫里斯·迈斯纳指出：邓小平思想是"一种新版的中国马克思主义理论"，此理论反映并促使人们适应现存社会秩序。它抛弃"所有空想和偏激成分"，从而成为更正统的马列主义理论。阿里夫·德里克指出：邓小平

---

[1] Ezra F. Vogel, *Deng Xiaoping and the Transformation of China*. Cambridge, Mass.: Belknap Press of Harvard University Press, 2011.

[2] Lee Pyungsik, *Discourse on Deng Xiaoping Thought about Socialist Modernization Development Strategy*. Northwest University Press, 2001.

[3] В.Я. Портяков, Экономическая политика Китая в эпоху Дэн Сяопина. Издат. фирма «Вост. лит.» РАН, 1998.

[4] Zhao Suisheng, *Ideology and economic reform under Deng Xiaoping, 1978—1993*. London and New York: Kegan Paul International, 1996.

[5] Narayan C. Sen, *China's Economic Reform: Ideological Legitimacy and Deng Xiaoping Theory*. Kolkata: Frontpage, 2011.

[6] Hung-Yi Jan, *Deng Xiaoping's Line of Four Modernizations and Opening Up and Chinese Foreign Policy: An Analysis of China's Policies in the GATT/WTO, Nonproliferation and Human Rights Regimes*. UMI, 1998.

[7] Kun-shuan Chiu, *Chinese Policy Toward the United States under Deng Xiaoping, 1979—1988*. UMI, 1990.

[8] 明石散人：《大老猫の外交術：鄧小平秘録》，東京：講談社，2003。

1982年提出的"有中国特色的社会主义"或"当代中国社会主义"是"后社会主义"。它超越了对社会主义的教条式理解，吸收了商品经济和市场经济的优点，但欲确保不会导致资本主义复辟，所以此种后社会主义亦为一种后资本主义，"力图克服资本主义发展的种种弊端"。费正清则将邓小平"中国特色社会主义"看成是一种民族共产主义理论形态，在《伟大的中国革命（1800—1985年）》一书中认为，邓小平在农村实行合同制，即生产责任制。此既非传统社会主义生产形式，亦非资本主义生产形式，但适合当时的中国农村情况。[1]

（五）邓小平对毛泽东思想的继承和发展研究

关于邓小平对毛泽东思想和历史地位的科学评价问题，20世纪70年代末80年代初，海外曾流传过中国抛弃了毛泽东思想，正在进行一场"非毛化"运动的说法。对于这种认识上的误区，一批海外学者保持了冷静和理智。日本学者竹内实认为，邓小平是一位清醒的现实主义者，他在看清方向的时候，一面继承毛泽东，一面看准新方向，这是邓小平作为政治家了不起的本领。美国学者施拉姆认为，邓小平继承了毛泽东提出的实事求是、独立自主、自力更生和群众路线。在为寻找一条现代化道路而向西方学习，特别向马克思主义学习，同时又保留中国特色这一点上，邓小平与毛泽东是完全一致的。所不同的是，毛泽东最关心的是阶级斗争和建设社会主义之间的关系；邓小平则是以政治改革和经济发展的辩证关系作为他政策的中心。日本学者天儿慧认为，邓小平吸取了毛泽东成功和失败两个方面的经验，邓小平的战略方针是从中国实际出发的，政策上也具备合理性。

四、海外邓小平研究的方法与局限

纵观半个多世纪以来海外学者的邓小平研究，从总体上看，海外大多数学者都能本着尊重历史、尊重事实的科学精神，采取比较客观公正的态度从事邓小平研究，绝大多数人对邓小平及其思想持肯定态度，陆续提出了一系列大体上符合实际的观点。特别是进入新世纪以来，随着中国改革开放和中外交流的扩大，海外学者有更多便利条件展开深入研究，研究视野进一步扩大，研究的系统性、整体性明显增强，分析深度有所增加。可以说，学术性不断增强，政治偏见日益减少，研究成果愈加丰富，海外邓小平研究颇有成效。

这种成效的取得，与海外学者重视研究方法的选择不无关系。大体说来，海外学者常用的研究方法主要有以下几种：一是比较研究法。海外学者对邓小平研究采取了广泛

---

[1] 转引自陶季邑：《美国邓小平研究述评》，载《党的文献》2014年第4期。

而深入的比较。既有国内比较，也有国际比较；既有纵向比较，也有横向比较；既有思想理论、历史地位比较，也有领导风格、人物个性比较。他们不仅将邓小平与毛泽东、江泽民、胡锦涛、习近平等进行比较，而且将邓小平与前苏联领导人戈尔巴乔夫进行比较，从而寻找异同，揭示继承和发展关系。二是实地考察法。改革开放以来，随着中国与国际社会交流的扩大，大量外国学者通过访学、国际学术论坛等方式来到中国进行实地考察、调研。如日本学者天儿慧，1986—1988年间在中国进行了两年多的实地考察，回国后完成了《中国改革最前线》一书，高度赞扬了邓小平为改变中国落后面貌所做的巨大贡献，在亚洲乃至整个世界树立了一个卓越政治家的形象。可以说，在中国考察的切身经历使得学者们对邓小平的研究更为深入客观准确。三是现代化理论法。一些海外学者认为，邓小平理论也是一种现代化理论。认为它强调科学技术革命的重要性，把如何利用当代知识给政治发展、经济增长和社会福利提供机会作为评价社会能力的标准，认为这种观点与现代化研究极为接近。但这种现代化理论并未区分西方现代化理论与马克思主义现代化理论之间的不同，因而本质上是以西方现代化理论作为分析基础的。四是历史和文化研究法。一些学者认为，中国历史与文化源远流长，对中国领导人的思想有着很深的影响，因此主张研究领导人背后的中国历史文化因素。他们认为，研究邓小平思想必须重视中国传统历史文化的影响。五是文献分析法。即较广泛搜集并整理有关邓小平的各种文献，从中分析邓小平思想与活动、领导艺术和政治风格。另外，也有学者采取马克思主义概念分析法，即从马克思主义研究角度分析邓小平思想；而数量分析法、个案分析法也经常为一些学者所采用。

然而，我们也应该看到，海外对邓小平及其思想的研究也存在着一些局限和不足。从总体上看，受历史条件和研究者认识水平的限制，海外研究邓小平的学者人数有限，掌握的资料不够充分，围绕具体政策及事件的描述性研究多，"就事论事"的味道比较浓，理论性不够强，研究不够全面，缺少有一定理论深度、厚重的研究专著。另外，受世界观和立场、方法的影响，有些学者提出了一些错误的观点。如有的学者把邓小平对实践的重视，看成是实用主义，把中共党内的路线斗争看成是权力斗争、权力平衡和再分配等，影响他们全面准确地研究和看待问题。

（本文发表于《海外中国学研究》2015年第2集）

莫里斯·迈斯纳的中国社会主义思想研究[*]

莫里斯·迈斯纳（Maurice Meisner，1931—2012），中文名马思乐，美国威斯康星大学麦迪逊分校历史学系教授，国际著名中国现代史、中国马克思主义思想史和中国当代问题研究专家。主要著作有《李大钊和中国马克思主义的起源》（1967）、《马克思主义、毛泽东主义和乌托邦主义》（1982）、《毛泽东的中国及后毛泽东的中国：人民共和国史》（1977）、《邓小平时代：对中国社会主义命运的探寻，1978—1994年》（1996）、《毛泽东：一个政治和知识分子的肖像》（2007）等。从20世纪60年代起，迈斯纳长期从事中国近现代思想史、中国马克思主义思想史和中共党史的教学研究工作，特别是对毛泽东时代和后毛泽东时代中国社会主义思想的来源、性质和特征问题进行了广泛深入的研究，以自己独特的语言对马克思主义中国化的创造性发展给予了富有深意和比较中肯的理论概括。迈斯纳的社会主义思想研究的特色在于，系统地提出了"毛泽东主义"与中国社会主义问题上的"乌托邦观念"以及"民粹主义倾向"之间的相关性，并表达了对后毛泽东时代中国社会主义命运的担忧，而这些观点曾被中国学术界严重误读，遭到很多人的批评和指责。正如侯且岸教授所言："我国学者难于同迈斯纳沟通，大概很大程度上是由于我们不太了解迈斯纳的学术思想，没有能从方法论的角度来认识迈斯纳的学术观点，这就使得对迈斯纳的商榷流于简单化，没有真正抓住实质。"[1]本文不打算对这些复杂的论辩过程做出评判，只是希望通过迈斯纳提供的独特视角，来理解毛泽东以及他的那个时代，并通过这些历史和思想遗产的思考，探寻它对我们所具有的启迪和意义。

---

[*] 本文为国家社科基金2014年度项目"《中国季刊》视角下的海外中共党史研究"（14BDJ061）、北京市2013年度社科规划项目"当代海外北京研究的政治学视角"（13KDB004）阶段性成果，并获北京外国语大学世界亚洲研究信息中心资助。

[1] 侯且岸：《当代美国的"显学"——美国现代中国学研究》，北京：人民出版社，1995年，第173-174页。

一、毛泽东主义中的"乌托邦"观念

在国外对毛泽东思想和中国社会主义道路的研究中,"乌托邦"是一个较常使用的分析概念。迈斯纳在其代表作《马克思主义、毛泽东主义与乌托邦主义》一书中,用了较大的篇幅探讨毛泽东晚年的失误同他在社会主义问题上的乌托邦观念的关系。他认为,"作为马克思主义的中国形态,毛泽东主义是继承并在某些方面改造了马克思主义对未来共产主义乌托邦的积极的幻想,同时又是带有马克思和恩格斯轻蔑地称之为乌托邦的许多特征的一种学说"[1]。迈斯纳最核心的观点是,毛泽东试图在一个经济落后的国家建设社会主义,其社会目标是马克思主义的,但达到这一目标的方式既不是马克思主义也不是列宁主义的,而是乌托邦主义,在实际工作中形成了具有空想色彩的乌托邦观念。这些观念主要包括:

第一,"毛泽东主义"具有某些不同于正统马克思主义的乌托邦观点。例如,毛泽东主义并不认为经济落后是实现社会主义目标的障碍,反而认为它可以成为建设社会主义的一种优越性。正因为这样,毛泽东才宣称,中国革命的特点或优点是"一穷二白",处于前工业社会的中国正在为全球社会主义和共产主义的未来开辟道路。迈斯纳认为,"毛泽东主义对于那些与现代经济发展有关的组织和制度都很讨厌,这一点与19世纪的乌托邦社会主义思想也有相似之处。对专业分工的偏见、对于政治和经济的大规模集中化组织形式的反感、对所有官僚主义现象的坚决反对态度、对正规教育的不信任","总之,在以下三个重大问题上(一般认为这是区分马克思主义与乌托邦社会主义的分水岭),毛泽东都明显的倾向于乌托邦社会主义。第一,毛泽东主义反对马克思主义的这一前提:现代工业资本主义是历史发展过程中的一个必要的和进步性的阶段,它是社会主义制度的先决条件。第二,毛泽东主义否认马克思主义关于工业无产阶级是社会主义未来的承担者这一观点。第三,马克思主义坚信历史的客观规律性,而毛泽东则用唯意志论的观点取而代之,他认为人们的思想意识和道德潜力是社会历史发展的决定因素"[2]。

第二,"毛泽东主义"具有排斥资本主义的乌托邦倾向。迈斯纳认为,当代马克思主义思想体系中出现了一些类似乌托邦的观点,产生这一现象的关键是如何看待现代资本主义。从中国资本主义的起源看,它不具有内发性,主要是由于帝国主义的入侵被迫卷入的。因此,"毛泽东主义的论述一般倾向于把资本主义和帝国主义相提并论,并把他们都看成是外来的入侵势力,从而试图从其他地方寻找改造中国社会的社会主义道

---

[1] [美]莫里斯·迈斯纳著,张宁、陈铭康等译:《马克思主义、毛泽东主义与乌托邦主义》,北京:中国人民大学出版社,2005年,第11页。
[2] [美]莫里斯·迈斯纳著,张宁、陈铭康等译:《马克思主义、毛泽东主义与乌托邦主义》,北京:中国人民大学出版社,2005年,第58页。

路"。由于毛泽东对资本主义的排斥，必然导致"毛泽东总是倾向于在那些最少受到资本主义影响的社会领域中寻找社会主义的源泉"[1]。

第三，"毛泽东主义"把苦行价值观作为实现乌托邦的精神追求。迈斯纳认为，毛泽东认识到经济发展和社会主义生产关系的存在并不能自动保证共产主义一定到来，所以他反复强调，只有自觉地追求马克思主义的目标，完善共产主义社会的萌芽，普及正确的社会价值观并在普及过程中使之内在化，并创造共产主义社会的物质前提，共产主义才会实现。因此，毛泽东在社会历史观上更多的强调意识的作用，"在毛泽东的思想中，更多的是对理想的追求，没有多少目的论。毛泽东的共产主义必定实现的信念，并不建立在对客观历史规律作用的坚定信心上，而是以建立共产主义为物质前提的同时，相信群众的革命能动性和他们具有自觉追求并实施共产主义目标的决心"[2]。这样，毛泽东把努力工作、英勇奋斗、不怕牺牲的价值观作为实现乌托邦主义的精神动力，通过践行"又红又专"的苦行价值观，从而实现社会主义的未来。

那么，如何理解迈斯纳所认为的毛泽东主义的乌托邦观念呢？由于历史认知和思想方式的原因，近代以来中国人一般是在贬义的意义上使用乌托邦这一概念，在大多数人的观念中，"乌托邦"意味着"空想""不现实"，甚至等同于"政治幻觉"。但在西方政治学的专业话语内部，"乌托邦"一词既可以用来指人类希望的顶峰，又可以用来指人类愚蠢的顶峰。在道德上，它或许是"福地乐土"，而在历史上，它却可能是"乌有之乡"。秉承西方政治哲学传统，无论是从柏拉图的"理想国"还是到康德的"道德世界"，"其实都在某种人性有限的假设下，把最纯粹的期望寄托于理想层次的乌托邦，而把失去乌托邦导引的世俗生活看成是行于昏昧之中的堕落"[3]。批判精神是乌托邦的核心，它蕴含着人类无限思想张力的独特内涵。如果说，乌托邦是一个使人沉思而不是使人行动的超历史的范型，它不是对未来明确的强制性规定，那么，乌托邦所内涵着的现实道德批判的准则，就是向美好的未来表达一份充满信心的不灭祈望。如果从这个意义上看，显然，迈斯纳绝非单纯在理论上研究毛泽东构建乌托邦的抱负，而是充满了对这项事业所带有的意义感和历史价值的赞赏和向往："毛泽东主义的时代将作为伟大的乌托邦插曲之一记载在世界历史上，试图理解马克思主义在现在世界的命运和乌托邦作用的人们，不管其政治信仰如何，都将继续关心毛泽东的历史。""如果说毛泽东主义没有在中国创造出一个真正的社会主义社会，那么它确实造成了一个持久动荡的革命

---

[1] ［美］莫里斯·迈斯纳著，张宁、陈铭康等译：《马克思主义、毛泽东主义与乌托邦主义》，北京：中国人民大学出版社，2005年，第56-57页。
[2] ［美］莫里斯·迈斯纳著，张宁、陈铭康等译：《马克思主义、毛泽东主义与乌托邦主义》，北京：中国人民大学出版社，2005年，第117页。
[3] 萧延中：《美国学者视角下的毛泽东思想——马克思主义、毛泽东主义与乌托邦主义读后》，载《毛泽东邓小平理论研究》2004年第4期。

形势，为达到（或至少是追求）马克思主义的社会主义目标提供了可能性。如果马克思要改变世界而不是简单地解释世界的指令是衡量一个革命的马克思主义者的标准的话，那么，与列宁主义者相比，毛泽东最后或许可以被认定是一个更好的马克思主义者。"[1]

同时，迈斯纳对毛泽东主义的乌托邦思想的积极意义也是高度赞扬的。他认为，"毛泽东的空想对于马克思主义的主要遗产改造为在现代中国历史环境中切合革命需要的学说，这是必不可少的"。毛泽东思想中创造性的东西来源于他的乌托邦思想启发，"在革命胜利后人民共和国的历史中，很多独特的东西之所以形成，同1949年之后毛泽东思想有着千丝万缕的联系"，"毛泽东主义的乌托邦思想不是舶来的思想珍玩，而是一种与现代和当代中国的社会政治历史紧密相关的历史现象"。[2]"我们的时代，是共产主义国家和资本主义国家同样经历着可怜的目标贫乏和令人震惊的缺少幻想的时代……毛泽东主义的乌托邦思想的烙印可能不再和政治有任何关联，但它确实具有历史上的意义，它的意义应当用历史上的和从人的角度能理解的语言来领会。"[3]

二、毛泽东主义中的"民粹主义"倾向

"民粹主义"是迈斯纳探究中国社会主义发展道路时常用的另一个分析术语。他认为毛泽东的思想中具有民粹主义倾向，并试图通过此一特殊的视角来理解中国革命和社会主义建设，尤其是"大跃进"和"文化大革命"中发生的种种现象。他的主要观点是，在毛泽东主义对马克思列宁主义的阐述中，大多数有特色的东西实质上可以归结为民粹主义式的信仰和冲动，马克思列宁主义的影响从未完全压倒中国的民粹主义论调，民粹主义的影响是毛泽东主义一个不可缺少的组成部分。

迈斯纳认为，在试图弄懂毛泽东主义与马克思列宁主义传统之间的关系时，单纯地依靠注释式地考察中国共产主义者论述马克思列宁主义和党的作用的著作，把它们同早先的列宁主义者和马克思主义者的著作加以比较，是十分不够的。而跳出正统的意识形态领域之外，用更广阔的理性和历史的观点来探讨毛泽东主义，可能更为有益。例如，19世纪俄国的民粹主义思想，就是一种有启发性的观点。探索毛泽东主义和列宁主义之间的联系，与其只把毛泽东和他的马克思主义前辈做比较，不如通过把毛泽东主义思想内包含的成分，与某些在"前列宁主义"革命运动中已明确表明的普遍观点和问题联系

---

[1] [美]莫里斯·迈斯纳著，张宁、陈铭康等译：《马克思主义、毛泽东主义与乌托邦主义》，北京：中国人民大学出版社，2005年，第4页。
[2] [美]莫里斯·迈斯纳著，张宁、陈铭康等译：《马克思主义、毛泽东主义与乌托邦主义》，北京：中国人民大学出版社，2005年，第3页。
[3] [美]莫里斯·迈斯纳著，张宁、陈铭康等译：《马克思主义、毛泽东主义与乌托邦主义》，北京：中国人民大学出版社，2005年，第2-3页。

起来。[1]尽管迈斯纳将毛泽东主义和俄国民粹主义做比较,但他并不认为毛泽东或毛泽东主义者受到俄国民粹主义思想的影响。他认为,毛泽东不像列宁,没有读过赫尔岑(Herzen)或车尔尼雪夫斯基(Chernyshevsky)的著作。在毛泽东主义的历史中,也没有任何东西可与占据了列宁早期革命生涯那样多的、长时间的反民粹主义论战相比。确切地说,讲毛泽东主义和民粹主义的关系,是就"它们某些独自显露出来的、相似的革命思想方法和具有某些共同的问题和困境而言的"。[2]

正统的俄国民粹主义是19世纪初西欧空想社会主义思想传统的理性派生物,一般指大约在1850到1880年之间,即在民粹主义蜕变为革命恐怖主义(revolutionary terrorism)和马克思主义在俄国知识分子中间发生广泛影响之前的那段时期的运动。民粹主义者以"人民"的代言人登场,"人民"实质上被解释成广大农民群众,他们被称为资本主义掠夺的主要受害者。民粹主义者设想,一个社会的社会主义改组,是广大农民群众天生的愿望和革命能量释放的十分自然的结果。民粹主义者对于"前资本主义"的农民社会主义潜力的这种信赖,是与对现代资本主义经济力量侵入的担心紧紧结合在一起的。资本主义经济力量有逐渐破坏这些大概是天生的社会主义愿望并摧毁传统的乡村村社(village mir)的危险,而在现代社会重建社会主义,村社正是做重建基础之用的理想化的集体社会组织。[3]与马克思主义者不同,对民粹主义者来说,不是资本主义,而是前资本主义的农业社会,才具有发展成为社会主义的可能。因此,民粹主义者认为,有必要越过资本主义,直接进入社会主义。

民粹主义信仰的中心论点是,国家和官僚机构是一种内在的邪恶现象;国家应被视为一种异己力量,它在社会里产生了"违反人道"的阶级区分,阻碍人类真正团结一致。民粹主义者不信任一切大规模的,不管是政治的还是经济的组织。在他们幻想的无官僚政治的未来社会主义中,他们期待着依靠现代产业内部有组织的结合和按照传统的农民公社的原则,造成一个"生活和劳动"的联合体。[4]与这种深切的反官僚政治倾向紧密相关的是某种对知识和职业专门化的普遍敌视,从而也在一定程度上敌视正规的高等教育。虽然他们本人是知识分子,并且多数是受过高等教育的,但这些民粹主义者却表达了对知识分子和专家的不信任。

民粹主义还有两个重要特征:一是强烈的反都市偏见,这种偏见把现代城市描述为

---

[1] Maurice Meisner, "Leninism and Maoism: Some Populist Perspectives on Marxism-Leninism in China", *The China Quarterly*, No. 45 (1971), p. 3.

[2] Maurice Meisner, "Leninism and Maoism: Some Populist Perspectives on Marxism-Leninism in China", *The China Quarterly*, No. 45 (1971), p.4.

[3] Maurice Meisner, "Leninism and Maoism: Some Populist Perspectives on Marxism-Leninism in China", *The China Quarterly*, No. 45 (1971), p.4-5.

[4] Maurice Meisner, "Leninism and Maoism: Some Populist Perspectives on Marxism-Leninism in China", *The China Quarterly*, No. 45 (1971), p.6.

不啻是在西方资本主义贪污腐败、丧失人性影响下的外来创造物；二是充满崇高的自我牺牲精神，这种精神在19世纪70年代"到民间去"的运动中获得了最高尚的表达方式，当时年轻的俄国民粹派知识分子确曾离开城市，尝试和农民群众"结合"。[1]

迈斯纳认为，如果从俄国民粹主义的视角考察毛泽东主义，毛主义思想的很多方面与传统俄国民粹主义所认定的那些信仰和矛盾之间具有密切关系。就一般意义而言，毛泽东主义中的"民粹主义"倾向，是在一种视"人民"为有组织的整体并赞美他们自发的革命行动和集体潜力的强烈倾向中表现出来的。[2]毛泽东主义虽然是一种要求进行阶级分析和不断进行"阶级斗争"的学说，但它也设想过中国人民，或至少是绝大多数中国人民，作为一个潜在统一的"无产阶级"的存在。毛泽东主义非常著名的"相信群众"的观点，实质上表达的是对中国人民的绝大多数、中国共产主义革命的主角——农民群众的信任。虽然毛泽东在农村成功的革命经验有助于加强他的思想和行动的农村方向，但在农民证明自身的革命价值很久之前，毛泽东就很自然地为他们所吸引了。对"生活与劳动结合"的农村理想和"生活朴素"及"劳动努力"的农村传统的深情眷恋，在毛泽东半个世纪以来的思想和行动中由隐约变得清晰了。

迈斯纳认为，毛泽东把农村和农民群众作为革命创造力源泉的倾向，十分自然地使他感到城市地区是社会和思想污浊之源。对城市的这种敌意当然与中国近现代革命的客观条件有很大关系。当中国共产主义革命以农村为基础，进而把农民当作"革命人民"进行颂扬时，中国的城市仍然是"传统儒家制度、西方帝国主义者……和国民党的正式的和象征性的堡垒"。[3]从农村的革命力量包围并最终压倒不革命的城市这种形势中取得的经验，无疑使毛泽东更坚定了他在《湖南农民运动考察报告》中显露出来的反城市倾向，特别是他对城市知识分子的藐视和对城市无产阶级革命能力的怀疑。[4]

在革命后的年代，毛泽东主义中那些倾向农民的思想仍居于支配地位。对农民的革命长处，毛泽东始终津津乐道，同时对正在迅速成长的中国城市工人阶级的政治作用，他继续明显地保持沉默。实际上，城里人反而被下放到农村以变得"无产阶级化"，并向农民学习诸如奋斗、勤劳、朴素等"无产阶级美德"。至少从"大跃进"以来，毛泽东主义的经济政策更多地是注重农村的工业化，而没有注重潜藏着"修正主义"的城市的工业发展。此外，若将中国革命的经验放到世界范围内去考虑，按照毛泽东主义独特

---

[1] Maurice Meisner, "Leninism and Maoism: Some Populist Perspectives on Marxism-Leninism in China", *The China Quarterly*, No. 45 (1971), p.6.
[2] Maurice Meisner, "Leninism and Maoism: Some Populist Perspectives on Marxism-Leninism in China", *The China Quarterly*, No. 45 (1971), p.19.
[3] Rhoads Murphey, "Man and Nature in China", Modern Asian Studies, Vol. I, No. 4, October 1967), pp. 325-326.
[4] Maurice Meisner, "Leninism and Maoism: Some Populist Perspectives on Marxism-Leninism in China", *The China Quarterly*, No. 45 (1971), p. 21.

的世界革命的观点来看，亚洲、非洲和拉丁美洲落后国家是"革命的农村"，它们最终将包围并压倒经济上先进但是反动的欧洲和北美"城市"。毛泽东那个最不寻常的"无产阶级文化大革命"，其矛头主要就是指向新兴的城市精英、文化和科技知识分子，特别是以城市为基础的党的官僚主义者。正如施拉姆所言："'文化大革命'在很大程度上是一场农村反对城市、农民反对工人的运动。"[1]

迈斯纳认为，毛泽东曾提出中国由于历史传统的影响，革命相对来说没有什么负担。这一点更像俄国的民粹主义者，他们认为俄国是一个没有历史传统（或至少是西方式的历史传统）的国家，因而比其他国家更潜藏着革命性。毛泽东宣告中国是"一张白纸"，他在"空白"中发现了中国特有的作为革命创造力的条件，并在其中看到了未来社会主义的伟大希望。[2]

迈斯纳还注意到毛泽东主义的其他几个方面，认为它们与民粹主义相比具有更大的相似性。这些方面是：他对官僚主义和官僚们深怀敌意；一般不信任大型组织（无论是政治的还是经济的）；他强调地方自给自足和自力更生；他极端厌恶专业化（和一切有分裂"人民"危险的事）；他长期对知识分子深怀敌意；他的"思想"中浸透着他大半生特有的英勇革命、自我牺牲的浪漫色彩。

迈斯纳用这样的标准去对照毛泽东的思想、言论和行动，认为"毛泽东主义"中确实存在着民粹主义倾向。但是，对于迈斯纳将"民粹主义"作为毛泽东思想的一个重要特征的观点，却经常性地引起中国读者的误解，因为在我们的认识常识中，"民粹主义"是受到过列宁批判的错误思潮。由于这个原因，从20世纪90年代起，当有学者使用这一概念评价毛泽东时，在中国学术界曾引发了长时间的学术论争。[3]

正如有学者指出，迈斯纳作为美国中国问题研究中倾向于马克思主义的左翼代表人物，是站在"纯粹马克思主义"的基础上，自成体系地解释毛泽东农民观的有限的西方学者之一。[4]也就是说，他的信仰基础不是别的，正是他自己所理解的马克思理论本身。以其自己所理解的马克思主义去评价"毛主义"，是迈斯纳毛泽东研究最重要的特色。用"民粹主义倾向"来概括和解释毛泽东本人思想的特征，本身并不具有纯粹的贬意，也不含对毛泽东及其思想态度上的不敬。另外，就"民粹主义"（populism）一词的本意而言，它本身也不完全具有贬义。作为一个政治词汇，根据不同的语境可以有多种译法，除译为"民粹主义"外，还可译为"平民主义""大众主义""民众主义""民本

---

[1] Stuart Schram, *Mao Tse-tung*. New York: Praeger 1966, p. 318.
[2] Maurice Meisner, "Leninism and Maoism: Some Populist Perspectives on Marxism-Leninism in China", *The China Quarterly*, No. 45（1971）, p. 24.
[3] 蒲国良：《国内学术界关于毛泽东有否民粹主义色彩的论争述评》，载《中共南京市委党校南京市行政学院学报》2007年第2期.
[4] 韩洪洪：《关于西方毛泽东研究中两个学术概念的辨析》，载《湖南科技大学学报（社会科学版）》2008年第6期.

主义"等等,其基本语义是"眼睛向下",更加关注社会下层在政治生活中的地位和作用,其对应词是"精英主义"和"贵族主义"。当把19世纪俄国"民粹主义"思想体系的分析方式和话语路径直接引用到现代中国历史情境中,需要学术界进一步细致地探讨。我们不能一见"民粹主义"的概念,就自然而然地与贬义相联系,而应当把它看成一个规范的政治思想史"难题"和重要的思想流派而加以审慎深入的研究。[1]

三、后毛泽东时代的社会主义发展

后毛泽东时代,也就是所谓的邓小平时代。迈斯纳将邓小平时代置于马克思主义的体系中进行研究,认为邓小平时代与毛泽东时代具有内在的历史连续性和逻辑结构上的相似性,邓小平继承了毛泽东时代的一笔巨大而复杂的遗产,后毛泽东时代的许多思想观念以及实际做法表现出与毛泽东时代的相同之处。例如,后毛泽东时代的中国仍然是社会主义体制,仍然是马列主义政党统治着的国家,仍然将中国现代化的建设放在政治日程的重要位置上,也面对在一个相对落后的国家发展社会主义的手段同其目的之间的矛盾问题,等等。

但是,迈斯纳断言,随着时代的发展,毛泽东主义的某些方法和习惯已经越来越不适合当代中国的情况。邓小平的理论和政策同中国"文化大革命"时期的思想、理论及毛泽东晚年对社会主义的认识有很大的区别。毛泽东逝世后,中国社会出现了社会经济非政治化、政治生活非激进化的形势,与这种情况同时出现的是"一种新版的马克思主义理论",这种理论实际上已消除了所有空想和偏见的成分,是"更加正统的马列主义理论"。[2]也正因如此,这种新版的马克思主义理论与毛泽东主义出现了诸多差异,主要体现在以下方面。

第一,在社会主义发展规律方面,新理论强调经济决定论及客观发展规律。迈斯纳认为:"毛泽东以后时代中国马克思主义最显著、最普遍的特点之一就是开始信奉历史及经济发展的客观规律。毛泽东在世时,毛泽东主义是以唯意志论为特点的,它相信用正确的思想和觉悟武装起来的人民能克服物质障碍,按自己的理想和愿望改造社会。现在,中国的马克思主义理论家的代表性观点,则是把社会历史的发展看成一种不以人的意志为转移的客观发展规律,对待它应和对待自然界的发展规律一样。"[3]

第二,在社会主义发展方式方面,新理论认为社会主义是以缓和、和谐的方式进行

---

[1] 萧延中:《美国学者视角下的毛泽东思想——马克思主义、毛泽东主义与乌托邦主义读后》,载《毛泽东邓小平理论研究》2004年第4期。
[2] [美]莫里斯·迈斯纳著,张宁、陈铭康等译:《马克思主义、毛泽东主义与乌托邦主义》,北京:中国人民大学出版社,2005年,第199页。
[3] [美]莫里斯·迈斯纳著,张宁、陈铭康等译:《马克思主义、毛泽东主义与乌托邦主义》,北京:中国人民大学出版社,2005年,第199页。

的。迈斯纳指出，毛泽东主义将社会主义的发展过程看作是"连续不断地同过去进行彻底的革命决裂，对现实进行实质性的改造，并在他所设想的一个接着一个的不断的革命中尽可能迅速地实现社会主义和人民群众觉悟的改造"，强调社会矛盾和阶级斗争存在的长期性，并将其看作是社会历史发展的必不可少的动力。与此相反，新的理论将社会发展"看作是由低级到高级的逐渐的和缓和的发展过程，它的每一个阶段都反映着生产力的发展水平"[1]，认为历史发展的动力是经济发展而非阶级斗争，社会主义改造完成后，中国社会的主要矛盾发生变化，主要任务就是发展经济建设，提高生产力，而其他非主要矛盾都将随着生产力的发展，以和平的方式逐渐得到解决，因此社会发展是和谐地进行的。

第三，在社会主义发展政策方面，新理论强调实行改革开放政策，调整经济结构，提高人们的物质生活水平。迈斯纳称邓小平为"实践派"和"改革派"。改革派将市场机制看作解决"计划经济"体制中存在问题的途径，用市场关系模式对城市工业经济部门进行改造。此外，对外实行"开放"政策，重新打开中国的大门以吸引外国投资者。而在农村，"生产责任制"被作为新的农村经济政策推广，集体劳动被个体农民的生产所取代，国家大幅提高粮食收购价格，并颁布了鼓励发展农村市场和专业户的政策，"无论以什么标准来衡量，新的农村经济政策所产生的经济结果都是十分显著的"。[2]

对于中国新时期取得的许多积极成就，迈斯纳坦率地表示，"毫无疑问，在人民共和国的历史上，邓小平时代将是一个最成功地创造了经济发展纪录的时代"。[3]但是，他在对后毛泽东时代可能产生的问题做了冷静而深刻的思考后认为，"只要粗略地看一下毛泽东之后中国的经济政策及思想倾向就能发觉，毛泽东所提倡的平均主义几乎完全被否定了；取而代之的政策……显然会带来更大的社会不平等。日益扩大的工资差别，重新强调物质奖励，计件工资，奖金等，无疑扩大城市工人的经济差别。在工厂里，强调管理人员及技术人员的权力，从资本主义国家引进管理方法，严格'劳动纪律'，这些都可能拉大管理人员与工人的差距。由于重新把知识分子看成'工人阶级的一部分'，他们的工资、地位都提高了，这也许能带来短期的经济利益，但从长远来看，它必将促进官僚、知识分子同工人、农民大众之间的分化，并使他们之间的差距越来越大"[4]。

更让迈斯纳忧虑的是，随着市场化改革的发展，未来中国社会主义将会面临共产

---

[1] ［美］莫里斯·迈斯纳著，张宁、陈铭康等译：《马克思主义、毛泽东主义与乌托邦主义》，北京：中国人民大学出版社，2005年，第208页。
[2] ［美］莫里斯·迈斯纳著，杜蒲、李玉玲译：《毛泽东的中国及后毛泽东的中国》，成都：四川人民出版社，1989年，第587页。
[3] ［美］莫里斯·迈斯纳著，杜蒲、李玉玲译：《毛泽东的中国及后毛泽东的中国》，成都：四川人民出版社，1989年，第588页。
[4] ［美］莫里斯·迈斯纳著，张宁、陈铭康等译：《马克思主义、毛泽东主义与乌托邦主义》，北京：中国人民大学出版社，2005年，第212页。

主义理想弱化甚至缺失等问题。迈斯纳指出，"在人民共和国早先的几十年间，那时中国还很贫困，物质匮乏成为其追求社会主义的前提条件，未来共产主义乌托邦的各种景象还具有强大的生命力。今天，当中国从经济匮乏状况急速转变到一种相对富裕的境域时，未来社会主义社会的乌托邦景象则几乎被人们遗忘。正当社会主义的客观情景被逐渐现实化之时，建立一个社会主义社会的主观意志则有所消解"。[1]迈斯纳担心，"发展经济的手段变得越来越像最终目的了"，[2]社会主义目标则被推延到更为遥远的未来，"社会主义"实际上已等同于现代化和生产力的高速发展。"如果社会主义的目的是要发展生产力，那么，社会主义同资本主义的区别又表现在何处呢？中国现今的政治、思想领导人相信他们正在朝社会主义和共产主义方向迈进，我们没有理由怀疑他们对此信念的真诚。但有人会问，他们所采取的方法和他们宣称所要达到的目标是否一致呢？"[3]他忧心忡忡地分析说："当马克思主义被简化成一种实现现代化的思想时，当其理论实质被'实事求是'这一法则作了新的定义时，当社会主义本身实际上等同于现代经济发展时，理想主义被明显淡化也就在所难免了。"[4]

应该说，一个外国学者在20世纪80年代初就能对我国社会主义建设中可能产生的问题有这样深刻的预见是有相当见地的，对我们具有重要的警示意义：我们必须在社会主义理想与现实之间保持一种必要的张力关系，必须防止社会主义现代化建设越来越走向现代化的误区，防止现代化建设偏离社会主义方向，防止丧失社会主义的理想，尤其要预防和解决社会主义发展过程中产生的分配不公平、官僚主义化、教育的不公平等问题。

四、初步结论

在探索中国社会主义发展道路的过程中，迈斯纳提出了"乌托邦"和"民粹主义"问题。其出发点是，试图以"乌托邦"和"民粹主义"当作研究毛泽东思想的特殊角度，为深入探寻毛泽东思想与马克思列宁主义的内在联系提供参照系。迈斯纳的研究目的主要不是以它来从根本上否定毛泽东思想，割裂毛泽东思想与马克思列宁主义的联系。他的真正目的在于从方法论角度做出新的尝试，深入探究毛泽东思想与马克思列宁主义的联系和区别。[5]另外，还需要指出的是，迈斯纳提出"乌托邦"和"民粹主义"问

---

[1] ［美］莫里斯·迈斯纳著，张宁、陈铭康等译：《马克思主义、毛泽东主义与乌托邦主义》，北京：中国人民大学出版社，2005年，中文版序，第5页。

[2] ［美］莫里斯·迈斯纳著，张宁、陈铭康等译：《马克思主义、毛泽东主义与乌托邦主义》，北京：中国人民大学出版社，2005年，第213页。

[3] ［美］莫里斯·迈斯纳著，张宁、陈铭康等译：《马克思主义、毛泽东主义与乌托邦主义》，北京：中国人民大学出版社，2005年，第214页。

[4] ［美］莫里斯·迈斯纳著，张宁、陈铭康等译：《马克思主义、毛泽东主义与乌托邦主义》，北京：中国人民大学出版社，2005年，第216页。

[5] 侯且岸：《当代美国的"显学"——美国现代中国学研究》，北京：人民出版社，1995年，第172页。

题是在我国的"文化大革命"时期。对于迈斯纳等美国学者来说,"文化大革命"是一个马克思主义领域中的新问题,这引起了他们的好奇。但是,用马克思主义又很难解释中国的这场革命,这又引起了他们的困惑。因此,他们试图超越正常的思考范围来解决认识上的困惑。这种文化心理在美国中国学家身上是普遍存在的,而在迈斯纳身上表现得更为强烈。在这种心理的驱使下,他试图变换研究角度来研究马克思主义领域中产生的新问题。所以,他把"乌托邦"和"民粹主义"视为"文化大革命"出现的很多现象的思想渊源,例如"文化大革命"中的上山下乡问题、毛泽东对于青年人的特殊信任、相信和鼓励群众的自发性、反对官僚主义问题、企图绕过资本主义走向社会主义,等等。借助"乌托邦"和"民粹主义"的认识视角,可以理解这些问题。但是迈斯纳并没有把毛泽东思想与"乌托邦"和"民粹主义"完全画等号。[1]尽管迈斯纳的分析概念和研究范式遭到了许多人的批评和置疑,但不可否认的是,迈斯纳研究的课题是最为复杂的课题,他所关注的问题也是最为核心和重要的问题。不管他的方法论在一些中国学者看来有多么"怪异",但他的确为探索中国社会主义发展道路提供了许多有价值的启示。就算我们不能完全认同迈斯纳的解读,至少可以从他的分析中得到某些有益的思考和启示,以拓展我们的思维空间和理论视野。

(本文发表于《北京党史》2016年第3期)

---

[1] 侯且岸:《当代美国的"显学"——美国现代中国学研究》,北京:人民出版社,1995年,第174页。

斯图尔特·施拉姆关于中国革命中"乌托邦"思想根源的探析[*]

斯图尔特·施拉姆（Stuart R. Schram，1924—2012）是国际著名毛泽东研究专家，生于美国，长期在英国伦敦大学任教，退休后在美国哈佛大学费正清研究中心主持编纂英文版10卷本毛泽东著作集。[1]他借用西方"乌托邦"的分析范式，试图对中国革命和建设发展过程中取得的成就和走过的曲折道路进行探究，并力图寻找其根源。他将"乌托邦"区分为"可以实现的幻想"和"不现实的冥思苦想"，把毛泽东的晚年错误归结为"毛泽东的乌托邦主义"，把"大跃进"和"文化大革命"归结为"经济乌托邦"和"社会乌托邦"，并描绘了未来"现实主义乌托邦"的发展方向。尽管施拉姆的这种解释已超出了西方"乌托邦"的原意，他用"乌托邦"这样一个公式概括中国共产党十分复杂曲折的发展历程过于简单化，然而作为西方学者研究毛泽东思想和中共党史的一种

---

[*] 本文为国家社科基金2014年度项目"《中国季刊》视角下的海外中共党史研究"（14BDJ061）、北京市2013年度社科规划项目"当代海外北京研究的政治学视角"（13KDB004）阶段性成果。

[1] 斯图尔特·施拉姆（Stuart R. Schram），1924年生于美国，2012年7月22日去世，国际著名毛泽东研究专家和毛泽东著作翻译家。1954年获得哥伦比亚大学哲学博士学位。20世纪60年代在哈佛大学从事当代中国问题研究。1967年执教于英国伦敦大学。1968年至1972年任伦敦大学东方与非洲学院政治系教授，兼任该院现代中国研究所所长。1990年退休返回美国，应聘在哈佛大学费正清研究中心主持英文版10卷本毛泽东著作集《通向权力之路》的编纂工作。50多年来他以自己的学术成果、研究工作和影响力对推动西方毛泽东研究的发展产生了巨大作用。主要著作有《毛泽东的政治思想》（1963）、《毛泽东》（1966）、《未经修饰的毛泽东：谈话和书信集，1956—1971）》（1973）、《对毛泽东的初步重估》（1984）、《毛泽东的思想》（1989）等。国内学界自20世纪70年代末80年代初以来，对施拉姆的毛泽东研究持续关注，产生了一批研究成果。如廖盖隆的《关于毛泽东功过评价和社会主义高度民主：对施拉姆教授论毛泽东的几篇文章的评述》和《施拉姆在毛泽东研究方面的成果与不足》、武市红的《施拉姆对"文化大革命"的几点看法》、刘海明的《施拉姆在"报刊的苏联共产主义理论"论述中的误读》、邱观建和贾钢涛的《论施拉姆的毛泽东研究》等等，初步统计已达数十篇，直接反映了国内学者对施拉姆研究的内容和水平。2000年以后，又出现了一些专门以施拉姆"毛泽东研究"为研究对象的博士或硕士学位论文。如华东师大曹景文2002年博士论文《海外毛泽东研究之探讨：以施拉姆为例》、陕西师大祝俊峰2004年硕士论文《施拉姆研究毛泽东思想的方法评析》、山东大学路振华2010年硕士论文《施拉姆毛泽东思想研究之研究》、南京大学王朴2011年硕士论文《施拉姆毛泽东早期思想研究述评》等。经过国内学者和出版界的努力，施拉姆关于毛泽东研究的重要成果的译介既为国内毛泽东研究提供了新的学术参考，也为国内学术界开展国外毛泽东研究打下基础。

方法和视角,值得我们借鉴和深思。

一、中国革命中"乌托邦"思想的根源

在施拉姆看来,"乌托邦"一词具有模棱两可的含意,既可指尚未实现但在某种情况下可以实现的幻象,又可以指人类不能做到的冥思苦想。如果没有前一种意义上乌托邦的号召力,也就没有一个有效的政治运动,当然,也就没有一个革命政党能够得以生存。他希望探讨在中国共产党历史上的不同阶段中,第一种意义上的乌托邦主义如何被第二种意义上的乌托邦主义所吞噬。[1]

借用"乌托邦"这一公式,施拉姆认为中国共产党在某一时期内,如果不是生活在"乌托邦"之中,那么也是生活在即将实现乌托邦的期望之中,而后来终于抛弃了这些幻想。当然,这是指毛泽东在"大跃进"时期及"文化大革命"时期提出的乌托邦幻想,以及后来中国领导人对这两个运动的批判和否定。对于这两个引人注目的事件,他认为只有依据20世纪二三十年代中共领导人的"乌托邦"冲动,才能理解20世纪五六十年代中国社会主义"乌托邦"的演变。在考察中国共产党的历史时,必须回顾得更远些,并考察这个周期之前的周期。

如果从同治中兴到五四运动这一时期,与中国改革开放后的现代化和经济发展目标之间有连续性的话,那么1911年前后的历次革命运动与毛泽东领导下,特别是1927年以后展开的中国革命之间,是否有任何意义上的连续性呢?对于这个问题,美国加州大学的周锡瑞(Joseph Esherick)教授认为根本没有任何有效的连续性。因为20世纪初叶的革命家们,无论他们的动机多么美好,思想如何激进,他们首先还是城市的知识精英,而毛泽东却有意识地避开城市,去寻觅农民所固有的目标和价值。[2]但是,在施拉姆看来,周锡瑞的判断基本上是误入了歧途。首先,他忽视了从徐锡麟、秋瑾和陶成章直到孙中山的革命家们,通过秘密会社的中介,来动员农民努力的意义。更重要的是,周锡瑞的结论意味着毛泽东不是马克思主义者,他所领导的党不是马克思主义政党。这当然是完全错误的。在毛泽东一生的不同阶段中,他可能是也可能不是"好"的马克思主义者。但毫无疑问,他是以马克思主义者自命的。因此,他相信必须用"无产阶级"思想来指导中国革命,这种思想在某种意义上说,来自城市的工人阶级。[3]

---

[1] Stuart R. Schram, "To Utopia and Back: A Cycle in the History of the Chinese Communist Party", *The China Quarterly*, No. 87(1981), pp.407.原文曾由周先进译为中文,题名《乌托邦去来:中国共产党历史的一个周期》,载萧延中主编《外国学者评毛泽东》第四卷《"传说"的传说》,北京:中国工人出版社,1997年,第141-180页。对本文写作具有参考作用,特此致谢。

[2] Joseph Esherick, *Reform and Revolution in China: The 1911 Revolution in Hunan and Hubei*.Berkeley: University of California Press, 1976, pp. 256-59.

[3] Stuart R. Schram, "To Utopia and Back: A Cycle in the History of the Chinese Communist Party", *The China Quarterly*, No. 87(1981), pp.410.

对于共产党成立前夕的中国社会，施拉姆将其概括为"民族屈辱、社会不宁、思想混乱"三个方面。[1]一系列军事上的败仗，从鸦片战争直到义和团被镇压，导致日益严重的外国干涉和侵犯，结果"亡国灭种"就成为每个有觉悟的中国人所经常考虑的问题。尽管有群众性的排外运动和城市知识分子的一再抗议，然而还是看不到任何扭转形势的希望。其所以缺乏有效反抗的原因，主要归咎于社会、政治和经济方面的混乱。自从19世纪末叶以来，帝国崩溃了，无人再相信皇帝的旨意，然而议会民主还是不能生根，却又提不出任何可行的其他抉择。外国列强的影响由于致力于第一次世界大战而受到限制，在此期间中国工业有了引人注目的发展，然而到1921年时就结束了这个短暂的发展时期。在此期间，知识界对这些问题有了充分的反应，严复和改良派除了采用西方技术之外，还企图理解、吸收和利用西方思想的精髓，特别是通过翻译国外资料的途径，迅速传播了外界消息。但是，还没有产生有效的中西思想的综合。

1920至1921年冬，毛泽东写信给当时在法国的朋友蔡和森，把整个人类划分成十亿无产阶级与五亿"资本家"。他说，因为被压迫的人类的三分之二不想无限期地忍受这种残酷的命运，各国的激进共产党人就会变得日益强大，他们必须行动起来夺取政权。[2]对此，施拉姆认为，在许多亚非国家资本主义比中国更不发达的情况下，毛泽东的十亿"无产阶级"打算砸烂枷锁的想象，当然会被认为是"乌托邦"。但是，半年以后，1921年7月中国共产党第一次代表大会通过的路线更富于空想色彩。那条路线号召一个纯粹是工人阶级的革命，不掺杂其他阶级，而在当时中国却只有一百五十万产业工人。[3]

事实上，列宁在共产国际二大上已经制定了一条走出困境的道路。在1922年初，共产国际要求中国共产党人与"民族资产阶级"革命派搞"统一战线"。在国共合作的最后两年，即1925到1927年，由于斯大林在共产国际和苏联政府事务中日益起支配作用，这种合作形式也可以看作是斯大林的发明。

不过，在施拉姆看来，一方面，斯大林加给中国共产党人的策略走得太远了；另一方面，它又非常不够。斯大林认识到在中国不同的社会阶层之间，特别是无产阶级与资产阶级之间有共同的利害关系，因此应当联合。但实践中他又把国民党看成是中国革命的旗手。他认为，如果共产党人打出自己旗帜的话，农民只相信国民党，而不肯接受共产党人的领导。1927年以前，在对中国农民政治觉悟与革命潜力低估的情况下，斯大林设想中国革命的最后命运可以在少数几个城市中决定，正如法国革命的成败全在于巴

---

[1] Stuart R. Schram, "To Utopia and Back: A Cycle in the History of the Chinese Communist Party", *The China Quarterly*, No. 87（1981）, pp.410.

[2] Stuart R. Schram, "To Utopia and Back: A Cycle in the History of the Chinese Communist Party", *The China Quarterly*, No. 87（1981）, pp.412.

[3] Stuart R. Schram, "To Utopia and Back: A Cycle in the History of the Chinese Communist Party", *The China Quarterly*, No. 87（1981）, pp.412.

黎，而布尔什维克夺取政权则在于莫斯科与彼得格勒。对于斯大林的这种认识，施拉姆认为无疑也可以被看成是一种"乌托邦"。

在探讨中国革命中的"乌托邦主义"的社会思想根源时，施拉姆强调必须考虑"农村包围城市"总战略的含意，它是在1927年以后一点一滴形成的。井冈山的斗争，是毛泽东农村冒险生涯的第一阶段。在井冈山时期，党内尤其是红军内部新成员中大多数并不是严格意义上的农民，更不是工人，而是游民或者社会的摈弃者。毛泽东在教育和改造了他们之后，就把这些人编入了红军。

人们可以假设，毛泽东补充这些游民成分加入无产阶级军队，主要是反映了他一直怀有的对被社会摈弃者的同情。但施拉姆认为，毛泽东之所以跟他们结盟，并不是容忍和宽厚的举动，而毋宁说是必要的妥协，因为没有他们，红军很可能就不能生存。毛泽东在1928年11月25日给中央委员会的报告中，颇有点申辩似地指出：一方面并不像湖南省委所说的那样，他的士兵全部都是游民，但他们在红军中确实占据很大数量。当毛泽东这样说时，他自己也就暗示出这种困境。他断言：出路就在于加强政治训练，以便使这些成分有本质上的改变。[1]

施拉姆从这件事中得出结论，"毛泽东相信能从根本上改造任何人，使其成为无产阶级的先锋队"。[2]施拉姆认为，这一事例在探索毛泽东的乌托邦幻想根源上具有根本性意义：他从感情上或本能的感觉上认为革命一定是可能的，因为人类的三分之二被剥削；他从实用主义的政治判断，即根据中国的主导条件，认为农民可以在实质上代替工人阶级做革命斗争的先锋；除此之外，还要加上一条哲学或心理学的认识，即客观现实可以被人们深刻的主观变化所改动。[3]

那么，这些"乌托邦幻想"只是反映了毛泽东个人的追求，还是在中国共产党、甚至中国社会中本来就有这种内在的因素呢？施拉姆认为，在有关"乌托邦主义"问题上，过分依赖农民可能会被认为是异端，但却不能被认为是乌托邦，因为实践证明它行之有效。再者，如果梦想用"农村包围城市"的过程来战胜国民党，那可以算是第一种乌托邦主义，它可以被当成行动的指南。毛泽东比他的大多数战友们更全心全意地坚持这条农村道路，而且屡次提出证明其正确性的论据，从这一点上看，可以把他当成中国共产党的主要代言人，他有力地表达了这一主导思想。

由于"毛泽东思想"不是"一个人"的创造，而是全党"集体智慧的结晶"，施拉

---

[1] Stuart R. Schram, "To Utopia and Back: A Cycle in the History of the Chinese Communist Party", *The China Quarterly*, No. 87（1981），pp.414. 为此结论，他还曾受到别人的批评。

[2] Stuart R. Schram, "To Utopia and Back: A Cycle in the History of the Chinese Communist Party", *The China Quarterly*, No. 87（1981），pp.414.

[3] Stuart R. Schram, "To Utopia and Back: A Cycle in the History of the Chinese Communist Party", *The China Quarterly*, No. 87（1981），pp.415.

姆发现,正是刘少奇最有系统地论证了中国共产党的"无产阶级"性,尽管它活动在农村环境之中。施拉姆将刘少奇在七大上关于党的性质的论述概括为四点:(1)中国共产党是在20世纪20年代伟大的工人运动的基础上产生的;(2)即使在农村斗争的年代里,党实质上仍有不少从工人运动中产生的干部;(3)虽然党员的绝大多数不是工人,而是农民、知识分子和其他小资产阶级分子,但他们受到了彻底的思想教育,改变了原来小资产阶级的本质,具有无产阶级先进战士的性质;(4)根据中国工人运动在城市中受压迫的情况,革命的当前任务是解放农民,只有派遣先锋队到农村去,中国共产党才能代表中国的工人阶级,执行中国工人阶级在目前时期的任务。[1]

这样,从一开始刘少奇就比毛泽东更有力地强调中国共产党与城市工人阶级之间的有机联系,并以此作为党的合法性的来源。他总结说:"我们党员的社会出身不能决定我们党的性质",一个像中国共产党"经过这样产生、又经过这样锻炼与教育出来的党,与任何资本主义国度内的无产阶级政党比较,至少是毫无愧色的。"[2]尽管毛泽东与刘少奇在个性和观点上有许多差异,但其共同点之一是相信用教育的方法传授美德的可能性,这反映了中国人强调主观变化可能性的传统看法。

另外,施拉姆认为,中国共产党最终得以成功还依赖于武装斗争,这一点也助长了"乌托邦"的思想。毛泽东塑造了一个"自觉的能动性":一支有高明、足智多谋指挥官的军队,它的士兵们又准备死战,能打败一支强大许多倍的敌军,而红军多年来就曾一再这样表现过。在这个意义上,毛泽东对战争中主观因素的信仰等于是一种现实主义的"乌托邦",这种"乌托邦主义"起到了最后战胜国民党的作用。[3]但同样的乌托邦主义在经济发展上却不一定适用。因此,在"大跃进"时期,中国共产党"向大自然宣战",并想用同样的无视客观实际的办法,结果是另一种性质的乌托邦主义了。

二、经济"乌托邦主义"

在1958年之前,中国共产党很大程度上是在"模仿苏联",这无疑是因为面对建立行政系统和建设社会主义经济的紧迫任务,不得不被迫采用现成的办法。但是,施拉姆的问题是,在选择追随苏联道路的时候,中国人是否抛弃了他们原有的"乌托邦主义"呢?他们是否只是把对乌托邦目标的追求暂时搁置起来?或者,他们是否认为苏联制度本身也就是乌托邦的一种形式呢?[4]

---

[1] Stuart R. Schram, "To Utopia and Back: A Cycle in the History of the Chinese Communist Party", *The China Quarterly*, No. 87 (1981), pp.417.

[2] 刘少奇:《论党》,北京:人民出版社,1980年,第181页。

[3] Stuart R. Schram, "To Utopia and Back: A Cycle in the History of the Chinese Communist Party", *The China Quarterly*, No. 87 (1981), pp.418.

[4] Stuart R. Schram, "To Utopia and Back: A Cycle in the History of the Chinese Communist Party", *The China Quarterly*, No. 87 (1981), pp.419.

当然，从今天来看，苏联道路是死胡同，而不是什么"乌托邦"。然而对当时的中共来说，从历史发展水平来看，1953年第一个五年计划顺利实现，中国从一个落后的半封建半殖民地国家，在短短几年内变成世界社会主义阵营内的一个重要成员，象征着巨大的跃进。在此情况下，施拉姆认为，在社会主义发展道路上迈步，可以被看成是走向"乌托邦"的巨大步伐。然而，从另一种意义上来看，中共似乎把乌托邦扔到脑后了。因为，多少年来在极为不利的情况下生存下来，最终战胜了企图消灭它的敌人，这件事看起来简直就是最大胆的梦想。而那个梦想现在终于实现了。虽然毛泽东把1949年的胜利一再说成是"万里长征走完了第一步"，但剩下的路程似乎可以被看成只是移动左右脚的问题，只要走下去就行了。在20世纪50年代初，毛泽东既不愿意放弃革命事业的乌托邦色彩，而只搞建设社会主义的日常例行公事，又不能安下心来搞莫斯科模式的翻版。因此，在1949年，乌托邦主义并没有死掉或变质，它只是被搁置了一下，于是就在1958年再一次以新的惊人形式爆发出来。[1]

由于"大跃进"与"文化大革命"是毛泽东亲自倡导的两大激进主义高潮，如何理解二者间的联系与区别？一方面，二者之间显然具有连续性；另一方面，二者之间的差异性也同样重要。特别标志着两者差异的领域是领导方式，"大跃进"的口号是"党统率"，而"文化大革命"的第一个具体目标就是砸烂党组织。在两个运动的远大目标上，差异也是同等的尖锐。"大跃进"的乌托邦主义首先表现为争取前所未有的经济发展速度。而"文化大革命"的中心目标，则是战胜"私"字，以利于创造一代社会主义新人。

这两个运动都动员了群众的热诚与创造力，并将其视为变革过程中的主要动力。"大跃进"力图既提倡平均主义，又提倡经济发展速度。"文化大革命"则宣布，在"抓革命"时，还能够"促生产"。由于两者主要都是强调发展，施拉姆将其称为"经济乌托邦主义"与"社会乌托邦主义"。

由毛泽东拟制并在1958年1月末提交讨论的"大跃进"蓝图，主要集中于经济发展，甚至提出要实现现代化。它最核心的主题之一，是于1958年1月号召进行"技术革命"，数月后"人民公社"开始露面。公社从一开始出现就被认为是通向未来共产主义社会的"砖石"。1958年8月北戴河会议号召在全国建立公社，并断言：在这个基础上，在不多几年内就可以在农村实行全民所有制，并说共产主义已"不再是遥远将来的事情了"。同时，共产主义的"按需分配"原则，已经可以跟社会主义的"按劳分配"原则相结合，来产生一种过渡形式的报酬制度，而"资产阶级法权思想"可以逐渐加以取缔。当时的看法是，只有通过这种社会组织上的变化，这场"对大自然的战争"才能胜利地进

---

[1] Stuart R. Schram, "To Utopia and Back: A Cycle in the History of the Chinese Communist Party", *The China Quarterly*, No. 87（1981）, pp.420.

行。

毛泽东的倡议显然得到了大多数高层领导人的拥护，在党的八大二次会议上刘少奇曾对此雄辩地加以阐述："自从社会主义革命胜利以来，建设速度的问题，是社会主义革命胜利后摆在我们面前的最重要的问题。我们的革命就是为了最迅速地发展社会生产力……有些人说，提高建设速度，会使人们'过于紧张'，宁可慢一点好。但是，难道慢一点就不紧张么？要知道，六亿多人持很低的生活水平，不能有效地抵抗自然灾害，不能迅速地制止可能的外来侵略，完全处于不能掌握自己命运的被动地位，那才是一种可怕的紧张局面。为了摆脱那种局面，几万万人鼓起干劲，满怀信心地投入热烈的劳动和斗争中，这是我们应当双手欢迎的一种革命的常规。"[1]

此后，由吴江所写的一篇最早详细阐述"继续革命"理论的文章中，把这一点归结为："人们愈能在自己的社会关系上进行自觉革命，便愈能增强自己对自然界作战的能力，愈能像魔术似的自由呼唤潜藏着的生产力，使它从各处涌现出来，获得高度发展。""人们又不是客观的奴隶。只要人们的认识符合于事物发展的客观规律，就能充分地发挥人民群众的主观能动性，克服一切困难，创造必要的条件，去推动革命前进。在这个意义上，主观创造了客观。"[2]

众所周知，"大跃进"在实践中带来了严重后果。那么，为什么"大跃进"会迅速爆发？为什么1958年中央委员会的大多数成员被大跃进政策所吸引，而这种政策在速度和规模上都越出了中国当时的客观可能性？"大跃进"的革命浪漫主义幻想是否只是毛泽东个人的幻想整个地传达或强加给党了？还是这种乌托邦幻想本来就是中国社会所固有的？这就涉及"大跃进"政策的社会政治根源问题。施拉姆认为，毛泽东虽然是这些政策最热心的倡导者，但这却不仅是他一个人的想法。那些最极端的主张，既有经济发展方面的，也有实现共产主义方面的，乃是来自农村。在这里，"大跃进"是"农民乌托邦主义"的又一种表现。

在施拉姆看来，毛泽东自己对农民的态度跟他整个思想一样充满了矛盾。一方面，大家都熟知他对农民革命潜力的高度评价，他在这方面的判断已被22年农村斗争以后1949年的胜利所证实。他甚至在1955年12月宣称，中国农民甚至比英美工人还要更好。然而在1958年11月、1959年2月到3月的第一次和第二次郑州会议上，毛泽东却一再重申这样的观点，即农民到底是农民，在走向社会主义的道路上带有某种两重性。农民的美德是他们的革命性，他们的缺点是附带有自私和平均主义倾向。[3]

---

[1] 1958年5月27日《人民日报》。
[2] 吴江：《不断革命论者必须是彻底的辩证唯物论者》，载《哲学研究》1958年第8期，第25—28页。
[3] Stuart R. Schram, "To Utopia and Back: A Cycle in the History of the Chinese Communist Party", *The China Quarterly*, No. 87（1981）, pp.424-25.

总之，施拉姆认为，在中国农村固有乌托邦式的向往。两千年来，在农民思想中流行的原始集体主义思想，一直鼓动着农民叛乱。但是，在分析"大跃进"这个问题时，主要责任既不能推给农民，又不能推给基层干部。因为1958年关键性的"乌托邦"思想来自最高层，或被最高层所认可。1958年8月29日北戴河决议号召迅速转变到"社会主义全民所有制"（有些地方三四年，有些地方五六年），没有一个见解是来自农民的精神文化。1958年12月10日武昌决议提出，在建立人民公社问题上，城市慢于农村的理由之一是由于城市里"资产阶级思想"仍然占据相当的优势。这样一种情绪，即认为农村在精神上比城市优越，在政治上比城市更有朝气，这种情绪很值得农民分享，但通过这项决议的却不是农民。[1]因此，"大跃进"的"乌托邦主义"，虽然曾在农村兴旺过，并鼓励了地方干部和普通农民在社会主义热情上、在追求不可能的经济目标上互相竞赛，但在其根源上，却主要地不是农村现象。

三、社会"乌托邦主义"

毛泽东发动"文化大革命"的原因，是他认为到20世纪60年代初，不仅在苏联而且在中国都出现了"新阶级"。他用这个眼光来看待很多老同志，号召砸烂他们所操纵的整个党的机构。而用来对付"非无产阶级"倾向的武器，是来自基层群众或党外的"阶级斗争"。

毛泽东所倡导的"文化大革命"首先是城市的现象，农村并不是重点，这区别于"大跃进"。那么，"'文化大革命'""乌托邦主义"的实质到底是什么呢？施拉姆归纳为三点：（1）毛泽东认为整个人民不仅是善良的，而且会自动地追随并应用他的正确路线，特别是通过有系统、有规律地学习《毛主席语录》的方法，可以帮助他们使正确路线内在化；（2）毛泽东特别相信中国人民已被无私精神、延安传统的艰苦朴素精神所激励。因此，他号召实行精神刺激和政治刺激而不用物质刺激，号召组成一个由这样的男女组成的社会，其心理与动机将整个是社会主义的；（3）在经济发展方面，着重点全在于群众的创造性。"大跃进"时期，在"技术革命"的名义下，人民被动员起来，但主要还是靠科技人员；而在"文化大革命"时期，则宣称群众代替了专家。从南京长江大桥直到工农业技术上的小革新，总是宣布群众做到了工程师们做不到、而且还说过不可能的那些事情。[2]

无论这些幻象或向往是否应被看作"乌托邦"，贯彻执行的后果表明它们远远地

---

[1] Stuart R. Schram, "To Utopia and Back: A Cycle in the History of the Chinese Communist Party", *The China Quarterly*, No. 87（1981），pp.425.

[2] Stuart R. Schram, "To Utopia and Back: A Cycle in the History of the Chinese Communist Party", *The China Quarterly*, No. 87（1981），pp.427.

脱离了实际。对自发的政治团结的梦想导致红卫兵各派之间的血战，以及政治对手之间野蛮的仇斗。在艰苦朴素和平均主义的面具下，隐藏着可耻的行为。而强调群众智慧的重要性却导致对教育、科学和技术的灾难性大破坏，荒废了一整代年轻人的智慧资源。对此，施拉姆认为，在毛泽东一生最后20年内，中国共产党走上或断断续续地走上通向"乌托邦"的道路。[1]问题是，毛泽东提出的不现实的思想为什么会整个地被党和人民所接受？如何认识他作为乌托邦倡导者的作用？

党的十一届六中全会通过的《关于建国以来党的若干历史问题的决议》明确地说，毛泽东同志在胜利面前"滋长了骄傲自满情绪"，于是在1955到1965十年中"他的个人专断作风逐步损害党的民主集中制，个人崇拜现象逐步发展"。最后，在"文化大革命"的十年内，毛泽东的"'左'倾错误的个人领导实际上取代了党中央的集体领导，对毛泽东同志的个人崇拜被鼓吹到了狂热的程度"。总结毛泽东在"文化大革命"中的作用，《关于建国以来党的若干历史问题的决议》写道："他在犯严重错误的时候，还多次要求全党认真学习马克思、恩格斯、列宁的著作，还始终认为自己的理论和实践是马克思主义的，是为巩固无产阶级专政所必需的，这是他的悲剧所在。"[2]

那么，为什么毛泽东坚持把"左"的、"乌托邦"的过度行为跟正确的马克思主义原则混淆呢？为什么他在1955到1965年的十年内犯了"把阶级斗争扩大化和在经济建设上急躁冒进"两个根本性错误呢？为什么1966年他会在"左倾错误论点"的基础上发动并领导"文化大革命"呢？《关于建国以来党的若干历史问题的决议》提供的解释是："我们党过去长期处于战争和激烈阶级斗争的环境中，对于迅速到来的新生的社会主义社会和全国规模的社会主义建设事业，缺乏充分的思想准备和科学研究。……面对新条件下的阶级斗争，又习惯于沿用过去熟悉而这时已不能照搬的进行大规模急风暴雨式群众性斗争的旧方法和旧经验，从而导致阶级斗争的严重扩大化"。[3]

施拉姆赞同《关于建国以来党的若干历史问题的决议》的这种观点，认为毛泽东"军事浪漫主义"对建设社会主义方法具有重要影响。[4]但是，尽管毛泽东的思想中具有夺取政权所形成的难以磨灭的经验烙印，为什么党内其他人肯接受这些非正规的观点呢？施拉姆的分析是，从本质上说，他们是被群众、特别是农民群众对伟大领袖的崇敬所强制造成的。更广泛地说，是农民而不是地主阶级残余，才是今天"封建"思想的主

---

[1] Stuart R. Schram, "To Utopia and Back: A Cycle in the History of the Chinese Communist Party", *The China Quarterly*, No. 87（1981）, pp.432.

[2] 中共中央文献研究室：《关于建国以来党的若干历史问题的决议》注释本，北京：人民出版社，1983年6月内部出版，第34页。以下简称《决议》。

[3] 中共中央文献研究室：《关于建国以来党的若干历史问题的决议》注释本，北京：人民出版社，1983年6月内部出版，第37页。

[4] S. Schram, "The 'Military Deviation' of Mao Tse-tung", *Problems of Communism*, No. 1, 1964, pp. 49-56.

要抬棺人，并构成"文化大革命"十年"封建法西斯专政"的社会基础。[1]正如李大钊早在1926年，在论"红枪会"一文中所认为的，农民真正要求的是真主，或曰真统治者，换言之一个好皇帝，或一个新式的代理皇帝，他能够制服洋人，并建立农民所向往的和平与安宁。[2]

在20世纪下半叶，毛泽东主要关心的大体上正是对农民进行动员和思想改造。特别是他一生的最后十年，把"伟大的"传统跟"渺小的"传统加在一起，既挺身出来充当造反者又充当"真主"。但他显然背叛了自己的意识形态信仰，未能用这样的方式来教育人们，使他们感到救世主没有必要。不管其来源如何，施拉姆认为毛泽东晚年的统治不能被称为"乌托邦"，尽管它主要来源于简单化的、误入歧途的乌托邦思想。但是，在当代中国有没有一种广泛的理想和向往，能够称之为"乌托邦"呢？毫无疑问是有的，这就是"民主"和"现代化"。[3]

四、现实主义的"乌托邦"

从1978年开始，中国共产党一直企图在迷途的荒野中找出一条路来，并寻觅一条通向未来新的、更现实主义的道路。在经历了长时期的"封建专制"以后，民主的概念，不管其内容多么空泛，在中国有很大的吸引力。至少对某些人来讲，"民主"是振奋人心的"乌托邦"理想。

一般而言，提到"民主"或建立"高度民主"，是一个极其复杂的问题。在中国很少有人不同意民主的口号，然而不同社会范畴、抱有不同政治要求的人们对这个词的理解差异很大。施拉姆认为，在一个极端，对一些人来说，民主意味着德国式或瑞典式的社会民主，甚至意味着纯粹的"资产阶级"议会制度。他们认为用不着去怀疑西方本身这种民主理想的实际情况，也不用怀疑中国今天是否适用这种制度。很显然，要让中共去接受它，是根本不可能的。在可以预见到的将来，这一特殊形式的"乌托邦"不可能有什么有意义的作为。[4]在另一个极端，有一种观点要求回到多少正统一些的列宁主义党国形式上来。施拉姆认为那是一条死胡同，而不是"乌托邦"。但是，今天的中国社会有一种空虚感，其表现为广泛的宗教复活及其他许多形式。作为这种情绪出路的政治理

---

[1] Stuart R. Schram, "To Utopia and Back: A Cycle in the History of the Chinese Communist Party", *The China Quarterly*, No. 87（1981）, pp.433.
[2] 李大钊：《鲁豫陕等省的红枪会》，载《李大钊选集》，北京：人民出版社，1962年，第566—567页。
[3] Stuart R. Schram, "To Utopia and Back: A Cycle in the History of the Chinese Communist Party", *The China Quarterly*, No. 87（1981）, pp.434.
[4] Stuart R. Schram, "To Utopia and Back: A Cycle in the History of the Chinese Communist Party", *The China Quarterly*, No. 87（1981）, pp.435.

想,就是在社会主义框架内,探索新的民主形式。"[1]

《关于建国以来党的若干历史问题的决议》提出"逐步建设高度民主的社会主义政治制度,是社会主义革命的根本任务之一。建国以来没有重视这一任务,成了'文化大革命'得以发生的一个重要条件……。必须……在基层政权和基层社会生活中逐步实现人民的直接民主,特别要着重努力发展各城乡企业中劳动群众对于企业事务的民主管理。"[2]对于中国民主试验的命运,施拉姆认为,"如果最后在政治领域内不出现一个现实主义的乌托邦幻想,这不是个好兆头,不仅对中国如此,对全世界也是如此"。[3]

通向现实主义"乌托邦"的一个口号是"现代化"。从来源上讲,"四个现代化"的号召是周恩来在1964年12月首先提出的,毛泽东对这个报告加上一段,敦促中国人民在建设"社会主义的现代化的强国"中打破常规开创新路,因而实现那种"大跃进"。虽然"大跃进"不再适宜或者可行,但是仍然存在这样一个目标,即中国应该迅速实现现代化,并用自己的方式来实现它。对于"现代化"的口号,它首先意味着快速的技术进步,但它还必须以一个有价值的、事实上是长期性目标的身份出现,而不是以乌托邦定义的身份出现。[4]具有讽刺意味的是,正是乌托邦幻象严重地损害了它们所要保证创造的奇迹。"大跃进"保证要带来大丰产,却造成了饥饿。触及改造人们灵魂的企图却导致了混乱、专制暴行和流血事件。这一切大大破坏了人类的关系结构,虽然从表面上看"文化大革命"对经济还没有造成太大的损害。[5]

虽然毛泽东一生中最后10年的政策有许多不足,但他的动机,即希望动员人民,尤其是农村人民,起来建设国家并决定自己的命运,这肯定是正确的,甚至是可贵的。《关于建国以来党的若干历史问题的决议》竭力强调基层人民的"直接民主",但同时强调,社会主义革命应该"有领导、有步骤、有秩序地进行"。在施拉姆看来,今后公民在经济发展中的作用将不再是一种冒险,而是比以往更脚踏实地的工作。他希望辩证法的因素、毛泽东生活和政治方法中可以供人分享的方面能被结合到中国迫切需要的新的现实主义"乌托邦"里去,并以这种"乌托邦"取代过去失败了的"乌托邦"。[6]

---

[1] Stuart R. Schram, "To Utopia and Back: A Cycle in the History of the Chinese Communist Party", *The China Quarterly*, No. 87(1981), pp.435.
[2] 中共中央文献研究室:《关于建国以来党的若干历史问题的决议》注释本,北京:人民出版社,1983年6月内部出版,第65页。
[3] Stuart R. Schram, "To Utopia and Back: A Cycle in the History of the Chinese Communist Party", *The China Quarterly*, No. 87(1981), pp.436.
[4] Stuart R. Schram, "To Utopia and Back: A Cycle in the History of the Chinese Communist Party", *The China Quarterly*, No. 87(1981), pp.437.
[5] Stuart R. Schram, "To Utopia and Back: A Cycle in the History of the Chinese Communist Party", *The China Quarterly*, No. 87(1981), pp.439.
[6] Stuart R. Schram, "To Utopia and Back: A Cycle in the History of the Chinese Communist Party", *The China Quarterly*, No. 87(1981), pp.439.

五、结语

"乌托邦"思想传统在东方和西方都具有悠久的历史。中国儒家的"大同"社会思想从春秋一直延续到近代；古希腊思想家柏拉图的"理想国"是西方乌托邦传统的肇始，16世纪英国的托马斯·莫尔是近代乌托邦主义者的源头。傅立叶、欧文、圣西门形成了乌托邦社会主义思想。乌托邦社会主义的出现是西欧工业资本主义发展过程中工人和知识分子对社会变革所做出的特定反应。人们对乌托邦社会理想的价值追求和期待，在一定程度上恰恰是一个社会得以进步和发展的精神源泉和动力。

早在20世纪50年代，在费正清和史华慈等人关于毛泽东思想与中国革命的研究中，就已经渗透有关毛泽东"乌托邦主义"的思想因素。20世纪60至80年代，在西方关于毛泽东思想的"四次大论战"中，乌托邦主义已经颇为流行。在毛泽东逝世后关于其历史遗产的研究中，乌托邦主义成为一种典型的观点。然而，一些海外学者并没有在毛泽东思想和晚年毛泽东之间做明确区分，由晚年毛泽东的错误而把毛泽东的社会主义观归之为乌托邦主义，认为毛泽东所领导的中国革命和社会主义完全背离了马克思主义，是难以实现的幻想，这是不够科学的。与多数西方学者不同的是，施拉姆借用"乌托邦"的分析范式，对毛泽东思想和中国革命、建设、改革发展过程中取得的成就和走过的曲折道路进行探究，力图寻找其思想、政治、社会和文化根源，这是十分难能可贵的。

当然，施拉姆用"乌托邦"这个西方流行公式概括毛泽东思想和中国共产党十分复杂曲折的发展历程显然过于简单化了，也未必符合实际。例如，毛泽东虽然生在农村，热爱农村，但他更向往城市。以农村包围城市的革命道路，最终是为了占领大城市。毛泽东教育共产党员和革命干部进城后要防止敌人的"糖衣炮弹"，这是因为他吸取了以往农民革命，特别是李自成农民革命一进城就腐败的经验教训。后来的实践也证明，毛泽东的担心并不无道理。如果我们考察一下毛泽东在"大跃进"期间和"大跃进"之后系统阐述过的经济思想，就会发现不像有些海外乌托邦主义模式所理解的那样片面和简单化。毛泽东强调精神鼓励和物质刺激相结合，又红又专，大小工业并举。这个"两条腿走路"的方针，从某些方面来说，是他整个经济战略的核心。这是靠"两条腿"尽可能快走的方针，并不是想单靠小工业和土办法"一条腿"前进。至于20世纪60年代毛泽东要求知识青年到农村去，这并不是因为农民的天然美德，而是因为城市就业出现了严重的困难。毛泽东是条件论者，他之所以说白纸上能够画出更美的图画，这是为了鼓舞人民建设社会主义的信念。资本主义发展的历史证明，后起的资本主义往往比老牌的资本主义更具竞争力。中国虽然没有经过资本主义的发展，但马克思主义的理论和实践表明，在条件具备的情况下，跨越资本主义卡夫丁峡谷并非没有可能。[1]

---

[1] 成龙：《海外所谓毛泽东乌托邦主义论评析》，载《岭南学刊》2007年第6期，第81-84页。

事实上，中华人民共和国成立后，毛泽东对中国社会主义道路做出了艰辛的探索。尤其是随着社会主义改造取得决定性胜利后，毛泽东力图根据中国建设的实践，全面突破苏联模式，探索适合自己国情的社会主义建设新道路。尽管晚年毛泽东犯过严重错误，但在中华人民共和国历史上形成的许多独特的理论和实践，是同毛泽东的乌托邦思想有着千丝万缕的联系的。"毛主义的乌托邦思想不是外来的思想珍玩，而是一种与现代和当代中国的社会政治历史紧密相关的历史现象。"[1]毛泽东独特的社会主义模式是中国当代社会综合发展的产物，又对当代中国社会产生了广泛而深刻的影响。该模式无疑是中国社会主义发展史上的重要组成部分，因此海外把毛泽东的社会主义观等同于乌托邦主义是不够确切的。

（本文发表于《北京党史》2017年第1期）

---

[1] ［美］莫里斯·迈斯纳：《毛泽东与马克思主义、乌托邦主义》，北京：中央文献出版社，1991年，第4页。

以王道取代霸道：中国崛起在世界上的角色
——汪荣祖教授访谈录

访者按：2016年4月13日，应中华炎黄文化研究学会和北京外国语大学国际中国文化研究院邀请，汪荣祖教授在北外图书馆四层报告厅做了题为《王道与霸道——弘扬炎黄传统里的王道精神》的精彩演讲。汪荣祖教授认为，近代以来西方崇尚霸道、霸权，中国宜以王道对抗霸道，这一观点引起与会者的热烈回应。随后，笔者数次拜访汪荣祖教授，对这个问题做了进一步探讨。访谈内容经汪荣祖先生亲自修订，现整理如下，以飨读者。

汪荣祖，安徽徽州人，1940年3月7日（阴历正月二十九）生于上海，中国近代史学家，台湾大学历史学学士、美国西雅图华盛顿大学历史学博士，师从萧公权先生，主修近代中国历史。历任美国弗吉尼亚州立大学教授，澳洲国立大学访问研究员，复旦大学以及台湾师范大学、台湾政治大学、台湾大学等校客座教授。已出版中英文学术专著18部，散文集2本，译著1本，发表论文101篇，书评41篇。包括传记《康章合论》《史家陈寅恪传》《章太炎研究》《走向世界的挫折：郭嵩焘与道咸同光时代》等；史学著作《史传通说》《史学九章》《诗情史意》等；中国近代思想史研究著作《晚清变法思想论丛》《从传统中求变——晚清思想史研究》等；英文著作有Search for Modern Nationalism, Rejuvenating A Tradition: Reform and Revolution in Modern China, Beyond Confucian China 等；以及两部散文集《书窗梦笔》和《学林漫步》。

管永前，北京外国语大学国际中国文化研究院副教授、博士，中国文化"走出去"协同创新中心、北京对外文化交流与世界文化研究基地研究员。

以霸权挑战霸权？从修昔底德陷阱说起

管永前：汪先生您好！当代中国与世界的关系正经历着历史性的深刻变化：一方

面,世界变革潮流更趋强劲,中国同外部世界的融合进一步加深,相互影响、相互作用更加紧密;另一方面,在改革开放30多年后的今天,伴随着综合国力、民族凝聚力、国际影响力的不断提升,中国的崛起已是不争的事实。尽管中国崛起与世界历史上任何大国的崛起都不相同,即中国不是通过损害他国利益谋求自己的强盛,更不是实施对外扩张和掠夺来建立霸权,但长期以来,以美国为首的西方有一种根深蒂固的意识,往往视中国崛起为新霸权挑战旧霸权,甚至以"修昔底德陷阱"作为理论依据。您对这个问题怎么看待?

汪荣祖:中国之崛起既全面又快速,在一个世代的时间内总产值从小于西班牙成为全球第二大经济体,这是21世纪的重大事件之一,将会深刻改变世界原有的权力格局。

哈佛大学肯尼迪学院的艾理森教授(Professor Graham Allison)有鉴于中国将要成为全球最大经济体,势必会挑战美国的"太平洋世纪"(Pax Pacifica),因任何快速兴起的强权必然会动摇现状,故作文警告不要掉入"修昔底德陷阱"(Thucydides Trap),引起广泛的讨论。连习近平主席2015年秋天到美国首都华盛顿做国事访问时,也曾针对此话题发言。

有学者发现,自1500年以来,新崛起的大国挑战现存大国的15件类似案例中有11件导致战争,其中最显著的是德国。德国统一后逐步超越英国成为欧洲的最大经济体,于是在1914年以及1939年由德国挑战,英国反制,爆发了两次世界大战。新兴的日本与美国爆发太平洋战争亦复如此。

美国霸权的形成及其特色

管永前:当下的霸权是美国,中国之崛起又将如何?美国的霸权是如何形成的,有哪些特色?

汪荣祖:美国原是英国殖民地,1770年代建国。美国的殖民祖先大都是不满意欧洲旧体制而来到新大陆开创自由民主的新天地,他们认为广袤的疆域是上帝的恩赐,因而产生一种使命感,想要将他们信以为理想的理念与制度,不仅遍布北美,而且要流传到全世界。到19世纪末年,由于工业起飞,美国扩张到太平洋彼岸,成为横跨两洋的大国。到20世纪中叶,更成为全球首屈一指的超级强国,富甲天下,其崛起之快速与成就,也是人类历史上所罕见。

在崛起的过程中,因贸易的需要,美国向海外扩张,夺取殖民地,以干预他国为"自卫",以世界警察自居。事实上,美国也曾反对欧洲强权干预美洲事务,但却用同样的手段来干预别国,其本质无异于欧洲的老牌帝国主义国家。

美国霸权信念的根源及其表现

管永前：美国实行霸权主义有其历史根源，并且其霸权行为一直延续至今。能否请您拨开历史的迷雾，分析美国霸权信念产生的历史根源？

汪荣祖：美国《独立宣言》与美国宪法都界定一种使命感，认为美国生来就要推行民主、扩张疆域，将自主政府原则向全世界作为示范。美国的"弥赛亚（救世主）自觉"（messianic consciousness）极具活力，除了来自杰斐逊（Thomas Jefferson）所标榜的18世纪启蒙精神之外，温斯罗布（John Winthrop）所表达的"新英格兰清教主义"（New England Puritanism）同样有推波助澜之效。他们认为新大陆将是基督在地上的王国，将点亮独立、革命、民主的热情。这种以救世自居的宗教热情，认为尊崇上帝意志的选民只能是"白种盎格鲁-撒克森族群的新教徒"（white Anglo-Saxon Protestants），显然具有"种族主义"（racism）的内容。此一根深蒂固的宗教信念加上自信为民主的典范成为强烈的美国性格。

美国在19世纪领土扩张时，有句响亮的口号叫作"明摆着的命运"（Manifest Destiny），带有强烈的国家使命感，无疑是扩张主义的动力。此口号最初出现于期刊编辑欧沙利文（John L. O'sullivan）的一篇文章中，但其含义早在殖民地时代即已有之。从新英格兰到乔治亚，各州人士都深信自己是上帝的选民，命定拥有新大陆广大的土地，并将民主自由与基督福音在辽阔的荒原传播，最后遍布到全世界。

管永前："明摆着的命运"是一种自以为是的使命感？

汪荣祖：是的，Manifest Destiny在1840年代尚是自我优越感的民族情绪，到了1890年代就成为扩张行动的精神后盾。面对美国在海外扩张的事实，1913年耶鲁大学教授阿当姆斯（Ephraim D. Adams）为"明摆着的命运"理念作道德的解释与辩护，说那是要与世界分享美国人所追求的生活方式：民主、自由与快乐。但另一位美国学者佛莱明（Denna F. Fleming）不以为然，断言"明摆着的命运"根本就是美国帝国主义的代名词。换言之，美国讲究的就是霸权。

美国因自觉有特殊的使命感，不认同老牌帝国主义，自认是为了推广文明，讲求民主、自由与人权等价值，而非为剥削、压迫与侵略。事实上，美国的扩张主义往往产生战争，使命感很容易产生过度的道德自负，以致于自以为是，因错误的假设导致遗憾的结果，长期的冷战即基于错误的假设。共产主义在中国、朝鲜、越南等地的兴起主要都是国内因素，而美国干预中国内战，卷入韩战、越战，误作共产主义的扩张，造成伤人而又害己的无谓结果。

管永前：早在1903年，欧洲人施蒂（William Stead）就有"世界将美国化"（Americanization of the world）的预言。这种美国化是通过什么方式实现的？

汪荣祖：美国至今仍认为世界由其管控才感到安全，彻底美国化才是其使命的完成。美国化固然有异于古典式的帝国主义，并不是赤裸裸地靠武力征服与政治统治别国，而是在神圣使命感的激荡下，除政治、金融、军事手段外，借由思想、文学、音乐、电影、饮食、科技等文化渗透，以及间谍监听、操弄外国政府与干预别国内政，以便达到美国化的最终目的。

美国所进行的也可说是"隐性帝国主义"（covert Imperialism），自然要比老牌的"显性帝国主义"（overt Imperialism）高明得多。当今许多国家与地区望风向慕美国，而不知美国因在道德上的自负产生的"政治褊狭"（political parochialism），以其强势炫耀武力，挥舞大棒，却自认是为了执行普世价值的正义行为，如在中东以推翻独裁、推行自由民主为己任，却造成失控的混乱与人道灾难。

对于这种局面，美国的有识之士，如外交史家威廉姆斯（William A. Williams），早已洞悉美国一意孤行的外交，认为二战后美国五位总统持续的错误政策造成了无可避免的希腊式悲剧。所以美国的理想与现实并不完全是两件事，高尚的理想往往成为实践霸权的动力。

霸权损人害己

管永前：西方主导的现代国与国之间的关系并不平静，美国一意孤行的外交，造成在朝鲜、越南、中东等地损人不利己的严重后果。那么，究竟是什么原因使傲人的西方现代文明不能为世界带来和平？

汪荣祖：西方以尚武称霸为荣，19世纪以来社会达尔文主义（Social Darwinism）流行，物竞天择，适者生存，导致弱肉强食，使强者有欺凌弱者的依据，并声称宰制有色人种是白人的负担（the white man's burden）。

至19世纪，西方列强争霸激烈，向海外扩张，夺取弱小国家的资源、劳力、市场，甚至占有他国领土，据为殖民地，划分势力范围，成为以强凌弱、以大欺小的世界。大清帝国虽人多地广，亦不免受到列强的欺凌，使中国受尽百年的羞辱。日本也东施效颦，步武帝国主义之路，中国受其害最深。然处此世界，弱小国家固然受人宰割，苦不堪言；而列强之间争夺霸权，互不相让，也不免走向战争。

20世纪的两次世界大战，史无前例的残酷，生灵涂炭，财产损失，无从估计。日本虽于二战后败亡，然其军国主义思想犹未尽除，日人不能吸取历史教训，既不知认错，难免不重蹈覆辙。二战后的冷战，美苏争霸，双方拥有核子武器，整个地球有毁灭之虞。苏联崩解后，美国一霸独存，原有意统合全球化的世界，号称"和平红利"（Peace Dividends）。然而红利既未得分享，世界也不太平。美国主导的世界，凭其经济实力，优势武力，依然强行其意志，结果在阿富汗、伊拉克、利比亚、叙利亚、乌克兰等地，烽火四起，不得安宁，美国的意志未遂而屡遭报复性的恐怖攻击。其结果，既害到别人亦使自家受创。

斯宾格勒（Oswald Spengler）因亲睹欧战之惨烈，感叹"西方之没落"（the Decline of the West）；亨廷顿（Samuel P. Huntington）则感叹文明冲突之不可避免，而重建世界秩序之不易；福山则提出虚谬的"历史终结论"。可以说，正是近代以来西方崇尚的霸道与霸权，无法为世界带来持久和平。

当中国遇到美国霸权：以王道取代霸道

管永前：中国作为新兴大国长久以来坚持不称霸，并无意取代美国的霸权，立场是一贯的。问题是西方强权以己度人，视中国崛起为新霸权挑战旧霸权，故不惜围堵，美国亦不能理解中国政府所提出的平等互惠的"新型大国关系"。中美之间会不会重蹈修昔底德陷阱的覆辙？

汪荣祖：中美之间价值观与战略矛盾虽大，冲突状态虽然形似，但两国之间经济密切，有异于希腊城邦各自的贸易系统，中美之间有千丝万缕的大国关系，牵涉到太多的经济、社会、文化上的合作与互动，更何况还牵涉到许多其他国家。两国也都有诸多急待处理的内部问题，又都拥有先进军备以及核子武器，也没有冒核战风险的可能。当前中国虽触动美国霸权的敏感神经，但斗而不破之势，显而易见。

中美之间之所以不会重蹈覆辙，因今昔情势大异，无论时空与政经都不可同日而语，更何况两国历史经验迥异。明代史家于慎行指出，历史经验非不可学，唯须得法，若谓"天下之事，有异情而同形者，当曹操伐吴之时，则降者亡而战者胜；及魏鼎既成之后，则战者败而守者全。何也？前之形未成而后之势已定也"。如只知其势而不知情，正好学错了历史经验。反之亦然，因"天下之事有同事而异功者"，相同的一件历史事件，由于情势的不同，会有完全不同的结果。如果学习历史先例而不知情势有异，很可能适得其反，作错误的类推是误读历史，甚至会造成难以挽回的灾难。

我认为，中华文化的精髓是王道精神，王道乃中华所尊奉的悠久传统，也是中国和平崛起的精神依据，正可补西方世界崇尚霸权之不足。中美之间的矛盾不是霸权挑战霸权，而是中国要以王道来对付霸道。就此而言，并无所谓的争霸问题，也就不会重蹈修昔底德的陷阱。

管永前：如何从中华文化传统中理解王道精神？能否从历史经验中获得一些有益启示？

汪荣祖：中华文化传统中原有尊王黜霸的王道精神。古代中国有独特的睦邻政策，讲人道，兴灭国，求和平。圣贤之中几乎无人愿谈西方人所谓的"战争的权利"（the right of war），莫不知战争得不偿失，侵略战争尤不被允许。也许除了法家之外，无不崇尚天下太平，儒家与墨家最甚。即使是兵家，也以不战而屈人之兵为最高原则。墨子提出非攻的思想，其宗旨更加明确："杀一人谓之不义，必有一死罪矣。若以此说往，杀十人十重不义，必有十死罪矣；杀百人百重不义，必有百死罪矣"。按照梁启超的说法，墨子发明了非攻的真理："其所非的是攻，不是战。质言之，侵略主义，极端反对；自卫主义，却认为必要"。侵略别人的国家绝对是不义的，但为保家卫国而战绝对是正义的。我们可以说，中国古代政治思想家之中，普遍存在着和平主义思维。

儒家都是"和平主义者"，尤其爱好和平，讲究德治，动武乃不得已之事。在儒家政治哲学里，几无倡导战争的概念。孔子面对战争，谴责暴力。孟子所谓"春秋无义战"，认为好战者要服重刑。孟子又说"仁者无敌"，指仁者讨伐暴君，受暴君之害的民众必起而回应，迎接王师，故不劳征伐。《尚书》载有"苗讨而不服，感德之后，不讨而自动来归"的故事，充分说明儒家相信以至诚感顽劣的道德力量，不允许未有"威让之词"，就"胁之以兵"。

孔孟思想中对世界秩序具有正面的理想，即孔子所提倡的王道精神。王道就是用说理而非动武的方式来解决问题，认为以武力要人就范，不足以服人心，唯以德才能服人，王道精神成为中国人的最高政治理想。已故著名政治哲学家萧公权曾说，中国在两千多年前虽已放弃了商鞅，然而欧洲仍敬重马基雅维利（Niccolò Machiavelli，1469—1527），视其为近代第一个最伟大的政治哲学家。中国的王道精神与西方的马基雅维利思想迥异，因中国深信和平为最佳处理人际与国际关系的方式，对和平与正义共处具有信念，希望所有的人都生活在和平与正义的世界秩序之中。固然在动乱的战国时代，也有如商鞅尚战功者，为秦始皇统一中国打下基础，但中国的主流传统既不好战，也不赞同严刑峻法，在汉初已认为强秦之速亡，即归因于其好战与无道。

中国缺乏尚武精神，两千年多来的重文轻武使现代中国人深感在军事上过于保守。如美国汉学家费正清（John K. Fairbank）就觉得，秦始皇修长城，明代又重修长城，虽在军事上无效，却"生动地呈现了中国被困在长城之内的心态"（vividly expressed China's siege mentality）。雷海宗也指出，中国长期积弱的原因或很复杂，"但最少从外表看来，东汉以下永未解决的兵的问题是主要的原因"。但是爱好和平并非消极无能，王道精神不是消极地沦为别人刀俎上的鱼肉，而是积极地不仅要能自卫，而且要有能力维系世界和平。中国虽被霸权欺凌百年，但自振兴以来，至今没有侵略战争，只有卫国战争，在国际上也绝无霸道行为。中国的卫国战争以及在非洲的经营已见王道与霸道之区别。

中国崛起在世界上的角色

管永前：今日中国崛起，已成为全球第二大经济体，势必在世界上扮演愈来愈重要的角色。中国如何以王道精神来应对环球的变局？"一带一路"能否理解为王道精神的落实？

汪荣祖：王道、霸道是两种不同的价值观。崛起的中国推行以王道精神为基础的世界新秩序，必将一新世人耳目。中国应对环球变局，唯有王道可行，而传统国学中藏有丰沛的王道意识有待发扬与阐释。王道的实质内容不外乎仁义道德。广博爱人、无私而彼此感通，谓之仁，但绝不容忍害群之马，姑息恶徒，即孔子所谓"勿求生而害仁"。办事客观公正而合宜谓之义，但绝不一意孤行。义与仁又不可分，在儒家学说中仁义并称。循路而行，谓之"道"。道乃达到目的途径，以人类的福祉为目的之路。道分两途，恰似王霸两道不相为谋，霸道只图私利，而王道能"存亡继绝"，维护秩序与安宁。王道长，霸道才能消，世界才有可能实现天下太平，成为人类共由之路。德者，得也，"内得于己"，就是人类有天赋的良知，能够自省，有所戒惧而不蹈覆辙；"外得于人"，就是自身之外得到外在的成败经验，两者相合不仅是做人之道，而且是处世之道，得到共同的是非之心。如在世界上国与国之间以仁义道德为最高准则，王道行矣！

当前中国实施的"一带一路"就是令人振奋的和平发展的宏伟计划，必将打破被分隔的区域经济，彻底改变点状、块状的发展格局，跨越华东、华中和华西，连接主要沿海港口城市，并且向中亚、东盟、南亚、欧洲、非洲，以及延伸到动乱的中东，不仅将有利于加快中国经济转型升级，同时提升从东到西许多贫穷地区与国家的经济，改善广大各国人民的生活，实现互惠互利、真正的双赢。难怪包括英、法、德等大国在内的西方国家，闻风响应。

美国刻意阻拦失败，反而显得尴尬与霸道；日本听命于美国，更显得彷徨无主。"一带一路"一旦实现既定的目标，真可为全世界增加乐利与和平，可说是王道精神的具体落实，与美国霸道所造成的动乱与损人不利己的后果，大异其趣，足可让全世界人知道王道之可行也。王道才真正是摆在世人面前的"明摆着的命运"。

管永前：谢谢汪先生接受访谈。祝您人笔两健，在京期间生活愉快！

（本文发表于《国际汉学》2017年第3期）

中国文化海外传播研究

在文明互鉴中树立文化自信

在庆祝中国共产党成立95周年大会上的重要讲话中,习近平总书记将文化自信提升为中国特色社会主义的"第四个自信",并认为文化自信"是更基础、更广泛、更深厚的自信"。[1]2016年11月1日,习近平总书记主持召开中央全面深化改革领导小组第二十九次会议,审议通过了《关于进一步加强和改进中华文化走出去工作的指导意见》。会议强调,加强和改进中华文化走出去工作,要坚定中国特色社会主义道路自信、理论自信、制度自信、文化自信,向世界阐释推介更多具有中国特色、体现中国精神、蕴藏中国智慧的优秀文化,提高国家文化软实力。纵观数千年历史,中华文化自信在面向世界的开放中增强,在与世界各国文明的交流互鉴中彰显。对外来文化采取包容、借鉴、吸收的态度,是中华自身文化充满自信的另一表达。可以说,越是包容吸收的年代,往往也是中国强盛之际;反之,越是自负拒绝包容吸收,越可能在自负中走向迷失。如何坚定文化自信,为中华民族实现伟大复兴的中国梦提供更基本更深沉更持久的力量,是我们必须重视的时代课题。

中华民族素有文化自信的气度

中华文化在历史上曾长期处于世界领先地位,中华文化是世界主流文化之一,对西方文化也曾产生过重要影响。考察世界历史,任何一种文明发展,必须与其他文明进行交流,在交流中借鉴,在借鉴中发展。正如习近平总书记所言,"中华文明是在中国大地上产生的文明,也是同其他文明不断交流互鉴而形成的文明"。[2]公元前100多年,中国就开辟了通往西域的丝绸之路。汉代张骞两次出使西域,传播了中华文化,也引进了

---

[1] 习近平:《在庆祝中国共产党成立95周年大会上的讲话》,2016年7月1日,北京:人民出版社,2016年,第12页。

[2] 习近平:《文明因交流而多彩 文明因互鉴而丰富》,载《习近平谈治国理政》,北京:外文出版社,2014年,第283页。

西域文化。西汉时期，中国船队就到达了南洋，开辟了海上丝绸之路。唐代对外交流极为活跃，通使交好多达70余个国家，首都长安云集了来自各国的使臣、商人和留学生。15世纪初，明代航海家郑和七下西洋，经东南亚直至非洲东海岸，留下了中国同沿途各国人民友好交往的佳话。佛教东传后，在中国土壤中儒、释、道三教互补，形成中国化的佛教，禅宗即为其代表。中国的造纸术、火药、印刷术、指南针"四大发明"西传后，推动欧洲的文艺复兴。明末清初，西方的天文学、医学、数学、几何学等知识纷纷传入中国，开阔了中国人的知识视野。

中华文明在世界发展史上具有独特的地位，为人类文明发展作出了巨大贡献。如四大发明中的造纸术和印刷术加速了欧洲的文艺复兴和宗教改革运动，火药则成为西欧市民阶层摧毁封建堡垒的有力武器，指南针引领欧洲航海业的发展和世界市场的开拓。再如，17、18世纪，中国文化以耶稣会士为媒介、以礼仪之争为契机，大规模传入欧洲，被伏尔泰、霍尔巴赫、魁奈等法国启蒙思想家所运用，成为欧洲思想启蒙的重要来源。其中，被日本思想家福泽渝吉称为"欧洲的孔夫子"的启蒙思想泰斗伏尔泰深受中国文化的影响，他特别推崇孔子的"己所不欲，勿施于人"的道德规范，评价其"与牛顿地心吸引力原则同样具有普遍性"，将来自古老东方的道德规范与近代欧洲文明的诞生有机地融合到一起。伏尔泰作为当时欧洲对中国了解最多的思想家之一，他的《风俗论》系统地阐述了中国的历史、法律、宗教、道德、科学、哲学和风俗等问题，[1]他还把中国元杂剧《赵氏孤儿》改编后在法兰西剧院公演，广泛传递了其对中国道德文明的看法。[2]

回望历史，中华文化曾有"盛唐气象"的灿烂，有"万国衣冠拜冕旒"的荣光，有对外来文化"食而能化、化而能食"的气魄，有敢去"西天取经"、敢上"九天揽月"的气象。"为天地立心，为生民立命，为往圣继绝学，为万世开太平"，这是何等的文化自信！然而，晚清之后的百年风雨，由于国家开始落后而被西方列强欺侮，大大削弱了国人对中华文化的自信心，以及文明古国应有的尊严，并由此开始了西风东渐的百年历程。但中华文明五千年一脉相承、绵延不断，特别是经过了百年挫折和打击之后，古老的中华文化不但没有湮灭，反而开始逐渐复兴的事实，再次雄辩地证明了它的坚韧性与生命力。

那么，中华文化历经磨难而不绝的奥秘究竟在哪里？简言之，中国传统文化中存在着一系列自信与尊严的特质。如中华文化是一个人道体系，它告诉我们民贵君轻，民惟邦本，本固邦宁；民，犹水也，水可载舟，亦可覆舟；为政之道在于安民，安民之要在于察其疾苦；天下之势，常系民心。民心顺，一顺百顺，一顺百兴。天下静在民乐。怨不在大，可畏惟人；载舟覆舟，所宜深慎。中华文化是一个道德体系，它告诉这个民

---

[1] ［法］伏尔泰著，梁守锵译：《风俗论》（上册），北京：商务印书馆，1994年，第239-259页。
[2] 韩星：《传承中华文明 增强文化自信》，载《中国社会科学报》2016年9月6日。

族，命运在于它自己，而不在上帝，更不在别人。道德在人的身上，神奇在人的身上，人存在它们就存在。中华文化是一个互动体系，它保持着互系性的哲学思考方式，让我们总是寻找事物的两方面、求和谐、求平衡，使中华民族充满智慧、敏捷，立于不败之地。中华文化还是一个开放体系，它的内涵像大海一样深广，能够与时俱进，能够包容、自重、会通。这些特质正是中华文化自信的基本点。

不能回避当代中国文化自信问题

欧洲经历文艺复兴、宗教改革和启蒙运动以及工业化运动的洗礼，后来居上，在这个过程中滋生了西方中心主义，对世界产生了重要影响。一些国人也深陷其中而不自知。例如，每当提到"哲学"二字，有人就自惭形秽，把崇敬的目光自觉地投向德国。众所周知，康德是"德国古典哲学"的创始人，但无人追问，中国早在公元前5世纪就已经形成了自己独特的哲学传统，为什么德国直到18世纪才有"古典哲学"？如果深入探究，康德的祖师爷是莱布尼茨和沃尔夫等人，而莱布尼兹和沃尔夫试图全面审视并引进中国文化，为德国和欧洲的哲学、文化和政治发展提供重要的参照。他们认为中国确实在这些方面取得了令世人瞩目的卓异成就，甚至可以直接供欧洲人效法。在这个意义上，中国文化其实影响了康德哲学。再如，人们相信亚里士多德著述300万言，近现代的欧洲哲学就是亚里士多德薪火的直接传承。却不知，直至13世纪之前，除教会学者的零星著述中有点滴信息之外，整个欧洲主流社会不知道有个叫亚里士多德的人！[1]

对于西方世界特别是欧美来说，历史的中国和当代的中国在不少人眼中是分裂开的。历史的中国辉煌灿烂，但它已经不复存在，只活在博物馆里；而当代中国虽然经济发展，但政治不符合西方的价值标准。显然，西方的这种认识具有很大局限性。因为历史的中国和当代的中国是一脉相承的，当代中国是历史中国的延续和发展，当代中国文化也是中国传统文化的传承和升华。中国的发展有着自己的逻辑，它所取得的伟大成就并非空中楼阁，中华文化是其伟大成就的思想支撑。

从新中国成立到今天，中国人一直在探索自己的发展道路。特别是改革开放以来，中国共产党人通过不断探索、反思和批判，已经开拓出了新的道路，使中国文化呈现出了新的气象、新的局面。作为人类历史上至今唯一延续下来的古代文化大国，作为一个有着超多人口、超大面积的大国，中国有理由对自己的成功做出理论与文化的说明：中国的古代、近代和现代文化并不是一个断裂的文化，中国古代文化并未死亡，它以新的形态存活在当代文化中。我们应当理直气壮地告诉西方，中国文化从古至今具有历史统一性，它至今仍是我们精神世界的一个重要部分，因为时至今日，我们还在读孔子、庄

---

[1] 张允熠：《树立文化自信必须破除西方主义》，载《光明日报》2016年8月31日。

子等先贤的著作；鲜活的当代中国文化并未迷失，它有着历史的根由，今天的中国能够取得如此瞩目的成就，与其历史传承有很大的关系，当代中国文化有其内在的合理性。中国不需要、也不可能完全按照西方的道路实现自己的现代化，而是学习西方乃至世界各种先进和优秀文化为我所用，在自己文化的基础上创造新的文化。

推进中华文化与世界文明交流互鉴

文明因交流而多彩，文明因互鉴而丰富。中华文化走向世界，与世界其他文化进行平等交流互鉴，是一个不可逆转的大趋势。对于世界其他文化，不论是西方人创造的还是东方人创造的，要想拿来并不那么轻松，只有深入理解才能吸收，只有融会贯通才能超越，这是世界文化交流的规律。

1990年12月，日本著名社会学家中根千枝教授和乔健教授在东京召开"东亚社会研究国际研讨会"，为费孝通80华诞贺寿。在就"人的研究在中国——个人的经历"主题进行演讲时，费老总结出了"各美其美，美人之美，美美与共，天下大同"的十六字"箴言"。"各美其美"是指各个民族都有自己的价值标准，各自有一套自己认为是美的东西。这些东西在别的民族看来不一定美，甚至会觉得丑恶。然而，民族接触的初期还常常发生强迫别的民族改变他们原有的价值标准来迁就自己的情形，能容忍"各美其美"是一大进步。只有在民族间平等地往来频繁之后，人们才开始发现别的民族觉得美的东西自己也觉得美。这就是"美人之美"。这是高一级的境界，是超脱了自己生活方式之后才能得到的境界。这种境界的升华极其重要。再升华一步就是"美美与共"。不仅能容忍不同价值标准的存在，进而能赞赏不同的价值标准。只有将自尊和尊敬他人之长结合起来，才是美美与共，才能达到天下大同的境界，才能使中华文化获得新生和伟大复兴。我们应该积极推进中华文化与世界其他文明相互尊重、和谐共处，让文明交流互鉴成为推动人类社会进步的动力；我们应该从不同文明中寻求智慧、汲取营养，为人们提供精神支撑和心灵慰藉，携手解决人类共同面临的各种挑战。

树立文化自信，首先应该重拾中华优秀传统文化的自信，让中华文化以自信、从容、豪迈、尊严的姿态"走出去"。中华文化有其独特的价值体系，它深植于中国人的内心，有鲜明的民族特色，有永不褪色的时代价值，既有其连续性和稳定性，又不断与时俱进，是中华文明生生不息、具有强大生命力的重要体现。中华文化要发展繁荣必须走向世界，既发展自己，又贡献和造福人类。中华文化"走出去"所显示的，不是"好战"的中国，而是可以与世界各国合作的中国，是强调和睦、和谐、和平的中国，是以人为本、仁者爱人、有宽容精神的中国，是怀有"天下"观念和博大精神的中国，是"天行健，君子以自强不息；地势坤，君子以厚德载物"的君子之国。

树立文化自信，就要以自信的精神、自信的态度、自信的行为，向世界传扬中国精神，讲好中国故事，发出中国声音，提升中国国际话语权。中国共产党人和中国人民完全有信心为人类对更好社会制度的探索提供中国方案。我们要堂堂正正、理直气壮地向世界介绍中国的道路、理论、制度、文化，阐释好为人类对更好社会制度探索提供的中国方案。要主动融入"一带一路"，大力推进国际传播能力和话语体系建设，讲好中国故事、传播好中国声音。要重视发挥个人的主体作用，引导每个中国人自豪地做中华文化的传播者、弘扬者和交流使者。我们要围绕我国和世界发展面临的重大问题，提出能够体现中国立场、中国智慧、中国价值的理念、主张、方案。不仅要让世界知道"舌尖上的中国"，还要让世界知道"学术中的中国""理论中的中国""哲学社会科学中的中国"，让世界知道"发展中的中国""开放中的中国""为人类文明作贡献的中国"，[1]促进中外民众相互了解和理解，为实现中国梦营造良好环境。

树立文化自信，除了积极走出去，还要科学引进来。不同文明之间之所以需要相互学习借鉴，是因为各种文明的发展是不平衡的，只有相互交流和互学互鉴，才会形成相互交融、相互辉映和你追我赶的生机盎然的文化景象。如果看不到其他文明的长处，不正视自己文明的不足，最终只会导致自身的封闭与孤立，甚至受到历史惩罚而被历史淘汰。我们要以全球视野、宽广胸怀，善于吸纳世界各国人民创造的优秀文明成果，取其所长，补己所短，从我国的实际出发，在内容和形式上积极创新，借鉴他国的有益经验为我所用，为加强社会主义文化建设、发展文化事业和文化产业不断汲取各种文明养分，丰富和发展中华文化，增强文化自信。只有以平等谦逊、虚怀若谷的心态对待各种文明，在相互尊重的基础上积极借鉴其他文明的优秀成果，中华文化自身的发展与进步才有可靠的保障。

树立文化自信，还应当对我们面临的文化挑战具有清醒的认识。今天的中国文化已不再是十九世纪后西方人眼中的愚昧落后衰败脆弱的文化，更不是持"中国威胁论"人士宣扬的那种冲突性、扩张性文化。但是，在推动中华文化走向世界的进程中，我们还必须清醒地认识到，尽管中国经济已经跃居世界第二位，但世界政治、经济体系，包括联合国制度、世界银行、国际货币基金组织等，中国很多时候必须按照西方制定的规则行事，"西强我弱"的世界基本文化格局，在很长一段时间内不可能被打破。在文化心态上，我们既要克服文化自负感，也要克服文化自卑感，即跳出文化自负与文化自卑的窠臼。

文化立世，文化兴邦。欲人勿疑，必先自信。只有对自己的文化有坚定的信心，才能获得坚持坚守的从容，鼓起奋发进取的勇气，焕发创新创造的活力。坚定文化自信，大力推动中国文化走出去，为中国经济、外交和安全影响力的扩展提供更加有效的软保

---

[1] 习近平：《在哲学社会科学工作座谈会上的讲话》，2016年5月17日，北京：人民出版社，2016年，第23页。

护、构筑更有利的软环境，为强国自信提供更基本更深沉更持久的力量，是时代赋予我们的历史重任。我们要成为文化强国，就必须在文化建设上有所创新，推动中国文化走出去。因为只有在世界文化的舞台上与其他文化交流互鉴、创新发展，我们才能真正实现文化自信。

（本文发表于《前线》2017年第1期）

略论"一带一路"与中华文化海外传播

2017年5月14日,国家主席习近平出席"一带一路"国际合作高峰论坛开幕式,发表题为《携手推进"一带一路"建设》的主旨演讲,强调坚持以和平合作、开放包容、互学互鉴、互利共赢为核心的丝路精神,携手推动"一带一路"建设行稳致远,将"一带一路"建成和平、繁荣、开放、创新、文明之路,迈向更加美好的明天。习近平主席的演讲立意高远、气势恢弘、力透纸背,为"一带一路"的未来勾画出清晰的路线图,是中国贡献给人类和平发展梦想的礼物,承载着中国与世界共同的梦想。此次高峰论坛,有来自29个国家的国家元首、政府首脑与会,有来自130多个国家和70多个国际组织的1500多名代表参会,是中国国际地位和中国形象在国际舞台上的重要展示。论坛结束后,国内外反响非常之大。

当前,"一带一路"建设正在向落地生根、深耕细作、持久发展的阶段迈进,这和国家发展是紧密联系在一起的,是改革开放近40年来的一次巨大飞跃。对于"一带一路",我们关注较多的是政治和经贸,包括旅游强调的也是经贸意义,而从文化角度探讨"一带一路"建设的并不是很多。如果我们对近年来中国的国际形象和文化传播进行一番深度反思,不难发现文化的重要性。在经济全球化、文化多元化、社会信息化时代,我们应该如何塑造中国的国家形象?如何展示中国文化中积极而富有正能量的一面?如何展示中华文明的魅力?如何展示中国的软实力?如何让世界真正地了解中国?这些重要课题我们必须认真思考。

其实,自古以来,丝绸之路就不仅是一条商品贸易和军事斗争之路,还是一条文化交流和文明交往之路。"一带一路"倡议从历史深处走来,饱含着中华五千年文明的基因。对中国而言,"一带一路"不仅是经济崛起的良好契机,更是中华优秀文化复兴的历史机遇。我们必须更加重视文化交流合作,处理好经贸合作和人文交流的关系,务实推进文化影响与舆论引导的关系,为推动"一带一路"建设再上新台阶提供文化软力量。

一、文化对"一带一路"建设的特殊重要性

"一带一路"倡议是为了使欧亚非各国经济联系更加紧密、相互合作更加深入、发展空间更加广阔,从提出伊始,就把"经济合作"放在首要位置上。诚然,经济有着不可替代的力量,但文化的作用同样也不可忽视。国家领导人在各种场合关于"一带一路"的论述中,反复提及要"积极推动中外文明交流互鉴",要"在深化人文交流、繁荣民族文化的事业中相互借鉴"。从古至今,文化在国与国的交往中发挥着潜移默化、润物无声的作用,文化交融的结晶甚至能在人类历史长河中留下更为永恒的记忆。[1]

(一)古代"丝绸之路"曾有文化先行的成功经验

作为"第一个睁开眼睛看世界的中国人",富有开拓和冒险精神的张骞开辟了闻名于世的"丝绸之路"。他带着说服月氏国联汉夹击匈奴的愿望出使西域,率队前后耗时十余载,历尽艰难险阻,最后虽然并未实现军事游说的夙愿,但却意外地探索出一条西进的道路,使中国的影响力直达葱岭荒漠以西,史无前例地建立起与中亚、西亚以至南欧的联系,广阔西域的科学考察和人文见闻也被他悉数带回中原,由此打破东西方长久隔绝的藩篱,为文化交流留下了熠熠生辉的历史瑰宝。丝绸、瓷器、玉帛等精美的手工艺品成为西方贵族的稀世珍宝,西方人也由此奠定了长久的东方文明想象。

七八百年后,一代高僧玄奘沿着张骞开辟的古"丝绸之路",长路漫漫西行取经,带着对佛法的渴求和追寻,独自远赴天竺,在佛教圣地游历数年,熟习梵文,通晓三藏,研读佛经,参与辩法,随后带回了成百上千的佛像、经论和佛舍利,又携弟子历经十余年潜心翻译治学,留下上千卷佛学译著,成为继承印度传统佛教学说的集大成者,创造了中印文化交流的高峰。其口述的《大唐西域记》更成为研究中世纪印度次大陆最为经典的历史地理文献,被誉为照亮古代印度"唯一的亮光"。

及至明代,郑和七下西洋,创下了中国航海史上的高峰。郑和船队平息冲突,消除隔阂,推行和平外交,发展海外贸易,稳定了东南亚国际秩序,也传播了丰富的中华文明。沿着中国的海上"丝绸之路",青花瓷、拔火罐、织造术、中国历法等中国技术、艺术和文明遍及亚非数十国,本着温良恭让、以和为贵、厚往薄来、四海一家的宗旨,郑和使团到了西洋诸国后身体力行,保障安宁,将儒家"宣德化而柔远夷""泛爱众而亲仁"的思想播种海外,至今东南亚诸国还留有很多以郑和尊称"三宝"命名的地方,环中国南海区域仍然存在着以华人社会为依托的郑和崇拜现象,成为中华文化异地生根的象征。

---

[1] 范周、周洁:《"一带一路"战略背景下的中国文化软实力建设研究》,载《同济大学学报(社会科学版)》2016年第5期,第40—47页。

（二）文化的影响力超越时空、跨越国界

文化交流是民心工程、未来工程。古丝绸之路是一条文化交流之路。古代中国许多科学文化创新创造通过丝绸之路传到西方后，对促进西方近现代科学的发展起到了积极作用，近代西方的一些现代科学知识，也是通过海上丝绸之路传到中国的。"一带一路"建成涉及几十个国家、数十亿人口，这些国家在历史上创造出了形态不同、风格各异的文明形态，是人类文明宝库的重要组成部分。"一带一路"是沿线国家不同文化深入交融的融合剂。不同文明之间的交流互鉴，是当今世界文化发展繁荣的主要渠道，也是世界文明日益多元、相互包容的时代标签。

国之交在于民相亲，民相亲在于心相通。文化传承与创新是各国经济贸易合作的"软"支撑。"一带一路"沿线各国历史文化宗教不同，只有通过文化交流与合作，才能让各国人民产生共同语言、增强相互信任、加深彼此感情。据文化部资料，这些年来，我国与沿线沿途国家的文化交流形式越来越新、内容越来越多、规模越来越大、影响越来越广。比如，我们与沿线大部分国家都签署了政府间文化交流合作协定及执行计划，民间交流频繁，合作内容丰富，与不少沿线国家都互办过文化年、艺术节、电影周和旅游推介活动等，近几年在不同国家还多次举办了以"丝绸之路"为主题的文化交流与合作项目。我们应立足现有基础，密切中国人民同沿线各国人民的友好感情，夯实我国同这些国家合作的民意基础和社会基础；充分发掘沿线国家深厚的文化底蕴，积极发挥文化交流与合作的作用，共同促进不同文明的共同发展。

（三）文化交流是走向和平、发展、共赢的通途

我们要与沿线沿途各国齐心协力，让"一带一路"成为政策沟通、道路联通、贸易畅通、货币流通、民心相通之路。这"五通"之中，民心相通最基础，也最核心。我们要深刻认识到，在经济全球化、社会信息化大潮下，各国相互依存、相互影响达到前所未有的程度。只有"通"，才能在取长补短、求同存异中共同进步；也只有"通"，才能同舟共济、同担责任、共享权利，建立更加平等均衡的新型发展伙伴关系。

因此，要通过文化的作用，一要使"一带一路"成为走向和平的通途。古丝绸之路的精神核心是"和平、友好、开放、包容"，已经成为人类文明的共同财富。今天的丝路沿线各国，是拉动世界经济增长的引擎，是世界多极化和全球化的中坚力量，通过"一带一路"文化交流加强各国友好往来，增进相互了解，是实现持久和平的重要基础。二要使"一带一路"成为走向发展的通途。沿途沿线大多是新兴经济体和发展中国家，普遍处于经济发展上升期，在文化交流的基础上深挖各国之间合作潜力，推进区域基础设施、基础产业和基础市场的形成，推进贸易投资自由化和便利化，必将从根本上

缩小经济发展差距，确立符合世界经济发展多样性的合作新范式。三要使"一带一路"成为走向共赢的通途。我国正处于经济结构调整、产业升级的重要时期，丝路沿线各国大多也处在经济建设的关键节点上。在这个发展的特殊时期，我们要创新合作模式、发展本国经济、优化产业布局、实现互补共赢符合各方利益。共建"丝绸之路经济带"的宏大战略构想涵盖经贸、投资、人文和战略互信等各个方面，将把区域合作提升至新的高度。

（四）"一带一路"建设亟须文化助力

当前，中国开展"一带一路"建设，面临着很多可预见的障碍和不确定的困难。比如说中国的经济体量之庞大、发展速度之迅猛、能源消耗之巨大，让一些国家在亲近中掺杂着畏惧和担忧；西方舆论不遗余力地炒作"中国威胁论"，一定程度上也干扰了中国的外向发展；不少沿线国家和地区是世界重要的能源产区，既是大国虎视眈眈的战略要冲，也是复杂的宗教和民族问题的敏感区，动荡不安的地方局势进一步加剧了中国与之合作的困难。种种问题叠加，有可能造成不同程度的误解、质疑甚至责难和抗议，单纯靠资源置换、利益置换也许无法达到一些国家的期待。因此，在这样的情况下，文化交流能起到积极的促进作用。只有充分尊重沿线各国历史文化宗教的不同，充分发掘沿线国家深厚的文化底蕴，继承和弘扬"丝绸之路"这一具有广泛亲和力和感召力的文化符号，积极发挥文化交流与合作的作用，吸收融汇，互学互鉴，才能使各国人民产生共同语言，增强相互信任，增进彼此感情。

二、中华文化为"一带一路"贡献中国价值

习近平同志多次强调，"中华文明历史悠久"，"为人类文明作出了重大贡献"。绵延五千多年的中华文明曾长期领先世界，在世界文明发展史上具有重要地位，是我们在世界文明中站稳脚跟、昂首挺胸的根基所在。彰显中华文明的丰富内涵和鲜明特色，对于我们今天推进"一带一路"建设、推进文明交流互鉴具有重要意义。概括来讲，中华文化可以为"一带一路"建设贡献的中国价值，有以下几个方面：

天下文明。中华文明自古以来就有广阔的世界视野，追求天下太平、天下大同，是典型的天下文明。这与西方国家缺乏世界视野的"个人—民族国家—国际社会"的思维明显不同。中华民族的天下观是开放、包容的，提倡创造开放、兼容、平等的天下，保持富有弹性的多元文化、多元宗教和多元治理体制，实现"一个世界，不同文明""一种文明，不同制度""一种制度，不同模式"以及"一个国家，不同文化"，构建契合时需、平等共进的天下文明。这种天下文明观为今天的世界治理和国际秩序建立，特别

是国际新的政治秩序和经济秩序建立提供良好的借鉴。[1]

四海一家。中国既有独特的天下观，又有独特的家国一体观，认为天下之本在国，国之本在家，家之本在身，所以中国自古就有修身、齐家、治国、平天下的思想。客观地看，"家"重亲情、重包容、重责任、重秩序、重整体。天下一家理念，是通向信任、安全、和平的大道。习近平同志指出："中国人历来主张'世界大同，天下一家'。中国人民不仅希望自己过得好，也希望各国人民过得好。"[2]当今世界，天下就是全球，天下是天下人的天下，地球是全人类的地球。强调天下一家，是推进"一带一路"建设和文明交流互鉴的认识前提与思想基础。

礼尚往来。孟子把"以德服人"称为"王道"，将"以力服人"称为"霸道"。中华民族对外交往素重礼尚往来、先义后利，讲究"礼让"，充分考虑对方的感受和利益。无论是古代对外交往的薄来厚往，还是当代对发展中国家的支持，都体现了以义为先的原则。从历史上看，在中华文明与其他文明的交流中，没有发生大规模的战争。这一点和西方有很大不同。从人类的现状和未来看，讲仁爱、重民本、守诚信、崇正义、尚和合、求大同，这些中华优秀传统文化理念对推进"一带一路"建设乃至全球治理体系变革都具有积极意义。

守正持中。中道是中国人长期尊奉的伦理准则与道德理想。它注重持中、适度、恰到好处、不偏不倚、无过无不及，用缓和、和谐、适度的方法，达到消融矛盾、稳定社会的目的。中道还讲经权，讲究"中正与权变"，即原则性与灵活性相统一。中华文明认为，待人接物如果态度偏激，就会导致物极必反。所以，中道反极端，要求把握好"度"。由"中"致"和"，是中道逻辑发展的必然结果。守正持中，自然会走向和合，达到和平、和谐。在"致中和"中达到均衡与和谐，就会实现天地有序、万物繁荣、人际和谐。习近平同志提出的"一带一路"倡议坚持共商、共建、共享原则，以及对国际安全问题提出的共同、综合、合作、可持续的安全观等，都体现了适中、致和的思路。

和而不同。习近平同志指出，"几千年来，和平融入了中华民族的血脉中，刻进了中国人民的基因里"，"要倡导和而不同，允许各国寻找最适合本国国情的应对之策"。[3]中华文明倡导"和合"，但同时尊重差异和不同，主张将"和"建立在"不同"的基础上，正所谓"和实生物，同则不继"。历史上，中国不迷信武力，对外持"怀柔"政策，极少出现掠夺土地、财富、人口的征伐。汉朝派张骞去西域联通、唐朝

---

[1] 马建堂：《一带一路建设推进文明交流互鉴》，载《人民日报》2017年5月12日07版。
[2] 参见习近平2017年新年贺词。http://news.xinhuanet.com/politics/2016-12/31/c_1120227034.htm。
[3] 习近平：《共同构建人类命运共同体——在联合国日内瓦总部的演讲》，2017年1月18日，http://www.xinhuanet.com/world/2017-01/19/c_1120340081.htm。

派玄奘去印度"取经"、明朝派郑和出使西洋,都是为了求同存异、兼收并蓄,增进中华民族同世界其他民族的人文交流。连接世界与中国的古代丝绸之路,更是一条如丝绸般光滑的和平之路、文明交流互鉴之路。新中国奉行和平共处五项原则,主张"与邻为善""和谐世界""不搞文明冲突""对话而不对抗,结伴而不结盟"等外交方针,弘扬了和而不同的中华传统价值理念,代表了人类文明进步的方向。坚持和而不同,也是推进"一带一路"建设和文明交流互鉴的一个重要理念。

义重于利。习近平同志多次强调:"推进'一带一路'建设,坚持正确义利观","践行正确义利观,义利相兼,义重于利"。[1]中华文明深明"义利之辩",总体上强调义利一体、义是利之和,但又区别对待不同的行为主体。如孟子对梁惠王讲"王何必言利,亦有仁义而已矣",表明在义利关系上对治国者与对老百姓的要求不一样:治国者宜行仁义,而不必关注为自己谋利;对一般人而言,可以"义利并举"或"君子爱财,取之有道"。在市场经济条件下,如果过度言利,崇尚消费、享乐和拜金主义,放纵物质欲望,就会面临"上下交征利而国危矣"的局面。对于国与国之间关系而言,也是如此。将中华文明的义利观注入"一带一路"建设,在国家层面,强调以义为先、义利兼顾;在企业层面,强调以义取利、义利并举,具有很强的现实意义,有利于贸易互通,也有利于人文交流。

平等共治。"不患寡而患不均,不患贫而患不安"是中华文明重视的传统价值。"一带一路"建设突出平等共治,为全球治理体系变革提供了试验田和新样板。"一带一路"建设强调"自主、自愿、自觉、自律"与"互助、互利、互谅、互让",以增强合作动力、减少建设阻力。自主、自愿,体现了对沿线各国的主权和文化传统的尊重,各国根据自身需要决定如何参与;自觉、自律,体现为尽力提供公共产品,为共同利益规范自身行为。"互助、互利、互谅、互让"则突出了东方文明的平等互助智慧。这些都可以成为文明交流互鉴的基本理念。

顾全大局。习近平同志强调,推进"一带一路"建设,要抓住发展这个最大公约数,不仅造福中国人民,更造福沿线各国人民。中国欢迎各方搭乘中国发展的快车、便车。中华文明重视整体利益,在处理个人与家庭、社会、国家的关系时,注重小我服从大我、以整体利益和大局为重,因而产生了"民齐者强""人心齐,泰山移""计利当计天下利"等思想。周恩来同志曾说,中国外事哲学主要来自于文化传统,如"不要将己见强加于人""决不开第一枪""来而不往,非礼也""退避三舍""首先不使用核武器""和平共处五项原则"等。中国儒学重视"忠恕之道",强调"己欲立而立人,己欲达而达人""己所不欲,勿施于人",强调推己及人、助人即是助己。在"一带一

---

[1] 习近平:《在中共中央政治局就全球治理格局和全球治理体制进行第二十七次集体学习时的讲话》,2015年10月12日。

路"建设和文明交流互鉴进程中，各国都需要以大局为重，奉全球命运之公，共同打造更多全球公共产品，帮助落后国家发展，缩小发展差距，促进经济、政治、文化、社会共同发展、共同繁荣。

三、"一带一路"背景下中华文化传播的现实困境

自古以来，丝绸之路作为连接亚、非、欧三洲的交通大动脉，不仅是东西方之间的贸易通道，更是各方进行文明交往和较量的场所。作为一条贸易通道，丝绸之路上贸易的不仅是丝绸，还有其他各种商品和技术；不仅是有形的物质，还有无形的观念。作为一个文明交往的场所，沿线各文明和民族在这里交流、融合，各民族和国家在这里交往、较量。

如果说军事斗争和经济贸易体现的是硬实力，文化交流和文明交往则更多地体现了各方的软实力。从整体来看，中国在丝绸之路上长期存在软、硬实力失衡的问题，在软实力方面又存在中华文化辐射东强西弱、古强今弱的问题。对照共建"一带一路"的新形势和新要求，当前中华文化在"一带一路"传播的现实困境主要有以下几个方面：

（一）文化辐射力失衡

文化可以进行跨国界传播，从而影响甚至成为其他国家乃至国际社会的基本价值或主流文化，这就是我们通常所说的软实力。文化因为集中体现着一个民族的生存质量、生活方式和行为规范，事实上是一个国家、一个民族软实力的基础和核心要素。新加坡前总理李光耀甚至断言，只有在其他国家羡慕并期望模仿一国文化时，其软实力才得以实现。尽管文化辐射力自古以来就是中国软实力中的强项，儒家文化圈地域之广阔、国家之众多充分说明了这一点。但是，在古今丝绸之路上，中国文化的辐射力存在多方面的失衡问题。[1]

首先是古强今弱的问题。儒家文化圈的形成得益于中国传统文化的强大辐射力，近代以来中国文化在与西方文化的竞争中长期处于守势。新中国成立后，特别是改革开放以来，中国的国际地位大幅提升，中国文化的国际影响力和输出量也大幅增加。但是，目前我国文化整体实力和国际影响力与我国国际地位还不相称，"西强我弱"的国际文化和舆论格局尚未根本扭转。以电影输出为例，好莱坞电影遍布全球，几乎占据了世界电影市场的九成份额。中国电影走出去的主渠道和海外票房的主要来源都是合拍大片。但中国现在每年生产400多部电影，投资高昂的商业大片毕竟是少数，大部分还是中低成本影片。这些影片在国内市场能见度都很低，更遑论国际市场的能见度。

---

[1] 赵广成：《一带一路背景下的中国软实力透视》，载《中东问题研究》2016年第1期。

其次，是物质强、观念弱的问题。自古以来，中国在丝绸之路上输出的更多的是物质文明，包括丝绸、瓷器、茶叶、谷子、高粱、香料等商品，打井、造纸、印刷等技术，精神文明的输出相对较弱。在精神文明领域，中国输出的更多的是技术性文化，观念性文化的输出相对较弱。在物质和技术方面，中国和外部世界进行的是双向贸易，艺术和思想领域的沟通则基本上是单向的。中国向西输出了四言绝句等文学作品，在古波斯产生了四行诗"柔巴依"，中东和中亚的各种宗教却沿着丝绸之路一路东传，祆教、佛教、摩尼教、伊斯兰教和景教都在中国产生了强大的影响。佛教传入西域后，造就了曾经的"千佛之国"新疆，佛教与儒家文化和道教一起成为中国文化的主要传统。伊斯兰教兴起后，中国西北地区逐渐实现了延续至今的伊斯兰文化。

最后，是东强西弱的问题。自古以来，中国文化一直有着很强的辐射力，这是一个毋庸置疑的历史事实。但是，中国传统文化的辐射力主要表现在东面和南面，在西面的辐射力一直很低。儒家文化圈以及一些华人众多、深受中华文化影响的国家，都分布在东亚和东南亚地区。与此形成鲜明对照的是，中亚和西亚地区基本上是清一色的伊斯兰世界，中华文化在那里的存在和影响都比较小。当前在中国的十几个邻国中，巴基斯坦是中国"全天候的朋友"，日本与中国的关系则是差的。但从文化上看，日本与中国的关系非常近，巴基斯坦与中国的关系是较远的。

因此可以说，"丝绸之路"事实上是一条起始于中国的商品流通、文明交往和观念交流大动脉，其名称除了说明中国制造的商品在世界范围内畅销外，还隐含着这样一个事实：中国在丝绸之路上的硬实力强于软实力，长期面临着物质出超而观念入超的贸易失衡问题。在中国已经成为世界大国的今天，上述问题并未得到根本性的改善。对于丝绸之路上的中亚和西亚国家来说，以儒释道精神为代表、以孔子学院为传播渠道的中国文化仍需加强。

（二）文化对外传播意识错位

近年来，国家对于文化"走出去"战略的大力推动，激发了全国上下各个阶层、各个团体对于文化"走出去"的极大热情。有关统计数据显示，我国近些年来文化交流项目呈级数状递增，对外文艺汇演的形式也愈渐丰富。但是这种看似轰轰烈烈的活动背后究竟有多少实质性的收获呢？中华文化"走出去"的实质及目的在于让中国文化在国外扎根，深度发挥文化的影响力与吸引力，并不只是停留在表面的文化表演。就当前国内的形式来看，无论是举办文艺活动的地方政府还是参与文化活动的个人，或多或少都对我国的文化传播战略存在误解。比如过于注重形式而忽视内容，将对外输出文化产品的数量作为竞争业绩的首要内容，而不顾其实际的收效。甚至还有部分群体只将文化"走出去"视作出口转内销的有效途径，卖力地争取出国表演只为"镀金"，以期回国之后相同的表演能收取高昂的门票，提高自己的利润所得。在这种错位文化意识的指导下，文化传播很难做到扎实有效。

（三）高素质人才不足

中华文化"走出去"离不开人才的推动。目前来看，我国文化传播急需两类高素质的人才，一类是高水平的翻译型人才，另一类是综合型的对外汉语教师。我国的传统文化大多是以文言文的形式作为传递文化内涵的载体，文言文难以使用英语直接进行翻译，即便是翻译过来其中的文化内涵也难以体现，因此，文化的吸引力会大打折扣，外国人的学习热情也难以持续。造成这种现象的一个重要原因在于高水平翻译人员的不足，导致我国的传统文化无法在国际范围内产生共鸣。由于我国本土化的翻译对欧美系语言的使用习惯了解很不足，这就造成语言转述的说服力薄弱。此外，全球孔子学院的建立使得我国对外汉语教师的需求也有所增加，因为孔子学院的对外汉语教师是中华文化的代表，是文化对外输出的主力，其对综合素质的要求非常高。孔子学院的对外汉语教师不仅要精通两国语言，更需熟知我国的历史文化传统与国外语言表达习俗，还得具备高超的学习能力、交际能力以及表达能力，唯有如此，才能更好地将中华文化传递给国外的学生。

（四）文化产业实力薄弱

中华文化真正的物质载体是文化产业与文化产品，但以我国目前的文化产业发展水平很难担负文化输出的重任。

首先，缺乏优质的文化产品。虽然我国每年拍摄的电影、出版的读物不计其数，但真正在国际范围内起到影响的并不多见，更没有类似于美国迪士尼乐园中耳熟能详的经典动漫人物，就连功夫熊猫和花木兰也是被冠以美国的意识形态之后推出的，不能成为真正意义上国产文化的代表。其次，文化产业的商业化运作模式并不完善。产业链条的断层导致优质的文化产品在市场中未能发挥其最大的商业功效。还有，我国文化产业与文化产品的科技含量不高。据有关统计数据显示，我国文化产业使用的相关技术仍旧处于传统技术的阶段，使用的生产工具也都是西方发达国家淘汰遗留下来的，这种技术的落后使得文化产品缺乏国际竞争力，也导致我国文化的输出战略的困难程度加深。另外，我国设立的文化创意产业园区难以与国外的文化创意园区相匹敌，发挥出其应有的文化产业的集群效应，成为创意的源泉之地。最后，低效的行政审核流程一定程度上影响了文化产品的流通。由于文化产业具有特殊的文化属性，在现有体利下，影视作品或纸质读物都有一套严格的行政审核流程，这对文化产品的及时销售和后期流通，乃至文化创新具有一定影响。缺乏优质的产品、完善的产业链条、创新创意的文化氛围、高效的行政审批流程等都造成我国文化产业薄弱，难以成为中华文化的坚实载体与文化"走出去"战略的强力助推器。

四、"一带一路"背景下推动中华文化海外传播的对策建议

在"一带一路"背景下，推动中华文化海外传播既需要宏观层面的深层思考，还需要实践和操作层面的合理运作和科学安排。

注重文化传播顶层设计。坚持文化对外开放战略布局，发挥政府引领统筹作用，加强与"一带一路"沿线国家和地区政府间文化交流，着力建立长效合作机制，充分发挥国内各省区市优势，鼓励社会力量积极参与、共同建设。兼顾各方利益和关切，遵循国际规则和市场规律，充分发挥市场在资源配置中的重要作用，调动各方积极性，将文化与外交、经贸密切结合，形成文化交流、文化传播、文化贸易协调发展态势，实现互利共赢。探索设立对外文化产业基金，加强"一带一路"在文化领域的金融合作。围绕重点文化产业和重点项目，推动文化资源有效配置、生产要素合理流动、文化市场深度融合，形成丝绸之路文化产业发展合理布局。

构建包容和谐的全球视野。"一带一路"倡议涉及（但不限于）亚欧非65个国家、44亿人口，东连亚太经济圈、西接欧洲经济圈、横跨欧亚大陆，涵盖政治、经济、文化、外交、安全等诸多领域，具有全球视野、蕴藏中国智慧、基于长远考量，致力于主导泛区域化合作和深度参与全球治理改革，始终反对暴力殖民、主权干预、文化渗透、争霸世界，始终将开放包容、尊重多元、平等合作、和谐发展作为推进"一带一路"建设的主基调。在此意义上的文化传播必须跳出自我意识，超越局域思维。既要通过换位思考，理解沿线合作国家的担忧疑虑，积极采取各种方式消除外界误解，纠正误导性舆论和攻击性言论，让共建、共享、共赢的发展思路真正深入人心，让睦邻、友邻、惠邻的大国形象真正感同身受，同时也要立足全球视野，积极寻求各方在经济、政治、文化等方面的"最大公约数"，建立起复兴欧亚的共同理想，肩负起全球治理的共同责任，承担起维护和平的共同义务，实现互利共赢的共同目标，打造真正意义上的人类命运共同体。

挖掘特色文化资源。只有全面而准确地表现深厚的传统文化资源和丰硕的当代文化创新成果，才能更好地推动中华文化走出去，为人类文明做出中国独特的贡献。一是要研究沿线各国风土人情、民族习惯、文化渊源、审美趣味和时尚潮流。充分考虑各种文化背景下的消费习惯和风俗因素，研究国外不同受众群体的文化传统、价值取向和接受心理，找到他们的关注点和兴趣点，有针对性地开展适销对路的文化产品和服务，形成文化名牌，使中华文化不但能"走出去"，而且能"走进去"，最大限度减少"文化折扣"现象。二是要发挥各国的比较优势。充分挖掘"一带一路"的历史文化遗产，引

导和动员民间力量开展丰富多样的文化交流活动，支持沿线有关国家联合申请世界文化遗产，在坚持其独特价值观和文化特色的基础上实现内容和载体的创新，发挥各国在文化资源、制造、资本、人力等多方面的比较优势，将各自的潜在优势转化为实际发展成果，实现互利共赢、共同进步。

完善人才的培养机制。首先，在"一带一路"背景下完善学校课程，在丰富理论的同时加强学生实践能力的培养。其次，注重对高水平人才的引进，为我国的文化输出战略注入新的人才活力。最后，注重对民间组织人才的使用。很多民间文化组织中的人才不但是中华文化的传承者，更具备管理能力，且借助于民间组织的形式可以解决很多政府等官方不便解决的问题，还能促进文化的民间传播。所以，我国政府一定要注重对民间组织人才的培养和重用，为其提供便利条件，充分发挥其积极作用。

转变文化传播方式。在当今国际形势下，文化"走出去"已经不再是单向从内向外的过程，那种一厢情愿地靠强势推广和单向宣传的传播方式，往往欲速则不达，影响文化"走出去"成效，甚至影响到国家间的政治伦理互信。文化是互动的，要打破简单强调以我为主的单向传播方式，即便是一方的文化"走出去"，也需要在共同交往、理解尊重和互利共赢的基础上进行。从这个意义上说，"一带一路"倡议并非简单地复制古丝绸之路线路，而是要注重依靠区域主体自身的文化特点、发展特征、资源与制度禀赋的优势以形成发展合力；不是通过一套无差异或标准化的市场准入、经营模式、管理程序来挖掘各自的竞争力，而是承袭其商贸往来与文化交流功能，实践一种"合作导向的一体化"，推动文化、经济等各种资源要素在更广阔的范围内进行配置和结构优化。

增强文化企业竞争能力。培育具有国际竞争力的文化市场主体是推动中华文化"走出去"的关键环节。一是推动文化企业做好"走出去"的心理准备。必须事先熟悉国际商务的各种通行惯例和规则，对沿线国家或地区的政局状况、法律规章、风俗人情等充分了解，同时，为提高属地化水平，有必要尽可能多地了解当地的社会风气、人际关系、环境意识等特点特色，善于运用国际语言融入和开拓国际市场。二是提升产业层次、产品质量、科技含量、供应链管理和品牌打造能力。文化企业必须适应当前在国际价值链中位置的上升势头，顺势而为地提高各方面的能力与层次，并最终形成综合性的优势。三是推进文化产业结构调整。积极培育新的文化业态，培育一批外向型骨干文化企业和大型文化中介机构，提高文化产业规模化、集约化、专业化水平，大力打造文化产品和服务出口品牌，增强"走出去"的文化竞争力。

注重文化科技深度融合。当今社会是技术统治时代，很多文化变革、文化创新往往是技术发展和突破所带来的。创客、"互联网+""工业4.0"等体现了经济未来发展的趋势，也代表着"一带一路"的建设方向。加强文化与科技的融合，提高文化的传播力、表现力，能够使文化产品更有力地影响世界、造福人类。一是要推动有关科技领域先进、共性、关键技术成果向文化领域的转化应用，创新文化产品及服务模式，提升文化产品的科技含量。二是运用互联网思维带动文化与科技融合。互联网改变了社会生活，也逐渐改变传统的商业模式。在推动文化与科技的融合发展中，要坚持平台为王和内容为王并举，不断推动基于互联网和移动互联网的商业模式创新，推动专业垂直、O2O模式、股权众筹以及在线参与等新兴模式成为文化产业发展的主流。[1]

中国实现"两个一百年"的奋斗目标，需要一个长期和平稳定的国际环境。中国立志走出一条不同于传统大国崛起的复兴之路，希望向世界证明中国的发展是有利于世界和平、合作、和谐的力量。中国提出"一带一路"倡议，旨在用共商、共建、共享将之建设成一条互尊互信之路，合作共赢之路，文明互鉴之路。正是由于这些因素，中国在推进"一带一路"建设时，应当而且只能更多地依靠文化软实力，提升中华文化国际影响力。

（本文发表于《当代中国马克思主义研究2017》，
社会科学文献出版社，2018年。发表时有删节）

---

[1] 吴忠：《在"一带一路"战略实施中推动中华文化走出去》，载《深圳特区报》2015年8月18日B09版。

中华文明对美国早期发展的影响
——以华裔学者王小良的研究为个案

早在美国独立战争前后，富兰克林、杰斐逊、华盛顿等开国元勋就曾吸收和借鉴中国文化，用以指导新大陆的建设。遗憾的是，这一过程长期以来没有引起国内外有关历史学家的关注。直到十多年前，美国华裔学者王小良博士（Dr. Dave Wang）详细分析了中国文化对于华盛顿、富兰克林、杰斐逊，以及被誉为美国革命资助人的罗伯特·莫里斯（Robert Morris）的深远影响，这些影响涉及哲学、法律、农业、技术、航海和贸易等方方面面，远非今天的中国人和美国人所能想象。他的研究表明，美国的孔子哲学、茶叶、陶瓷、墙纸、大黄、大豆、房屋供暖、运河、造船、理性思维、火箭研究和应用以及可替代医药等，所有这些都是来自中国的文化贡献。这些研究向人们展示，美国历史上开国元勋们在美国文化形成时期努力将中华文明的积极元素引入美洲，他们不断地用中华文明中的积极因素来回答和解决在北美建立一个新国家的过程中所遇到的问题。从而，使中华文明对美国早期文化的形成产生了不可忽略的作用。王小良所从事的关于中华文明对美国早期发展，包括殖民地以及建国时期的影响在美国学术界正受到越来越多的重视。一些美国大学将他的研究成果作为教材，许多学者在其著作中引述王小良的研究。但由于这些研究是用英文在美国发表，国内学界对此鲜有介绍，也几乎没有任何反映。中美两国人民应该对300多年前中美两国在贸易、文化等各领域的广泛交流和影响有一个深刻的了解，但这段历史长期以来都被人们忽略和遗忘了，现在应当让它重见天日。

一、王小良其人

王小良博士1956年出生于中国吉林省梨树县，早在20世纪80年代末于西雅图的华盛顿大学做访问学者，后于1993年、2000年在亚利桑纳大学分别获得硕士和博士学位。现任纽约皇后区图书馆劳雷尔顿（Laurelton）分馆馆长，圣约翰大学（St. John's

University）兼职教授，国际亚洲文明与美州研究会会长，之前担任赫利斯（Hollis）分馆馆长。

近年来，他致力于中华文明对美国影响的研究。成果颇丰，现已在中国、美国、意大利、澳大利亚、印度，以及中国香港的媒体和杂志发表20余篇论文，其中包括《孔子与美国建国——美国开国元勋以儒家道德哲学建立新美德的努力》[1]、《来自东方的思想：美国建国之父与中国智慧》[2]、《本杰明·弗兰克林，乔治·华盛顿，托马斯·杰斐逊与中华文明》[3]、《我们（美国）同中国贸易》[4]、《托马斯·杰斐逊与中国建筑》[5]、《本杰明·富兰克林在北美推动中国丝绸文化》[6]、《中华文明与美国早期发展》[7]、《美国开国元勋与中国：中国文化影响美国的起源》[8]、《保卫美国殖民地：本杰明·富兰克林的长城（1756—1776）》[9]、《本杰明·富兰克林与中华文明》[10]、《探讨本杰明·富兰克林的道德生活》[11]等。

二、中华文明对美国早期发展的影响

（一）孔子与美国建国

众所周知，现代西方文明是在汲取中华文明积极因素的基础上发展起来的。从美国来看，当代美国德育的很多内容来自孔子。可是，由于意识形态的原因，加上近代以来

---

[1] Dave Wang, "Confucius in the American Founding: The Founders' Efforts to Use Confucian Moral Philosophy in Their Endeavor to Create New Virtue for the New Nation", *Virginia Review of Asian Studies*, Volume 16, 2014）: 11-26.

[2] Dave Wang, "Ideas From The East: American Founders And Chinese Wisdoms", *Virginia Review of Asian Studies*, Volume 18, 2016.

[3] Dave Wang, "Benjamin Franklin, George Washington, Thomas Jefferson and Chinese Civilization", *Virginia Review of Asian Studies* 2009. http: //virginiareviewofasianstudies.com/current3.html

[4] Dave Wang, "With China We Trade", *Asia Times*, Hong Kong）, March 11, 2009. It is available on line at http: //www.atimes.com/atimes/China: Business/KC11Cb01.html

[5] Dave Wang, "Thomas Jefferson and Chinese Architecture", The 18th World History Association Annual Conference, Salem State College, June 28, 2009, Salem, USA.

[6] Dave Wang, "Benjamin Franklin's Efforts to Promote Sericulture in North America", *Franklin Gazette*, Volume 18, No. 2, Summer 2008.

[7] Dave Wang, "Chinese Civilization and the Early Development of the United States", *The Historical Review: A Biannual Journal of History and Archaeology*, Vol. Indian Institute of Oriental Studies and Research, Kolkata, India, 2010.

[8] Dave Wang, "The US Founders and China: The Origins of Chinese Cultural Influence on the United States", *Education about Asia*, Fall 2011: Volume 16, No. 2.

[9] Dave Wang, "Defending the American Colonies: Benjamin Franklin's Great Wall, 1756—1776", *Virginia Review of Asian Studies*, Volume 17, 2015.

[10] Dave Wang, "Benjamin Franklin and Chinese Civilization", *U.S-China Relation Series*, No. 2, New York, Outer Sky Press, August 2006.

[11] Dave Wang, "Exploring Benjamin Franklin's Moral Life", *Franklin Gazette*, Volume. 17, No. 1, Spring 2007.

中国的落后，这些来自东方的影响却被某些西方学者有意识地掩盖和抹杀了。他们利用文明的相似性，把来自孔子的影响说成是来自希腊和罗马的传统。也有些西方学者表面上欣赏中华文明，实际上是把中华文明作为反面教材，以此来衬托西方文明的伟大，这是非常荒谬的。在国内，受这些影响，也有部分人看不起我们自己的文明传统，这是非常可怕的。

王小良发现，美国开国元勋们对孔子的情有独钟可以从《美国宪法》之父、《人权宣言》的作者詹姆斯·麦迪逊（James Madison，1751—1836）的家中看出。他在自己的家里特地悬挂了孔子的画像。而美国革命的主要推动者之一、对动员殖民地人民起来革命起到至关重要作用的小册子《常识》（*Common Sense*）的作者，托马斯·潘恩（Thomas Paine，1737—1809），则将孔子同耶稣基督、苏格拉底置于同等地位。本杰明·富兰克林被公认为美国精神的创始人，他曾庄严地声明，孔子的道德哲学对整个人类都有价值。托马斯·杰斐逊（Thomas Jefferson，1743—1826）是《美国独立宣言》的主要起草人，曾将孔子《诗经》中的《魏风》放在自己选编的参考文集里。他一再表明自己要做一个《魏风》中所歌颂的青史留名、为人民所怀念的领袖。其他的主要开国元勋，比如约翰·亚当斯（John Adams，1735—1826）和本杰明·拉什（Benjamin Rush，1746—1813），在设计美国未来发展蓝图时，对孔子的道德哲学也做了高度评价。这些开国元勋们号召美国人民从孔子道德哲学中汲取营养，提升自己的个人道德。[1]那么，问题是，开国元勋为什么对孔子道德哲学感兴趣呢？

王小良认为，孔子的道德哲学和美国开国元勋所要求的个人道德的内容有很多的相同。开国元勋的个人道德的主要内容包括以诚待人、对家庭真诚、负责、节制个人愿望。而孔子主张的个人道德，如仁、义、智、信、恕等同开国元勋们要求的公民个人道德非常接近。开国元勋们所要求的个人道德素质，都可以在孔子的道德哲学中找到。开国元勋们相信，一个充满仁爱、有道德的人更会支持追求全民幸福的理念。

王小良的研究罕见地揭示了美国创立初期，开国元勋们针对当时道德腐败所带来的糟糕结果，利用中国儒家道德哲学建立美国的"新美德"，以培养具有良好道德的公民为国家服务，从而彰显了中华文明对西方文明的影响，尤其是儒学对世界其他文明的潜移默化作用。

（二）北美殖民地和中国风

中国文化在18世纪北美殖民地的流行可能是今天的人们所无法想象的。王小良在

---

[1] Dave Wang, "Confucius in the American Founding: The Founders' Efforts to Use Confucian Moral Philosophy in Their Endeavor to Create New Virtue for the New Nation", *Virginia Review of Asian Studies*, Volume 16, 2014: 11-26.

他的研究中引述了前总统克林顿的一番话表示，中国作为"一个有着很强创造力、知识和财富的国家"，其对美国的影响早在美国诞生之前便已开始了。[1] 从印刷到诗歌，从医药到数学，再到指南针以及人道主义的哲学，中国对世界文明的许多最早的贡献直到今天还在丰富着我们的生活。

在美国建国之前，殖民地时期的居民们早已熟悉中国和中国的许多产品，这些产品通常被作为"新鲜事物"来对待。对于那些过着清教徒生活的早期居民来说，遥远的中华帝国是他们所珍视的茶和丝绸的来源。到18世纪中期，殖民地的商人们从中国运来了大量的中国家具、墙纸、丝绸和瓷器，这些商品不但成为上层人物的奢侈品，也逐渐在社会的中低层散播开来。

王小良在查阅和研究了当时的大量书信、个人日记等文献后认为，当时美国社会的许多领袖人物，包括富兰克林、杰斐逊和华盛顿，都对中国的文化有着强烈的兴趣。他们不单是对中国的商品感兴趣，更希望学习中国社会是如何制造这些商品，同时又是如何通过制造这些商品来发展自己的经济的。

富兰克林一度非常努力地在殖民地提倡发展养蚕业，认为丝绸不但让中国人有衣可穿，而且还可以用来出口，繁荣自己国家的经济。当他远在欧洲的时候，通过女儿来信得知北美许多人开始尝试制作丝绸，他感到由衷的高兴。[2]

杰斐逊在得知中国的某些旱稻品种在欧洲生长得非常不错时，竭力从欧洲的朋友那里获取这些旱稻的种子，他希望将这些旱稻移植到南卡罗来纳的种植园里，这样可以解决水稻带来的许多问题。其中的一个问题关于种植水稻的奴隶，他们由于长期浸泡水中，得了很多疾病。通过引进中国品种，这些奴隶可以不再受各种疾病的困扰。[3]

乔治·华盛顿一度非常努力地在自己的花园里种植来自中国的花草，希望他们能够在北美的土壤中繁衍开来。而纽约等地的商人效仿中国的运河系统在纽约和奥本尼之间建立了自己的运河，直到今天这条运河对纽约经济的影响仍清晰可见。

值得一提的是，富兰克林等当时北美社会的精英大多从欧洲出版的传教士撰写的图书和从事远东贸易的商人那里获得有关中国的各种知识和商品，许多到达美洲的商品，如茶叶，也都是从欧洲转运而来，早期的中美直接贸易直到18世纪中期才真正开始。

---

[1] Dave Wang, "Chinese Civilization and the Early Development of the United States", The Historical Review: A Biannual Journal of History and Archaeology, Vol. Indian Institute of Oriental Studies and Research, Kolkata, India, 2010.

[2] Dave Wang, "Benjamin Franklin's Efforts to Promote Sericulture in North America", Franklin Gazette, Volume 18, No. 2, Summer 2008.

[3] Dave Wang, "Thomas Jefferson's Incorporating Positive Chinese Elements from Chinese Civilization", Virginia Review of Asian Studies 2012, Fall, pp.143-157.

（三）华盛顿和早期中美贸易

说到中国对早期美国的影响，贸易自然是不能忽略的一个方面。王小良在他的《与中国通商》（"With China We Trade"）一文中提到了华盛顿当年对开发中美贸易的关注。[1]

独立战争后的美国，虽然摆脱了殖民地地位，但得面对大英帝国在欧洲市场上对美国的全面封锁。如果不能重振战后的美国经济，那么政治上的独立肯定无法长久。在这种时刻，与远在东方的中国进行贸易对新生的美国至关重要。

1784年2月，第一艘驶往中国的美国船只——"中国皇后号"（Empress of China），在纽约码头启程，驶往中国的广东。华盛顿本人亲自签署了"船书"（Sealetter，国际航海中表明船只身份的文书）。这无疑显示了美国的开国总统对与中国进行贸易往来的重视，他希望"中国皇后号"能为新生的国家打开新的航路，新的市场和建立新的贸易伙伴。

"中国皇后号"携带了北美为数不多的可能引起中国商人兴趣的商品——阿帕拉契亚山脉的人参和美州特产的红酒和白酒，以及一些动物皮毛，其中人参占了主要的比例。一年后"皇后号"返回，带回了大量的茶叶和茶具，茶叶主要是产自福建的武夷茶（在北美和欧洲被称为Bohea），这些商品令资助"皇后号"的商人们获得了数倍于当初投资的利润。

"中国皇后号"的成功激发了纽约、费城以及奥本尼等地的大批商人的兴趣，他们纷纷资助和修建船只，扩展与中国的贸易。而中国的广东对于当时的美国来说，无疑是全世界不多的贸易中心之一。一个有趣的细节是，前往广东的商人们不久便发现当地的人们对产自北美的酒类很快便失去了兴趣。

（四）富兰克林的中国缘

本杰明·富兰克林是美国历史上人尽皆知的人物，他的《穷理察年书》畅销至今。然而，鲜有人知道富兰克林曾对孔子思想有所研究，他还曾企图效法中国的长城来抵御法国殖民者和北美印第安人侵袭。王小良在他的《本杰明·富兰克林、乔治·华盛顿、托马斯·杰斐逊和中国文明》一文中表示，[2]美国文明并非只是欧洲文明的一个延伸，在美国文明形成的过程中，开国元勋们从中国文明中吸取了许多积极有用的元素，用他们来指导新国家的建设。这其中最有代表性的便是富兰克林深入研究，并在美国推行孔子个人修养理念的历史。

---

[1] Dave Wang, "With China We Trade", *Asia Times*（Hong Kong）, March 11, 2009. It is available on line at http：//www.atimes.com/atimes/China：Business/KC11Cb01.html.

[2] Dave Wang, "Benjamin Franklin, George Washington, Thomas Jefferson and Chinese Civilization", *Virginia Review of Asian Studies 2009*. http：//virginiareviewofasianstudies.com/current3.html.

富兰克林最早接触到孔子的学说是在欧洲，而不是在美国。早在1724年，富兰克林借钱前往伦敦，目的是去购买一台印刷设备。他利用在伦敦的时间拼命研读各种书籍，其中一本便是1691年伦敦出版的《孔子道德学说》（*The Morals of Confucius*），[1]其中有关君子如何修养自己的身心，然后向子民传播，以及"修身、齐家、养性"等理念给年轻的富兰克林留下了深刻的印象，以至于他将其中一段话特地印在了1737年3月出版的《宾州纪事报》（*Pennsylvania Gazette*）上，与殖民地的读者分享。

王小良引用作者艾德蒙·摩根（Edmund Morgan）在《本杰明·富兰克林传》[2]一书中的话表示，在富兰克林最终决定了自己的行为准则和信仰后，他并不挂在嘴上，而是在行动中处处以这些思想为指导，来决定自己的做人和处世方式。在22岁那年，富兰克林列出了他所认为的最重要的13条做人的"美德"或准则，来完善自己的人格。王小良在将这些准则进行研究之后认为，毫无疑问它们是受到了孔子思想的启发。他并将这十三条准则同孔子的学说一一对比，说明了它们的相似性。在1737—1738年间，富兰克林在他的《宾州纪事报》上刊登了一系列介绍孔子思想的文章，标题为《孔子道德摘选》（"From the Morals of Confucius"）。他在文中认为，孔子的思想解决了三个方面的问题：人们应当如何来培养自己的情操，规范自己的行为；用什麽样的方法来指导别人；人们应当如何尊重和致力于社会公益。

除了孔子思想外，富兰克林对中国的长城也深有研究。在1754—1763年殖民地对抗北美印第安人和他们的法国盟友的战争中，身处宾州的富兰克林力主修建一座类似于中国的长城的城墙，来保护殖民地的居民。

王小良在研究中发现，富兰克林是在1756年修建了他的"北美版"的长城，当时他率领500名殖民地士兵负责保卫宾夕法尼亚，以确保当地的居民不受法国人和印第安人的侵袭。在给好友塞缪尔·罗兹（Samuel Rhodes）的一封信中，富兰克林明确表示，单单修建碉堡并不能保证我们的安全，必须修建一座像中国那样的城墙，把殖民地的两端都连起来，这样才能起到保护的作用。虽然这座"长城"没有被保存下来，但根据富兰克林的儿子后来的作证，那座城墙对法国人和印第安人构成了巨大的障碍，令他们无法进入殖民地核心区域。[3]此外，富兰克林也积极在北美殖民地推动丝绸业的发展，希望借丝绸来推动殖民地的经济。富兰克林一度对他的同事宣称，如果人们觉得种小麦没有意思，那么他们应当考虑养蚕和制作丝绸，生产麻布和丝绸对于美国内陆来说再合适不

---

[1] Confucius, The Morals of Confucius: A Chinese Philosopher, Who Flourished Above Five Hundred Years Before the Coming of Our Lord and Saviour Jesus Christ. Being one of the most Choicest Pieces of Learning Remaining of That Nation. London: printed for F. Fayram, 1691.

[2] Edmund S. Morgan, Benjamin Franklin, Yale University Press, 2002.

[3] Dave Wang, "Defending the American Colonies: Benjamin Franklin's Great Wall, 1756—1776", *Virginia Review of Asian Studies*, Volume 17, 2015.

过。他并引用中国为例表示,中国的丝绸业的发达使得这个国家人人都可以用丝绸来做衣服穿,同时他们还可以把多余的丝绸用来出口,而后来这些丝绸便传遍了印度和欧洲等地。[1]

富兰克林对中国的陶瓷制品也非常看重,甚至将美国比作一个"尊贵的中国花瓶"。在独立战争胜利后,他一度表示,现在在美国"人们终于可以来看护自己的中国花瓶"了。[2]

(五)杰斐逊和中国建筑

自18世纪初开始,中国的建筑和家具风格在北美逐渐流行开来,人们视这些来自遥远的中华帝国的设计为流行时尚。当时的家具如座椅和橱柜等流行一种"Chinese Chippendale"的风格,其典型特点便是在顶部拥有像宝塔一样的曲线,刻上龙的图案,以及两边的"耳朵"往上翘起。上述的设计风格不单被用在家具中,在建筑上也经常被采用。根据王小良博士的研究,美国的另一位开国元勋杰斐逊,便是最早推崇中国设计风格的人之一。杰斐逊本人对于花园非常钟爱,认为对于一位绅士来说,花园是建筑必不可少的一部分。而美国的宽广和肥沃的土地让人们可以不需花费便可以造出绝美的花园。杰斐逊在考虑修建自己的花园时,对采用中国的园林设计风格表现出了非常大的兴趣。他最终在朋友的帮助下,在花园的屋顶、门廊和过道的栏杆中采用了许多中国的元素。杰斐逊在弗吉尼亚州的庄园Monticello至今被视为美国最珍贵的建筑遗产之一。而杰斐逊本人也将其视为自己的建筑理念和各种建筑尝试的体现。这是一座意大利文艺复兴风格的建筑,但在其中的墙壁装饰和护栏上采用了许多中国雕花格子的设计,这一设计也被他用在了位于Farmington和Barboursville的两处住所内。

根据王小良的研究,杰斐逊在晚年曾一度考虑修建一座有中国式屋顶的建筑,以及几座中国式的亭子。他在1771年的笔记中明确表示,他希望修建一座方形的"中国庙宇"(a square "ChineseTemple")。据记载,建筑两层高,其中一边要有四根柱子。杰斐逊写道,"和普通的(意大利式)Tuscan风格相比,我更倾向于这些中国的庙宇设计"[3]。

王小良认为,杰斐逊的庄园建筑在他生前和去世后,都被来自世界各地的人瞻仰,因此,人们有理由相信,他的设计风格和理念影响了各地的人,其中的中国元素无疑也

---

[1] Dave Wang, "Benjamin Franklin's Efforts to Promote Sericulture in North America", *Franklin Gazette*, Volume 18, No. 2, Summer 2008.
[2] Dave Wang, "Benjamin Franklin and Chinese Civilization", *Reset Dialogue on Civilizations*, Well-known European Website, Italy). http://www.resetdoc.org/EN/Franklin-Wang.php
[3] Dave Wang, "Thomas Jefferson's Incorporating Positive Chinese Elements from Chinese Civilization", *Virginia Review of Asian Studies* 2012, Fall, pp.143-157.

会被无数的人注意到。王小良引述一名研究者基尔斯顿·拉森·戴围斯（Kiersten Larsen Davis）在评价殖民地时期美国对中国装饰艺术的追随时表示，"在他的私人居所里包含的中国元素，使得杰斐逊的Monticello庄园成为了杰斐逊本人对中国文化的推崇的公共展示"[1]。

（六）中国进口花旗参对美国的影响

长期以来，学术界对人参在美国开国元勋们开启中美关系大门的贡献方面有所研究，可是，人参对美国社会发展和美国文化形成的影响一直被中美两国的学者忽略了。

从18世纪后半期到19世纪上半期，美国的花旗参一直是美国对华贸易的主要商品之一。促成花旗参受欢迎的直接原因便是清朝帝王对于人参的偏爱和垄断。为满足皇家对人参的需求，清政府禁止中原人到东北采参。正是这一禁令，为刚刚独立的美国打破英国的经济封锁打开了大门。美国开国元勋们看到了向中国出口人参的宝贵机会。他们同英国的独立协议刚一签订，美国的第一艘货船"中国皇后号"便满载人参前往中国，在广州高价售出。从此，美国人参源源不断地流入中国。[2]

王小良认为，人参作为美国早期对华出口的主要商品，它对美国社会和文化的贡献远远超出了国际贸易的范畴。它影响了美国社会的发展，帮助推动了西进运动。实际上，花旗参对美国社会发展产生了相当大的影响。西部开发是美国发展的主体。从某种意义上讲，一部西部开发史，就是美国的近代史。寻找人参以满足对中国的贸易需求是推动西部开发的一股重要力量。从东部的沿海地区到明尼苏达、密苏里以及依阿华，在阿巴拉契亚山脉，在宾夕法尼亚，在弗吉尼亚，在凡是可以找到人参的地方，都可以看到挖参大军。全美国形成了一个人参热。乔治·华盛顿总统在日记中，记录了当时美国商人进行人参贸易的事实。商人们再把人参运到纽约、波士顿和费城等港口城市，然后装船运往中国。挖参者、商人、运输者汇成一股巨流，汇入到西进的队伍中。大量人员的流动增加了信息的交流，促进了社会形态的变化。人口流动是地方主义的劲敌。东部的信息不断传到开发中的西部。这些信息对西部的开发者具有重要的教育意义。[3]

三、简要的结论

王小良的研究告诉我们，中华文明对美国建国进程的影响不是一个"历史故事"，而是一个历史史实和传统。这个由美国开国元勋们创立的传统，被后来的很多美国领导

---

[1] Dave Wang, "Thomas Jefferson and Chinese Architecture", The 18th World History Association Annual Conference, Salem State College, June 28, 2009, Salem, USA.

[2] Dave Wang, "Chinese Civilization and the United States: Tea, Ginseng, Porcelain Ware and Silk in Colonial America", *Virginia Review of Asian Studies* 2011, pp.113-131.

[3] Dave Wang, "American Ginseng and Its Effect on Americanization", *Virginia Review of Asian Studies* 2012, spring, pp.131-135.

人很好地继承下来。从里根总统钟爱老子道德哲学，到奥巴马总统喜欢孟子的论述，以及美国战略家对孙子兵法的情有独钟——美国领导人能够从中华文明中汲取营养，用以指导美国的发展，这对我们应该有所启示。它首先要求我们坚定对中华文明的信念，认识中华文明对世界文化发展做出的巨大贡献；其次，也应该看到，美国开国元勋在从中华文明学习的过程中主要是坚持了西方文明，中华文明的积极因素只是用来推动美国文化的建设。美国开国元勋的学习是有选择性的，他们不是将中华文明全部接收过来，而是只学习对他们建设一个新社会有价值的东西。这是一个文明向其他文明学习的正确之路，应该为中国和世界文化的发展带来有益启示。

（本文为"中国文化的世界性意义高层论坛"会议论文，2016年6月23-24日，北京）

孔子与美国建国

——美国开国元勋以儒家道德哲学建立新美德的努力

译者按：王小良（Dave Wang），原籍吉林省梨树县，2000年在美国亚利桑纳大学（University of Arizona）获得博士学位，现为美国纽约皇后图书馆劳雷顿分馆（Queens Library at Laurelton）馆长，圣约翰大学（St. Johns University）兼职教授。他长期致力于中华文明对美国早期发展的影响研究。近年来，先后应邀在美国、意大利、英国、日本等国讲学和讲演，其研究成果在美国、印度、日本以及欧洲学术杂志发表，美国《纽约时报》（*New York Times*）、美国《侨报》（*The China Press*）等媒体报道了他的研究成果。本文原题为"Confucius in the American Founding: The Founders' Efforts to Use Confucian Moral Philosophy in Their Endeavor to Create New Virtue for the New Nation"，发表于美国《弗吉尼亚亚洲研究评论》2014年第16卷（*Virginia Review of Asian Studies*. Volume 16（2014）：11-26）。感谢王小良博士授权翻译，本译文经王小良先生修改、审定。

众所周知，现代西方文明是在汲取中华文明积极因素的基础上发展起来的。从美国来看，当代美国德育的很多内容来自孔子。可是，由于西方的种族优越感和意识形态等方面的原因，加上近代以来中国的落后，这些来自东方的影响却被某些西方学者有意识地掩盖和抹杀了。他们利用文明的相似性，把来自孔子的影响说成是来自希腊和罗马的传统。也有些西方学者表面上欣赏中华文明，实际上是把中华文明作为反面教材，以此来衬托西方文明的伟大，这是非常荒谬的。在国内，受这些影响，也有部分人看不起我们自己的文明传统，这是非常可怕的。

这篇文章罕见地揭示了美国创立初期，开国元勋们针对当时道德腐败所带来的糟糕结果，利用中国儒家道德哲学建立美国的"新美德"，以培养具有良好道德的公民为国家服务，从而彰显了中华文明对西方文明的影响，尤其是儒学对世界其他文明的潜移默化作用。同时，这篇文章也具有现实意义，对推进当前国内反腐具有借鉴作用。因为建立良好的美德是反腐成败的根本,心中的腐败只有用美德才能消除。构建中华民族的美德必然是在中华美德的基础上,汲取西方的积极因素。美国开国元勋的远见卓识应该对我们有所启示,应该采取他们对孔子美德教育的态度来对待西方文明中的先进之处。

孔子与美国建国似乎是两个毫不相关的概念。孔子(公元前550—前476年)的拉丁化名字是"Confucius",为中国春秋末期(公元前771—前476年)伟大的思想家和教育家。而18世纪70年代正是美国开国元勋们冒着生死危险推翻英帝国主义统治的时期。尽管孔子与美国开国元勋有许多不同之处,但事实上二者之间存在着紧密的联系。在美国创立过程中,开国元勋们应用了许多儒家道德哲学的价值观。[1]他们对儒家思想的认可在许多方面都能体现。例如,美国宪法和权利法案之父詹姆斯·麦迪逊(James Madison, 1751—1836)的家里就有一幅孔子画像;《常识》(Common Sense)作者托马斯·潘恩(Thomas Paine, 1737—1809)认为,孔子是与耶稣和苏格拉底齐名的中国圣人;[2]美国精神的创立者本杰明·富兰克林(Benjamin Franklin, 1706—1790)曾庄严声明,儒家道德哲学对全人类大有价值;[3]《独立宣言》(The Declaration of Independence)主要起草人托马斯·杰斐逊(Thomas Jefferson, 1743—1826),在1801年总统就职演说中大力倡导儒家道德原则。在其个人精华文摘汇编中,杰斐逊还收录了孔子推荐的关于一位杰出中国王子的诗歌。其他开国元勋们,例如约翰·亚当斯(John Adams, 1735—1826)和本杰明·罗许(Benjamin Rush, 1746—1813),在他们致力于创建新的国家蓝图的过程中也同样高度赞扬了孔子。这些开国元勋们呼吁美国公民从儒家道德哲学中汲取积极因素,并按照这些道德榜样培育和提升自己的美德。[4]

这些美国初创期伟大的开国元勋们对于孔子的集体推崇激发了笔者的好奇心,我试图探寻孔子的道德教化为何如此重要。独立战争是美国的一场政治革命,标志着美国作为一个新兴国家的诞生,但它同时也是一场道德革命。虽然开国元勋们由其立场出发关注公民自由和经济自由,提出了"没有代表权就不纳税"的观念,但他们也非常关注社会道德问题。他们充分认识到,这场战争既是反对财政压迫,也是与"18世纪英国上流社会的腐败"做斗争。[5]因此,这些建国之父们下定决心要构建一套与新的国家需求相适

---

[1] 王小良:《美国缔造者与中国:中国文化对美国影响的起源》,载《亚洲教育》2011年秋季号,第5-11页。

[2] http://americancreation.blogspot.com/2010/03/confucius-baseball-and-apple-pie.html, 2018/05/17)。

[3] Benjamin Franklin, Letter to George Whitefield, July 6, 1749. It is available on line at http://www.historycarper.com/1749/07/06/the-example-of-confucius, 2018/05/17)。

[4] Patrick Mentis, *Peaceful War: How the Chinese Dream and the American Destiny Create a Pacific New World Order*. New York: United Press of America, 2013, p.50.

[5] Marvin Olasky, *Fighting for Liberty and Virtue*. Washington D.C.: Regnery Publishing, 1996, p. 142.

应的新美德。由于见证了旧世界道德腐败所带来的糟糕结果,开国元勋们孜孜不倦地利用各种有价值的道德资源为新国家创建美德。

良德关乎新生国家的生死存亡

"我们可以指望军队保卫我们。但是,美德是我们安全的最佳保障。如果美德不是被极其崇尚,任何一个国家都不可能永远自由。"[1]

1783年革命的终结为北美英国殖民地居民带来了自由。但是,这种自由也带来了更多胡作非为的机会。18世纪末,美国城市盛行的"快乐和自由文化"导致了道德问题。根据一些现存史料记载,在18世纪每一个美国城市的几乎所有街区,人们都可以找到从事非法活动的公共场所。

这些问题以及一些其他社会难题令开国元勋们震惊。他们一致同意,道德建设不仅为保存革命成果延续所必需,而且更应优先考虑。他们认为,有美德的人才能生活在自由的社会。几乎每一位开国之父都证明了美德与自由之间的联系。乔治·华盛顿(George Washington,1732—1799)告诉美国人民:"本质上,美德或道德是大众或者共和政府主要的、必需的源泉。"[2]本杰明·罗什声称,"没有道德就没有自由"[3]。本杰明·富兰克林警告世人,"只有道德高尚的人才能拥有自由。如果国家变得腐败和邪恶,人民就更需要主人"[4]。托马斯·杰斐逊告诉他的美国同胞,"作为社会的国家塑造了有道德的个体,每一个国家成员都应对其社会负责"[5]。约翰·亚当斯告诉美国人民,尽管独立战争的胜利使殖民地人民获得了解放,但是如果没有美德,"他们将不会获得长久的自由"[6]。他还提到,"如果美德和知识在人民中传播,他们将永远不会遭到奴役。这将是他们伟大的保障"[7]。亚当斯反复警告,"就如没有灵魂身体不能存活和移动一样,没有美德和独立,自由将不复存在"[8]。杜绝腐败是约翰·亚当斯关注的主要问题。他告诉美国人:

---

[1] The Founders' Constitution, Volume 1, Chapter 18, Document 6. See: Harry Alonzo Cushing, ed, *The Writings of Samuel Adams*. 4 vols. New York: G. P. Putnam's Sons, 1904-1908. It is available on line at http://press-pubs.uchicago.edu/founders/documents/v1ch18s6.html, 2018/05/17.

[2] "Washington's Farewell Address 1," Henry Cabot Lodge, ed, *The Works of Alexander Hamilton*, , Federal Edition), vol. 8 [1774]; *The Works of Alexander Hamilton*, , Federal Edition), 12 vols. New York: G.P. Putnam's Sons, 1904.

[3] Dagobert D. Runes, ed., *The Selected Writings of Benjamin Rush*. New York: Philosophical Library, 1947.

[4] Jared Sparks, ed., *The Writings of Benjamin Franklin*. Boston: Tappan, Whittemore and Mason, 1840, Vol. X, p. 297, April 17, 1787.

[5] Thomas Jefferson, Thomas Jefferson to George Hammond, 1792.

[6] John Adams, Letter to Zabdiel Adams, June 21, 1776.

[7] John Adam, Letter to Mercy Warren, April 16, 1776. It is available on line at http://www.revolutionary-war-and-beyond.com/john-adams-quotes-3.html#ixzz1xyBN7z8K, 2018/05/17.

[8] John Adams, Novanglus Letters No. III, 1774.

目前还没有一个有权利的政府能够对抗在道德和宗教驱动下的人民的激情。贪婪、野心、复仇或者勇气会打破我们的宪法中最坚固的内核，就像一条鲸鱼冲破了渔网一样。我们的宪法是为有道德和宗教信仰的人民制定的。[1]

詹姆斯·麦迪逊也附和道：

每一个政治宪法的目的是或者应该是，首先为管理国家获得有极高的智慧去辨认，有最好的美德去追求社会的公益的人。其次，是当这些人继续享有公众的信任时，以最有效的措施来使他们保持他们的美德。[2]

作为新生国家的主要缔造者，开国元勋们认识到，仅靠一个完美的政府计划维护自由是远远不够的。他们需要某些人民能够接受的道德准则激励其自愿地遵守法律。他们认为，一个自由的政府应该为人民所支持，而这些支持是遵照道德而非强迫，而且不会故意侵犯他人的权力。本杰明·富兰克林坚信，"没有道德的法律是徒劳的"。[3]因此，在社会和政治转型期，为新兴的美国培育一套新美德就成为最重大的议题。秉承这种想法，开国元勋们将目光投向了儒家道德哲学。

私人美德与儒家道德哲学

一般认为，社会公德是自由的基础，而私人美德是社会公德最重要的因素。早在1776年，约翰·亚当斯就强调私人美德的重要性。他告诉同胞们，美国新政府制定的原则是"全人类中伟大而优秀的，但这些原则也及容易被破坏，因为人性是堕落的"。因此，"社会公德是合众国的唯一根基"。然而，"社会公德不可能在一个没有个人公德的国家中存在，同时，必须有为公共利益服务的积极的热情"，[4]詹姆斯·麦迪逊强调了私人美德对于新兴国家的重要性。于他而言，"如果人们没有任何美德，要设想自由或

---

[1] John Adams, October 11, 1798, letter to the officers of the First Brigade of the Third Division of the Militia of Massachusetts. Charles Francis Adams, ed., *The Works of John Adams, Second President of the United States*. Boston: Little, Brown, and Co., 1854, 9: 229.

[2] James Madison, "The Alleged Tendency of the New Plan to Elevate the Few at the Expense of the Many Considered in Connection with Representation", *The Federalist* No. 57, *New York Packet*, Tuesday, February 19, 1788.

[3] Benjamin Franklin, Motto of the University of Pennsylvania.

[4] John Adams to Mercy Warren, 16 Apr. 1776, Warren-Adams Letters 1: 222—23, The Founders' Constitution, Volume 1, Chapter 18, Document 9. It is available on line at http://presspubs.uchicago.edu/founders/documents/v1ch18s9.html, 2018/05/17.
Warren-Adams Letters, Being Chiefly a Correspondence among John Adams, Samuel Adams, and James Warren. Vol. 2, 1778—1814. Collections of the Massachusetts Historical Society, vol. 73. Boston: Massachusetts Historical Society, 1925.

幸福简直就是空想"。[1]詹姆斯·麦迪逊同样告诉美国人，"如果抛弃了美德，野心将侵入那些倾向于接受它的人们的头脑，整个社会将被贪婪占据"，"自然法则是，个人幸福与美德实践无法分离"。[2]杰斐逊明白，为使国家继续取得成功，领袖们必须树立榜样。

私人美德意味着做人正直。必不可少的私人美德主要包括以下品质：与人交往诚实可信，对家庭忠诚负责，以及控制自己的欲望。在孔子提倡的价值观里可以找到这些私人美德强调的品质。例如，儒家道德哲学主要推崇的一个信条就是，对于公益事业和公共利益要有积极的热情。

儒家道德哲学是构成儒学思想的最重要部分，被称为中国古代传统文化的结晶。孔子教导人们，君子要具备五德：仁，即仁慈；义，即正直，要求忠诚、宽恕、利他主义；智，即知识；信，即忠心；礼，即礼貌、教养。

孔子教导人们，优秀的领导者可以通过道德力和榜样创造一个完美的世界。孔子视领导者为有道德的人；因此，任何渴望或追求社会地位而希望成为领袖的人，必须严格打造和磨砺自己的个性，或曰"德"。在这个意义上，"德"并不仅指个人权力，还包括诸如诚信、忠诚等积极的人类品质。孔子相信个人应为社会利益自我提升道德修养。

开国元勋们认为，那些可敬又仁慈的人更有可能支持追求全民幸福。一个充满深情的人不但能够更好地与邻居和谐相处，而且能够更好地理解为了新国家的成功而作出的牺牲。开国元勋们从孔子的道德教化中看到了新兴国家所需要的私人美德。

儒家道德哲学的主要原则为开国元勋们提供了公民和未来领袖建立新的个人美德所需要的内容。这些开国元勋们梦想着以儒家君子的标准培养出真正具有美德的人。因而，对于开国元勋们来说，儒家道德哲学对他们为之奋斗的事业如此重要。

北美独立战争期间的儒家道德哲学

在18世纪的北美殖民地社会，孔子受到广泛讨论。包括本杰明·富兰克林在内一批杰出的殖民地开拓者，都表达了对这位哲学家的尊敬。早在1727年，富兰克林就遵循孔子的道德修养步骤培育自己的美德。富兰克林把传播孔子的道德教化作为自己的职责。[3]1737年，他在发行甚广的《宾夕法尼亚周报》（*Pennsylvania Gazette*）上发表了关于《孔子道

---

[1] James Madison, Representation, Virginia Ratifying Convention, Chapter 13, Document 36, 20 June 1788, Papers 11: 163. It is available on line: http://presspubs.uchicago.edu/founders/documents/v1ch13s36.html, 2018/05/18.

[2] Thomas Jefferson, *Jefferson's Literary Commonplace Book*: *The Papers of Thomas Jefferson Second Series*. New Jersey: Princeton University Press, 1989.

[3] Dave Wang, "From Confucius to the Great Wall: Chinese Cultural Influence on Colonial North America", *Asia Japan Journal*, 10th Anniversary Special Issue, March, 2011, Asia Japan Research Center, Kokushikan University, pp.117-125; "Benjamin Franklin, George Washington, Thomas Jefferson and Chinese Civilization", *Virginia Review of Asian Studies* 2009. http://virginiareviewofasianstudies.com/current3.html, 2018/05/17; " Exploring Benjamin Franklin's Moral Life", Franklin Gazette, Volume. 17, No. 1, Spring 2007.

德》（*Morals of Confucius*）一书的摘录。[1]1749年，富兰克林明确表示要把孔子作为自己学习的榜样。[2]1775年8月，就在独立日前夕，托马斯·潘恩对中国表现出浓厚又明智的兴趣。他在《宾夕法尼亚杂志》（*Pennsylvania Magazine*）上发表了一系列关于中国的著作。[3]

当时一些其他杰出人物也同样赞赏孔子教导的价值。例如，约翰·巴特拉姆（John Bartram，1699—1777），作为殖民地著名的植物学家，他对中国哲学非常感兴趣，尤其钟情于孔子的人格。[4]巴特拉姆写过一篇题为《中国哲学家孔子的人生与性格》的文章，向读者介绍了孔子的生活。[5]詹姆斯·洛根（James Logan，1674—1751），另一位费城非常有影响力的殖民地开拓者，1733年其私人图书馆获得了欧洲第一本关于孔子哲学书籍。[6]但洛根对耶稣会士的翻译并不满意，他表达了希望获得儒家学说"真正意义"的强烈渴望。[7]乔尔·巴洛（Joel Barlow，1754—1812）是一位美国诗人和外交官，他认为孔子是古代历史中最有智慧的哲学家之一。[8]杰迪代亚·莫尔斯（Jedidiah Morse，1761—1826）是一位著名地理学家，他高度赞扬《大学》和《中庸》，这正是孔子四部儒家经

---

[1] http://hua.umf.maine.edu/Reading:Revolutions/Confucius.html, 2018/05/17.

[2] 富兰克林告诉怀特·菲尔德（White Field）说："我很高兴听到你有机会常给大人物布道。如果你能使他们树立良好、模范的生活，那么下层的举止就会发生奇妙的变化。关于这个原则，著名的东方改革家孔子早就实行过了。当他看到自己的国家陷入恶习，各种邪恶得胜时，他首先以自己的行为影响大人物，并且通过他的学说赢得这些大人物对美德事业的支持，随后公众便群起而效之。这种模式对人类产生了极好的影响，大多数人可能并不是由于害怕下地狱，而是因为这形成了一种时尚。我们西方的改革多始于无知的暴徒，但是当他们的人数达到一定量时，利益和党派观念就会引起智者和伟人的关注。在这两种方法都可用的情况下，改革就会加速。啊，应该找到一些方法使它们持久！在我看来，发现这些方法的人，将比经纬仪的发明者重要一万倍。"致费城乔治·怀特菲尔德，1649年7月6日。转载自《福音派杂志》（*The Evangelical Magazine*），XI（1803），27-8；美国哲学学会。参见：http://www.franklinpapers.org/franklin/framedVolumes.jsp，2018/05/17.

[3] 潘恩是该杂志的编辑。这些作品是根据一些曾经来过中国的海员的3本书编写而成，包括《中国和东印度群岛之旅》（*A Voyage to China and the East Indies*）、《苏拉特之旅》（*A Voyage to Suratte*）以及《中国畜牧业》（*Chinese Husbandry*）的相关论述。这些著作1757年以瑞典语出版，1765年译为德语，1771年译为英语。A. Owen Aldridge, p.34.

[4] The Morgan Library in New York City possesses a manuscript in Bartram's hand titled "Life and Character of the Chinese Philosopher Confucius."

[5] 约翰·巴特拉姆认为，"孔子是有史以来最伟大的道德哲学家和实践哲学家，他在追求宗教信仰和道德品质方面胜过毕达哥拉斯（Pythagoras，570-495 BC）。孔子是人生中最节制、最纯洁的典范，长久地保持着各种美德，摆脱了一切罪恶，即使在最坏的境遇下，也表现出最大的公正和宽宏大量。他的整个学说倾向于使人性恢复到原始的尊严，使被玷污和腐化的人性恢复到最初与生俱来的纯洁和光彩。为达到这个目的，他教导我们尊重并敬畏天主，爱我们的邻居如同我们自己，克制不正常的情绪和倾向，倾听万物之理性，不做不说与之相反的事情。他教导国王和王子做臣民的慈父，爱之如子；他教导臣民以对待父母的荣誉和感情，尊敬和服从他们的国王和统治者……简而言之，孔子是万物独创的终极，是至高无上的神圣、智慧和无形的存在。"参见：A. Owen Aldridge, *The Dragon and the Eagle: The Presence of China in the American Enlightenment*. Detroit: Wayne State University Press, 1993, p. 32.

[6] A. Owen Aldridge, *The Dragon and the Eagle: The Presence of China in the American Enlightenment*. Detroit: Wayne State University Press, 1993, p.23.

[7] Edwin Wolf II, *James Logan, 1674—1751, Bookman Extraordinary*. Philadelphia: Library Company of America, 1971, p.4.

[8] A. Owen Aldridge, *American Literature: A Comparatist Approach*. New Jersey: Princeton University Press, 1982, pp. 289-90.

典中的两部。莫尔斯称赞这两部经典是"最具智慧和美德的箴言,展现了最伟大的雄辩、典雅和精确"[1]。莫尔斯还比较了孔子与苏格拉底。他指出,孔子"非常引人注目,并且在预言的精确度方面远超苏格拉底"[2]。一位当代作家发现,莫尔斯对于这位中国先哲的高度评价"具有非常特别的意义",因为莫尔斯为美国青年撰写地理学,"这是教导学生培养爱国主义和美德的一种方式"[3]。

1788年5月,《哥伦比亚杂志》（*Columbia Magazine*）发表了一篇讨论儒家道德与孝道的文章。[4]此外,还有一位非常热爱孔子哲学的作者,以"孔子门徒"为笔名,发表了一篇介绍孔子及儒家道德教化的文章。该文1793年9月发表于《新罕布什尔州杂志》（*New Hampshire Magazine*）,作者"简要地介绍了中国著名哲学家孔子的生平历史"。他还告诉读者们,孔子是一位"真真实实有道德的人"[5]。

在美国创建初期,儒家道德学说甚至为女士们所阅读和欣赏。费城的伊丽莎白·德林克（Elizabeth Drinker）夫人深受儒家道德学说的影响。她坚信那个时代的人们应该向孔子学习,培养自己的美德。经过研究孔子的道德思想,1795年5月28日她在日记中写道:

> 阅读《孔子道德》一书,我感到非常高兴。孔子是一位中国哲学家,大约成名于基督诞生前550年,据说是那个国家保存至今最精美的学问之一。这真是一件可爱的作品。如果当时就存在这样一位伟大的人物,那么,在今天这个更加开明的时代还有什么值得我们更加期待![6]

开国元勋们以孔子道德哲学建立新美德的努力

美国缔造者们倡导儒家道德学说,并力促将其原则用于国家发展中。本杰明·富兰克林十分欣赏孔子的美德,甚至尝试建立美德统一党（United Party for Virtue）。他这样

---

[1] Jedidiah Morse, *The American Universal Geography; or a View of the Present Situation of the United States and of all the Empire, Kingdoms, States, and Republics in the Known World*, 2 vols. Part II. Second edition of this volume. Boston: Isaiah Thomas and Ebenezer Andrews, p.499.

[2] Jedidiah Morse, *The American Universal Geography; or a View of the Present Situation of the United States and of all the Empire, Kingdoms, States, and Republics in the Known World*, 2 vols. Part II. Second edition of this volume. Boston: Isaiah Thomas and Ebenezer Andrews, p.499.

[3] A. Owen Aldridge, *American Literature: A Comparatist Approach*. New Jersey: Princeton University Press, 1982, p.37.

[4] *The Columbia Magazine*, May 1788, 2, pp.257-263.

[5] According to the author, Confucius "recommended the contempt of riches and outward pomp; he endeavored to inspire magnanimity and greatness of soul" and to reclaim his countrymen from voluptuousness to reason and sobriety. "Kings were governed by his counsels, and people reverenced his as saint." *New Hampshire Magazine*, vol.2, 199-203, 1793.

[6] Henry D. Biddle, ed., *Extracts from the Journal of Elizabeth Drinker, Period from 1759—1807*. Philadelphia: J. Bl Lipincott Company, 1889, p.267.

告诉自己的读者：

> 在我看来，目前是把各民族中德才兼备的君子组成一个统一美德党的大好时机。这个正规的团体要由合适的具备仁义和智慧的君子来领导。同普通民众相比，这些君子会更加自愿地尊重民意。[1]

富兰克林以儒家道德原则审视美国革命后的社会百相。他利用儒家道德原则，极力反对一些革命功臣试图将荣誉世袭给后代的想法。随着美国独立战争的胜利，这些革命老兵希望建立一种世袭贵族制，以"彰显自身及其后人与众不同的地位"。他们想建立世袭骑士秩序和辛辛那提协会（Society of Cincinnatus），[2]让后代承继荣誉。富兰克林以中国为例反对这种观点。

> 在这个最为悠久、历史上最为睿智的中华民族中，荣誉是授予先辈而非后代沿袭。如果一个人因其学识、智慧或英勇被皇帝提拔为朝廷官员，他的父母也将因此同时被民众冠以相应的荣誉。之所以如此，一方面是由于官员自身的努力；另一方面是因为其父母给予他的教育、言传和身教，他才拥有服务大众的能力。这种对先辈的荣誉提升会鼓励父母给予子女有益、良好的教育，因而对国家有利。然而，将荣誉因袭给并没有任何付出的后代，不仅毫无根据、荒谬，且于后代无益。因为这种荣誉会让他们滋生骄傲，不屑于投身有意义的事业，进而坠于贫贱、卑怯、奴性和悲惨的境地。[3]

孔子认为统治者应当借由美德而非法律来统治人民。他认为，如果一个政府完全借由法律来统治，那么人民会试图逃避惩罚，并且没有羞耻感。他进而推断，如果用美德统治人民，则人民会有羞耻感并自觉顺从领导者。

1778年，在殖民地宣布独立后两年，富兰克林强调了道德的重要性。他指出，以德治国对于美国领导人来说尤为必要。他告诉自己的同胞，一个新生的国家仅靠法律是远

---

[1] Benjamin Franklin Autobiography. It is available on line http://www.arvindguptatoys.com/arvindgupta/e-ben-franklin.pdf, 2018/05/17.

[2] 在革命后不久的几年里，该会成员数量继续扩大。其成员曾在美国所有的重要机构和许多州政府任职。包括托马斯·杰斐逊在内的一些人，对于精英世袭制的明显封授，会员资格通过长子继承制，而不包括士兵和大多数情况下的民兵官员，除非他们在"大陆军"部队服役相当长一段时间等做法感到震惊。本杰明·富兰克林是该协会最早的批评者之一，尽管他后来接受了共和国的角色，在国家稳定后以荣誉会员的身份加入该协会。他不仅对明显的贵族秩序封授表达了担忧，还对该协会在其徽章中使用鹰以唤起传统符号象征意义的做法表达了关切。

[3] Benjamin Franklin, To Sarah Bache, unpublished, Passy, Jan. 26th. 1784, in *The Papers of Benjamin Franklin*, ed. by Yale University. It is also available on line at http://www.franklinpapers.org/franklin/framedVolumes.jsp, 2018/05/17）; See also, Mark Skousen, ed., *The Completed Autobiography by Benjamin Franklin*. Washington DC: Regnery Publishing Inc. 2006, pp.311-312.

远不够的。

> 从我为了同胞和本地居民利益而从事的政治斗争，以及为了我们种族整体利益所做的哲学研究来看，在政治上，没有道德，法律能干什么呢？我们现在的种族将如昙花一现，即刻迈向堕落，最终沦为悲剧，一如其他历史悠久的民族。[1]

托马斯·潘恩是著名的共和政体的辩论家，他认为孔子是世界上最伟大的道德导师之一。在其1791—1792年所著《理性时代》（*Age of Reason*）一书中，潘恩将孔子与耶稣和希腊著名哲学家并举。十多年后，他在为纽约一家名为《展望》（*The Prospect*）的杂志撰写的文章中再次重申了这一观点，

> 作为一部道德经书，《新约圣经》（*New Testament*）确有很好的部分，但是这与耶稣诞生数百年前东方世界业已存在的道德教义相差无几。生活在耶稣时代前500年的中国哲学家孔子曾说过，'以德报德，以直报怨。'[2]

在与联邦党人的政治争论中，潘恩用儒家思想来批评他们的道德缺陷。他劝诫联邦党人遵循儒家学说，诚以待人。[3]

> 论及联邦党人在其他方面的伪善陋习，我建议他们遵循早在基督教和犹太教之前就存在的一条戒律。
> "与你的感官立约：非礼勿视，非礼勿听，非礼勿言，非礼勿动。"[4]

在约翰·亚当斯看来，政府的目的是允许追求幸福。这种幸福并不仅仅体现在"安逸、舒适、安全"上，更体现在美德、谦逊、勤勉、善意上。亚当斯自信地宣称，"孔子认同"通过美德实现幸福的目标。[5]亚当斯同样认为，美德能够提升个人的品质进而提升整个社会的道德水平。亚当斯的表述体现了美德对一个好政府的重要性，以及孔子道

---

[1] Benjamin Franklin, To Madame Brillon："The Ephemera" AL, draft: Cornell University Library; French translations: American Philosophical Society, three, Bibliothèque de la Société Eduenne, Autun, Institut de France; copy or transcript: Yale University Library; incomplete copy: Huntington Library. It is available on line at http: //franklinpapers.org/franklin/framedVolumes.jsp, 2018/05/17.

[2] Thomas Paine, "Of the Old and New Testament," The Prospect, March 31, 1804. See also Completed Writings 2, ed. Philip S. Foner, New York: Garden City Press, 1945, p805.

[3] Thomas Paine, "Of the Old and New Testament," The Prospect, March 31, 1804. See also Completed Writings 2, ed. Philip S. Foner, New York: Garden City Press, 1945, p805.

[4] Thomas Paine in 1802? Thomas Paine, *The Political Works of Thomas Paine*, 2 vols., [in 9 pt.], Oxford University, 1864, p.15. 潘恩引用了孔子给其知名弟子颜渊的教学格言："非礼勿视，非礼勿听，非礼勿言，非礼勿动。"（《论语》第12节）参见：http: //wengu.tartarie.com/wg/wengu.php? no=294&l=Lunyu, 2018/05/17.

[5] "Thoughts on Government: Applicable to the Present State of the American Colonies; In a Letter from a Gentleman to his Friend" April, 1776.

德哲学在他激发"人类心灵"努力中的意义。他对儒家美德给以极高的评价,并相信每一个优秀的美国人都应当拥有这些美德。

在给托马斯·杰斐逊的一封信中,亚当斯批评了英国神学家和自然哲学家约瑟夫·普利斯特里(Joseph Priestley,1733—1804),称其著述忽略了孔子:

> 普利斯特里应当概述琐罗亚斯德(Zoroaster)、桑楚尼亚松(Sanchoniathon)、孔子的宗教和道德,以及耶稣诞生前的所有宗教创始人。通过这种对比,更能彰显更为出类拔萃的。[1]

爱国志士本杰明·罗什博士,在1798年论新共和国教育的一篇文章中强调,"应当把宗教作为共和国有用教育的唯一基础。没有宗教,就没有美德,没有美德就没有自由,而自由是所有共和政府的目的和生命"。罗什先是表达了他对儒家思想的推崇,认为它"揭示了神的属性",继而声称他宁愿"向青年人反复灌输儒家的思想,也不愿他们成人后完全缺失信仰原则"。[2]

作为共和国的主要缔造者,托马斯·杰斐逊在1800年的大选中获胜,成为美国第三任总统。对于已经厌倦形而上学的杰斐逊来说,像儒教这种注重提升个人美德的实用性宗教具有绝对吸引力。作为总统,杰斐逊意识到儒家价值观在保持鲜活理想、引导国家前进方面的重要性。在1801年的就职演说中,杰斐逊表达了将美国建设成为一个伟大国家的想法。其中最引人注目的是,他表达了用儒家道德价值观引领国家前进的信心。在庆祝大选胜利的代表们面前,杰斐逊这样说:

> 那么,让我们以勇气和信心,追求自己的联邦与共和原则,坚持我们身心所系的联盟和代议制政府。得益于自然和宽阔海洋的阻隔,远离灭绝地球四分之一的浩劫。……接受一个仁爱的宗教的启蒙——这个宗教以不同的形式在我们中间体现,然而它所有的形式都是在灌输义、信、中庸、感恩和仁爱,承认和崇尚天意(overruling providence),而这天意的一切都旨意证明它乐见我们此生幸福和来世的更大幸福;拜这天意的祝福所赐,我们要建设一个幸福而繁荣的国家,难道还需要其他的吗?[3]

---

[1] From John Adams, 25 December, 1813, in *The Papers of Thomas Jefferson*, *Retirement Series*: Volume 7: 28 November 1813 to September 1814. It is available from Google eBook.

[2] Benjamin Rush, "Of the Mode of Education Proper in a Republic", 1798, in *Selected Writings*, 87-89, 92, 94-96. It is available on line at http://presspubs.uchicago.edu/founders/documents/v1ch18s30.html, 2018/05/17.

[3] Thomas Jefferson, First Inaugural Address, *The Papers of Thomas Jefferson*, Volume 33: 17, February to 30 April 1801. New Jersey: Princeton University Press, 2006, 148-52. It is available on line at http://www.princeton.edu/~tjpapers/inaugural/infinal.html, 2018/05/17.

杰斐逊非常崇拜法国启蒙运动领袖伏尔泰（Voltaire，1694—1778）。伏尔泰认为儒家思想是最高的道德体系，孔子是最伟大的圣贤。杰斐逊的演说表明他本人认同孔子关于君子的概念，并坚信良好的道德基础是好政府的基石。杰斐逊理想中更好的美国主要是建立在一种崇尚仁爱的宗教和睿智的政府之上。在就职演说中，杰斐逊列举的道德原则与孔子所倡导的一致。此外，他还把儒家道德原则中如果人民不认可则统治者丧失天命的部分纳入《独立宣言》："我们认为下面这些真理是不言而喻的……当任何形式的政府对这些目标具有破坏作用时，人民便有权力改变或废除它。"[1]此外，一位学者通过对《独立宣言》与周武王[2]伐纣《太誓》（First Great Pronouncement）的细致考证，发现托马斯·杰斐逊确实效仿了周武王《太誓》的内容。[3]

在就任总统期间，托马斯·杰斐逊从《诗经》（The Book of Odes）中选了一首古诗收入自己的个人精选文摘。[4]这首诗是关于一位中国古代王子为其他王公贵族效法的故事。杰斐逊专门选取这首古诗含义深刻，这揭示了他与儒家理想的紧密联系。孔子说"为政以德，譬如北辰，居其所，而众星共之"[5]。杰斐逊以此为目标，希望能够成为"北辰"。因而，托马斯·杰斐逊把孔子眼中的理想统治者（中国王子）作为效法对象也就不足为怪了。[6]

这首诗是称颂卫国国君的，他深受本国人民的爱戴和尊敬。[7]孔子在其名著《大学》（The Great Learning）中曾引用这首古诗赞扬卫国国君，为激励各国王公领袖提供了典范。[8]

杰斐逊在自己的精选文摘上选取这首诗，表达了他想成为卫王这样伟大领袖的决心。因此，"对他的记忆是永恒的辉煌，正如真理能够无视时间的力量"。杰斐逊希望自己礼仪佳美，国民精致高雅。他要以卫王为榜样，激励自己做未来美国人民爱戴的领袖，正如卫王为所有后人称赞和记忆一样。

在"国家之歌"这一节，杰斐逊加入了某些关于总统职位的评论。这表明，他认为

---

[1] http://www.archives.gov/exhibits/charters/declaration：transcript.html，2018/05/17.

[2] King Wu of Zhou（周武王）was the first king of the Zhou Dynasty of ancient China. The chronology of his reign is generally thought to have begun around 1046 BC and ended three years later in 1043 BC.

[3] Sarah Schneewind, Thomas Jefferson's Declaration of Independence and King Wu's First Great Pronouncement, *Journal of American-East Asian Relations* 19，2012, pp.75–91.

[4] Colin Wells, "Thomas Jefferson's Scrapbooks: Poems of Nation, Family, and Romantic Love" Collected by America's Third President, in *Early American Literature*，Nov2007, Vol. 42 Issue 3, p.626.

[5] Confucius, *Analects*, Chapter One.

[6] Dave Wang, "All Posterity Will Remember My Legacy: Thomas Jefferson and a Legendary Chinese Prince", *Huaren E-Magazine*, Australia），September, 2008.

[7] 汉字"风"被解释为"风俗"或"习惯"。尤其是在儒学评论家强调诗歌政治意义的情况下，该字也可解读为"影响力"。《国风》包含160首诗歌，在地理上细分为15个部分，每一部分对应古代中国15个诸侯国中的一个。然而，其大部分涉及普通人的生活——他们的工作、娱乐、节庆、欢乐和艰辛。《卫风》是《国风》中的第10部分。该诗作为隐喻，表达了卫人对齐桓公将他们从入侵之敌中解救出来的感激之情。

[8] Great Learning is one of the four books, including The Doctrine of the Mean, The Analects and The Mencius.

自己的遗产与共和国实验的成功交织在一起。杰斐逊认为，他应当帮助美国保留自己在革命史中的政治、道德和个人的价值观，因此他收集文件、书籍、报纸和其他材料，以便后来的历史学家建构一个真实、全面的美国革命史。[1]杰斐逊非常看重个人历史遗产的保存。他在自己精选的文摘中选取中国古诗，表示自己极为看重儒家思想，并借用其部分原则，利用新大陆丰富的自然资源建立新的国家。杰斐逊确信，在儒家思想的帮助下他可以实现自己的目标。

结论

在美国创立过程中，开国之父们"设法建立了一套思想和制度，随着时间推移，成为现代世界民族国家政治和经济成功的蓝图。"[2]本文意在揭示，美国开国之父们是如何努力采用儒家道德哲学的部分原则，使其成为新的美德，以满足自由、民主社会的需要。建国者们试图形成良好的道德，以确保民主制度能正确地发挥作用。他们试图利用儒家道德哲学维护民主制度，建立个人美德，培养有良好道德的公民为新生的国家服务。通过这些开国元勋们的努力，儒家道德哲学对美国美德的形成做出了巨大贡献。

（本文为翻译文章，发表于《国际汉学》2018年第3期，[美]王小良著，管永前、郭玉红、余倩虹译）

---

[1] Gene Allen Smith, "Thomas Jefferson: Reputation and Legacy", *Journal of American History*, Jun. 2007, Vol. 94 Issue 1, pp. 260–261.

[2] Joseph J. Ellis, *American Creation: Triumph and Tragedies at the Founding of the Republic*. New York: Alfred Knoopf, a Division of Random House, 2007, p.3.

《习近平谈治国理政》的海外传播与影响

《习近平谈治国理政》一书自2014年10月在德国法兰克福国际书展举行首发式以来，受到国际社会持续关注，引起热烈反响。截至2017年4月9日，该书先后出版了中（简体、繁体）、英、法、西、葡、德、日、俄（两个版本）、阿、韩、越、秘鲁、尼、泰等版本，用16种语言面向全球发行620万册，覆盖全世界100多个国家和地区，创下改革开放以来中国国家领导人著作海外发行最高纪录。[1]那么，如何科学评价它在海外的传播效果及影响？该书在哪些国家和地区的传播最为广泛？其深层原因是什么？通过分析世界各大图书馆的收藏数量及其分布，通过梳理海外各界对该书的评价与认知，可以管窥该书在海外的传播效果与影响。本文借助世界联机计算机图书馆中心数据库（OCLC，Online Computer Library Center，Inc.），[2]从世界各地一万多家图书馆中检索《习近平谈治国理政》一书的收藏数据，以此为基础进行系统分析。

一、《习近平谈治国理政》海外馆藏情况

截止2017年4月9日，以题名为"Xi Jinping, the governance of China" "the governance of China" "Xi Jinping tan zhi guo li zheng" "习近平谈治国理政" "習近平談治國理政"，著者为"Xi Jinping" "习近平" "習近平"等为关键词进行检索，联机计算机图书馆中心（OCLC）的数据显示，海外收藏该书英文版的图书馆有158家，中文版（包括简体和繁体）96家，法文版11家，西班牙文版5家，葡萄牙文版2家，日文版1家。下面以最具代表性的英文和中文版本为例，详细统计馆藏分布情况。

---

[1] 杨讴：《〈习近平谈治国理政〉泰文版在曼谷已用16种语言面向全球发行620万册》，载《人民日报》2017年4月9日第3版。

[2] OCLC，Online Computer Library Center，Inc.，即联机计算机图书馆中心，是世界上最大的、由一万多个成员馆参加的联合编目数据库。内容涉及艺术和人文科学、商务和经济、会议和会议记录、教育、工程和技术、普通科学、生命科学、医学、新闻和时事、公共事务和法律、社会科学等领域。它包括11种资料类型，400多种语言，覆盖了从公元前1000年到现在的资料，目前已达1亿多条记录，可以检索到世界上1万多家图书馆的文献资源书目和馆藏信息，是世界上最大的提供文献信息服务的机构之一。

（一）《习近平谈治国理政》英文版本海外馆藏分布

海外拥有《习近平谈治国理政》英文版本馆藏的图书馆共158家，其中美国106家，澳大利亚14家，英国8家，加拿大6家，中国香港、新西兰各4家，法国、荷兰、波兰、新加坡、丹麦各2家，瑞士、德国、意大利、牙买加、中国台湾、泰国各1家。详见表1：

表1 《习近平谈治国理政》英文版本海外馆藏分布统计

国家/地区	馆藏名称	合计
AU/澳大利亚	AUSTRALIAN DEFENCE FORCE ACAD LIBR/澳大利亚国防学院图书馆	14
	FAIRFIELD CITY COUNCIL LIBR SVC/费尔菲尔德市议会图书馆	
	HURSTVILLE CITY COUNCIL/赫斯特维尔市议会	
	LIVERPOOL CITY LIBR/利物浦市图书馆	
	MELBOURNE LIBR SVC/墨尔本图书馆	
	MURDOCH UNIV LIBR/默多克大学图书馆	
	NATIONAL LIBR OF AUSTRALIA/澳大利亚国家图书馆	
	QUEANBEYAN YARROWLUMILA LIBR SVC/昆比恩市亚罗卢米拉郡图书馆	
	REDLAND SHIRE LIBR/雷德兰郡图书馆	
	UNIV OF ADELAIDE/阿德莱德大学	
	UNIV OF MELBOURNE/墨尔本大学	
	UNIV OF QUEENSLAND/昆士兰大学	
	UNIV OF SYDNEY/悉尼大学	
	UNIV OF TECH, SYDNEY/悉尼技术大学	
	STATE LIBR OF NEW S WALES/新南威尔士州图书馆	
CA/加拿大	UNIV OF CALGARY LIBR/卡尔加里大学图书馆	6
	VANCOUVER PUB LIBR/温哥华公共图书馆	
	MCMASTER UNIV/麦克马斯特大学	
	MCGILL UNIV/麦基尔大学	
	UNIV OF REGINA/里贾纳大学	
	UNIVERSITE DE MONTREAL/蒙特利尔大学	
China, HK/中国香港	CHINESE UNIV OF HONG KONG/香港中文大学	4
	CITY UNIV OF HONG KONG/RUN RUN SHAW LIBR/香港城市大学/邵逸夫图书馆	
	HONG KONG BAPTIST UNIV/香港浸会大学	
	HONG KONG UNIV OF SCI & TECH/香港科技大学	

续表

国家/地区	馆藏名称	合计
China, TW/中国台湾	TUNGHAI UNIV/东海大学	1
CH/瑞士	UNIVERSITAT ST GALLEN/圣加仑大学	1
DE/德国	BIBLIOTHEK DER FRIEDRICH-EBERT-STIFTUNG/库弗里德里希·艾伯特基金会	1
DK/丹麦	DANISH UNION CAT & DANISH NATL BIBL/丹麦联合编目与丹麦国家图书馆	2
	DET KONGELIGE BIBLIOTEK, THE ROYAL LIBR/皇家图书馆	
FR/法国	SCIENCE PO /巴黎政治科学院	2
	ST DENIS-BU PARIS 8 /巴黎第八大学	
GB/英国	CAMBRIDGE UNIV/剑桥大学	8
	DURHAM UNIV LIBR/达勒姆大学图书馆	
	EDINBURGH UNIV LIBR/爱丁堡大学图书馆	
	SOAS UNIV OF LONDON/伦敦大学亚非学院	
	UNIV OF GLASGOW LIBR/格拉斯哥大学图书馆	
	UNIV OF LEEDS/利兹大学	
	UNIV OF OXFORD/牛津大学	
	UNIV OF ESSEX/艾塞克斯大学	
IT/意大利	JOHN CABOT UNIV/约翰卡伯特大学	1
JM/牙买加	NATIONAL LIBR OF JAMAICA/牙买加国家图书馆	1
NL/荷兰	PEACE PALACE LIBR/和平宫图书馆	2
	UNIVERSITEIT LEIDEN/莱顿大学	
NZ/新西兰	NATIONAL LIBR OF NEW ZEALAND/新西兰国家图书馆	4
	NATIONAL UNIV OF SAMOA LIBR/萨摩亚国立大学图书馆	
	UNIV OF AUCKLAND LIBR/奥克兰大学图书馆	
	AUCKLAND LIBRS/奥克兰图书馆	
PL/波兰	NATIONAL LIBR OF POLAND, BIB NARODOWA/波兰国家图书馆	2
	NUKAT UNION CATALOG OF POLISH LIBR/波兰图书馆联合编目	
SG/新加坡	NANYANG TECHNOLOGICAL UNIV/南洋科技大学	2
	NATIONAL LIBR BRD, SINGAPORE/新加坡国家图书馆	
TH/泰国	THAMMASAT UNIV LIBR/法政大学图书馆	1

续表

国家/地区	馆藏名称	合计
US/美国	ALIBRIS/阿里布里斯书城	106
	CHRISTIAN WITNESS THEOG SEMINARY/基督徒见证神学院	
	CITY COL OF SAN FRANCISCO/旧金山城市学院	
	CLAREMONT SCH OF THEOL LIBR/克莱蒙特学院神学图书馆	
	CONCORDIA UNIV, LIBR/肯考迪亚大学图书馆	
	FULLER THEOL SEMINARY/富勒神学院	
	HOPE INT UNIV/希望国际大学	
	LIFE PACIFIC COL/太平洋生命学院	
	LOS ANGELES PUB LIBR/洛杉矶公共图书馆	
	SAN FRANCISCO PUB LIBR/旧金山公共图书馆	
	SAN MATEO CNTY LIBR/圣马特奥县图书馆	
	SOKA UNIV, ALISO VIEJO/创价大学（亚里索维耶荷）	
	STANFORD UNIV LIBR/斯坦福大学图书馆	
	THE CLAREMONT COLLEGES/克莱蒙特学院	
	THOUSAND OAKS PUB LIBR/千橡公共图书馆	
	UNIV OF CALIFORNIA, BERKELEY/加利福尼亚大学伯克利分校	
	UNIV OF CALIFORNIA, IRVINE/加利福尼亚大学尔湾分校	
	UNIV OF CALIFORNIA, LOS ANGELES/加利福尼亚大学洛杉矶分校	
	UNIV OF CALIFORNIA, SAN DIEGO/加利福尼亚大学圣地亚哥分校	
	UNIV OF CALIFORNIA, SANTA BARBARA/加利福尼亚大学圣巴巴拉分校	
	UNIV OF CALIFORNIA, SANTA CRUZ/加利福尼亚大学圣克鲁斯分校	
	UNIV OF SAN FRANCISCO, GLEESON LIBR/旧金山大学格里森图书馆	
	UNIV OF SOUTHERN CALIFORNIA/南加州大学	
	UNIV OF THE WEST/ THE WEST大学	
	US AIR FORCE ACAD/美国空军学院	
	YALE UNIV LIBR/耶鲁大学图书馆	
	YALE UNIV, LAW SCH LIBR/耶鲁大学法学院图书馆	
	CARNEGIE ENDOWMENT FOR INT PEACE LIBR/卡耐基国际和平基金会图书馆	
	DEFENSE INTELLIGENCE AG/国防情报局	

续表

国家/地区	馆藏名称	合计
US/美国	GEORGE WASHINGTON UNIV/乔治华盛顿大学	106
	GEORGETOWN UNIV/乔治敦大学	
	JOHNS HOPKINS SCH OF ADV INT STUDIES/约翰.霍普金斯大学高级国际研究院	
	LIBRARY OF CONGRESS/国会图书馆	
	US CENT INTELLIGENCE AG/美国中央情报局	
	US DEPT OF STATE/美国国务院	
	DELAWARE ULS/特拉华州图书馆系统	
	RINGLING COLLEGE OF ART & DESIGN/瑞格林艺术与设计学院	
	UNIV OF HAWAII AT MANOA LIBR/夏威夷马诺阿大学图书馆	
	UNIV OF IOWA LIBR/爱荷华大学图书馆	
	NAMPA PUB LIBR/ NAMPA公共图书馆	
	NORTHERN ILLINOIS UNIV/北伊利诺斯大学	
	NORTHWESTERN UNIV/西北大学	
	UNIV OF CHICAGO/芝加哥大学	
	PURDUE UNIV/普度大学	
	UNIV OF KANSAS/堪萨斯大学	
	UNIV OF KENTUCKY LIBR/肯塔基大学图书馆	
	HARVARD UNIV, YENCHING LIBR/哈佛大学燕京图书馆	
	MASSACHUSETTS INST OF TECH/麻省理工学院	
	SMITH COL/史密斯学院	
	TUFTS UNIV, FLETCHER SCH/LAW & DIPLOMACY/塔夫茨大学弗莱彻法律与外交学院	
	JOHNS HOPKINS UNIV/约翰.斯霍普金斯大学	
	COLBY COL/寇比学院	
	GRAND VAL STATE UNIV/大山谷州立大学	
	UNIV OF MICHIGAN LIBR/密歇根大学图书馆	
	UNIV OF MICHIGAN, LAW LIBR/密歇根大学法律图书馆	
	GREAT RIVER REG LIBR/大河REG图书馆	
	ROCHESTER PUB LIBR/罗切斯特公共图书馆	

续表

国家/地区	馆藏名称	合计
US/美国	UNIV OF MONTANA, MANSFIELD LIBR/蒙大纳大学曼斯菲尔德图书馆	106
	BAKER & TAYLOR INC TECH SERV & PROD DEV/贝克&泰勒公司技术服务及产品研发部	
	DUKE UNIV LIBR/杜克大学图书馆	
	DARTMOUTH COL/达特默斯学院	
	YBP LIBRARY SERVICES/YBP图书馆服务体系	
	DREW UNIV LIBR/德鲁大学图书馆	
	MARGATE CITY PUB LIBR/马盖特市公共图书馆	
	PRINCETON UNIV/普林斯顿大学	
	RUTGERS UNIV/罗特格斯大学	
	SETON HALL UNIV/塞顿霍尔大学	
	UNION CNTY COL LIBR/尤宁县学院图书馆	
	LAS VEGAS CLARK CNTY LIBR DIST/拉斯维加斯的克拉克县立图书馆区	
	COLUMBIA UNIV/哥伦比亚大学	
	CORNELL UNIV/康奈尔大学	
	HAMILTON COL LIBR/汉密尔顿学院图书馆	
	NEW YORK PUB LIBR/纽约公共图书馆	
	NEW YORK UNIV/纽约大学	
	SAINT BONAVENTURE UNIV/圣文德大学	
	ST JOHNS UNIV LIBR NETWORK/圣约翰大学图书馆网络	
	SUNY AT BUFFALO/纽约州立大学布法罗分校	
	OBERLIN COL LIBR/奥伯林学院图书馆	
	OHIO STATE UNIV, THE/俄亥俄州立大学	
	OHIO UNIV/俄亥俄大学	
	PENNSYLVANIA COLLEGE OF TECHNOLOGY/宾夕法尼亚州技术学院	
	UNIV OF PENNSYLVANIA/宾夕法尼亚大学	
	UNIV OF PENNSYLVANIA, LAW LIBR/宾夕法尼亚大学法律图书馆	
	UNIV OF PITTSBURGH/匹兹堡大学	
	BROWN UNIV/布朗大学	

续表

国家/地区	馆藏名称	合计
US/美国	NAVAL WAR COL/海军战争学院	106
	RICE UNIV, FONDREN LIBR/赖斯大学方德伦图书馆	
	RICHARDSON PUB LIBR/理查德森公共图书馆	
	TEXAS A&M UNIV/德克萨斯A&M大学	
	UNIV OF TEXAS AT AUSTIN/德克萨斯大学奥斯汀分校	
	RANDOLPH-MACON COL/伦道夫-梅肯学院	
	BOEING LIBR SERV/波音图书馆服务机构	
	UNIV OF WASHINGTON LIBR/华盛顿大学图书馆	
	L E PHILLIPS MEM PUB LIBR/ L E PHILLIPS纪念公共图书馆	
	UNIV OF WISCONSIN, MADISON, GEN LIBR SYS/威斯康星大学麦迪逊分校创库系统	
	ALBANY CNTY PUB LIBR/奥尔巴尼县立公共图书馆	
	PARK CNTY LIBR SYST/泊郡图书馆系统	
	WHITTIER COL/惠提尔学院	
	STETSON UNIV/斯泰森大学	
	GRAND RAPIDS PUB LIBR/ GRAND RAPIDS公共图书馆	
	LIBRARIES OF MIDDLESEX AUTOMATION CONSOR/米德尔塞克斯自动化图书馆联盟	
	ST MARY'S UNIV/圣玛丽大学	
	INTERNATIONAL THEOG SEMINARY/国际神学院	
	SUTTON PUB LIBR/萨顿公共图书馆	
	MINUTEMAN LIBR NETWORK/ 民兵图书馆网络	
	OLD COLONY LIBR NETWORK/老殖民地图书馆网络	

数据来源：作者检索OCLC数据库所得。下表同。

（二）《习近平谈治国理政》中文版本海外馆藏分布

海外拥有《习近平谈治国理政》中文版本（包括简体版和繁体版）馆藏的图书馆共96家，其中美国61家，澳大利亚8家，英国5家，德国、加拿大各4家，新加坡3家，中国台湾、丹麦、中国香港、新西兰各2家，波兰、瑞士、荷兰各1家。详见表2：

表2 《习近平谈治国理政》中文版本海外馆藏分布统计

国家/地区	馆藏名称	合计
AU/澳大利亚	MELBOURNE LIBR SVC/墨尔本图书馆服务系统	8
	MURDOCH UNIV LIBR/默多克大学图书馆	
	NATIONAL LIBR OF AUSTRALIA/澳大利亚国家图书馆	
	UNIV OF ADELAIDE/阿德莱德大学	
	UNIV OF MELBOURNE/墨尔本大学	
	UNIV OF QUEENSLAND/昆士兰大学	
	UNIV OF SYDNEY/悉尼大学	
	UNIV OF TECH, SYDNEY/悉尼技术大学	
CA/加拿大	UNIV OF ALBERTA/阿尔伯塔大学	4
	VANCOUVER PUB LIBR/温哥华公共图书馆	
	MCGILL UNIV/麦基尔大学	
	EDMONTON PUB LIBR/埃德蒙顿公共图书馆	
China, HK /中国香港	UNIV OF HONG KONG /香港大学	
	HONG KONG UNIV OF SCI & TECH/香港科技大学	
China, TW /中国台湾	NATIONAIAL TAIWAN UNIV/台湾大学	
	NATIONAL CENTRAL UNIV/中央大学	
CH/瑞士	HAUPTBIBLIOTHEK UNIV OF ZURICH/苏黎世大学主图书馆	1
DE/德国	UNIVERSITÄ„TSBIBLIOTHEK WÃœRZBURG/	4
	BAYERISCHE STAATSBIBLIOTHEK/巴伐利亚州立图书馆	
	UNIVERSITÄ„TSBIBLIOTHEK ERLANGEN-NÃœRNBERG/	
	UNIV BIBL JOHANN CHRISTIAN SENCKENBERG/约翰·克里斯蒂安·沙根堡大学图书馆	
DK/丹麦	DANISH UNION CAT & DANISH NATL BIBL/丹麦联合编目与丹麦国家图书馆	2
	DET KONGELIGE BIBLIOTEK, THE ROYAL LIBR/皇家图书馆	
GB/英国	CAMBRIDGE UNIV/ 剑桥大学	5
	DURHAM UNIV LIBR/达勒姆大学图书馆	
	EDINBURGH UNIV LIBR/爱丁堡大学图书馆	
	SOAS UNIV OF LONDON/伦敦大学亚非学院	
	UNIV OF LEEDS/利兹大学	

续表

国家/地区	馆藏名称	合计
NL/荷兰	UNIVERSITEIT LEIDEN/莱顿大学	1
NZ/新西兰	UNIV OF AUCKLAND LIBR/奥克兰大学图书馆	2
	UNIV OF CANTERBURY LIBR/坎特伯雷大学图书馆	
PL/波兰	NATIONAL LIBR OF POLAND, BIB NARODOWA/波兰国家图书馆	1
SG/新加坡	NANYANG TECHNOLOGICAL UNIV/南洋科技大学	3
	NATIONAL LIBR BRD, SINGAPORE/新加坡国家图书馆	
	NATIONAL INST OF EDUC/国家教育研究所	
US/美国	ALIBRIS/阿里布里斯书城	61
	BIRMINGHAM-JEFFERSON PUB LIBR/伯明翰.杰佛逊公共图书馆	
	ALAMEDA CNTY LIBR/阿拉米达县立图书馆	
	CHRISTIAN WITNESS THEOG SEMINARY/基督徒见证神学院	
	FULLER THEOL SEMINARY/富勒神学院	
	MIDDLEBURY INST OF INT STUDIES AT MONTE/明德国际研究院（蒙特）	
	LOS ANGELES PUB LIBR/洛杉矶公共图书馆	
	SAN FRANCISCO PUB LIBR/旧金山公共图书馆	
	SAN MATEO CNTY LIBR/圣马特奥县图书馆	
	SANTA CLARA CNTY LIBR DIST/圣塔克拉拉县立图书馆	
	STANFORD UNIV LIBR/斯坦福大学图书馆	
	SUNNYVALE PUB LIBR/森尼韦尔公共图书馆	
	UNIV OF CALIFORNIA, BERKELEY/加利福尼亚大学伯克利分校	
	UNIV OF CALIFORNIA, IRVINE/加利福尼亚大学尔湾分校	
	UNIV OF CALIFORNIA, DAVIS, SHIELDS LIBR /加利福尼亚大学DAVIS, SHIELDS分校图书馆	
	UNIV OF CALIFORNIA, SAN DIEGO/加利福尼亚大学圣地亚哥分校	
	UNIV OF CALIFORNIA, SANTA BARBARA/加利福尼亚大学圣巴巴拉分校	
	UNIV OF CALIFORNIA, SANTA CRUZ/加利福尼亚大学圣克鲁斯分校	
	UNIV OF SOUTHERN CALIFORNIA/南加州大学	
	UNIV OF COLORADO AT BOULDER /科罗拉多大学博尔德分校	
	YALE UNIV LIBR/耶鲁大学图书馆	
	YALE UNIV, LAW SCH LIBR/耶鲁大学法学院图书馆	

续表

国家/地区	馆藏名称	合计
US/美国	GEORGETOWN UNIV/乔治敦大学	61
	LIBRARY OF CONGRESS/国会图书馆	
	DELAWARE ULS/特拉华州图书馆系统	
	UNIV OF IOWA LIBR/爱荷华大学图书馆	
	NORTHWESTERN UNIV/西北大学	
	INDIANA UNIV/印第安那大学	
	UNIV OF KANSAS/堪萨斯大学	
	SMITH COL/史密斯学院	
	HARVARD UNIV, YENCHING LIBR/哈佛大学燕京图书馆	
	GRAND VAL STATE UNIV/大山谷州立大学	
	UNIV OF MICHIGAN LIBR/密歇根大学图书馆	
	UNIV OF MICHIGAN, LAW LIBR/密歇根大学法律图书馆	
	GREAT NECK LIBR/大颈文库	
	UNIV OF MONTANA, MANSFIELD LIBR/蒙大纳大学曼斯菲尔德图书馆	
	BAKER & TAYLOR INC TECH SERV & PROD DEV/贝克&泰勒公司技术服务及产品研发部	
	DUKE UNIV LIBR/杜克大学图书馆	
	UNIV OF N CAROLINA, CHAPEL HILL/北卡罗来纳大学（教堂山）	
	EAST ASIAN LIBR AT PRINCETON UNIV/普林斯顿大学东亚图书馆	
	RUTGERS UNIV/罗特格斯大学	
	SETON HALL UNIV/塞顿霍尔大学	
	COLUMBIA UNIV/哥伦比亚大学	
	CORNELL UNIV/康奈尔大学	
	HAMILTON COL LIBR/汉密尔顿学院图书馆	
	ST JOHNS UNIV LIBR NETWORK/圣约翰大学图书馆网络	
	WESTCHESTER LIBR SYST/韦斯特切斯特图书馆系统	
	OBERLIN COL LIBR/奥伯林学院图书馆	
	OHIO STATE UNIV, THE/俄亥俄州立大学	
	OHIO UNIV/俄亥俄大学	
	RICE UNIV, FONDREN LIBR/赖斯大学方德伦图书馆	

续表

国家/地区	馆藏名称	合计
US/美国	UNIV OF PENNSYLVANIA/宾夕法尼亚大学	61
	UNIV OF PENNSYLVANIA, LAW LIBR/宾夕法尼亚大学法律图书馆	
	UNIV OF PITTSBURGH/匹兹堡大学	
	BROWN UNIV/布朗大学	
	UNIV OF TEXAS AT AUSTIN/德克萨斯大学奥斯汀分校	
	UNIV OF VIRGINIA/弗吉尼亚大学	
	UNIV OF WASHINGTON LIBR/华盛顿大学图书馆	
	UNIV OF WASHINGTON, GALLAGHER LAW LIBR/华盛顿大学加拉赫法律图书馆	
	UNIV OF WISCONSIN, MADISON, GEN LIBR SYS/威斯康星大学麦迪逊分校创库系统	
	ALBANY CNTY PUB LIBR/奥尔巴尼县立公共图书馆	

分析上述统计结果，可以发现：从语种来说，收藏英语版本的图书馆数量最多，中文版本次之；从国别来说，主要分布在美国、澳大利亚、英国、加拿大等国图书馆，但美国占有压倒性优势；从收藏机构类型看，包括国家图书馆、公共图书馆、专业图书馆、高校图书馆、军事图书馆等，主要以大学、智库和科研机构图书馆居多。尽管OCLC联盟图书馆的覆盖范围有很大局限，但这个数据基本说明了《习近平谈治国理政》在全世界图书馆的收藏分布，可以大体上反映该书在海外的传播情况。

由于收藏《习近平谈治国理政》一书的图书馆，无论是英文还是中文版本，都是美国最多，下面以美国为例分析馆藏分布与读者受众人群。美国图书馆系统种类众多，一般分为两大类，一类是大学图书馆系统，这个系统包含私立、公立的世界级顶尖大学，也包括以基础教育为主的社区大学、职业学院。另一类是社区图书馆、公共图书馆系统，这个系统包含美国各个州郡设立的公共图书馆、社区图书馆，也含有私立的完全免费开放的图书馆。中国主题图书，不论是外文还是中文，在相当长的时间里是服务于西方学术研究，中文图书仅仅在一些开设汉学、东方学研究的大学图书馆里才有收藏，中国图书边缘化、小众化的地位，在几百年的时间里没有发生过根本性的变化。但是，通过分析《习近平谈治国理政》一书在美国各大图书馆的收藏，可以发现这种状况在悄然发生着变化。

首先，《习近平谈治国理政》被美国最著名的大学图书馆收藏，标志着这本中国政治类读物进入了美国主流学术圈。这类图书馆主要包括：斯坦福大学图书馆（Stanford

Univ Libr）、芝加哥大学（Univ of Chicago）、哈佛大学燕京图书馆（Harvard Univ, Yenching Libr）、麻省理工学院（Massachusetts Inst of Tech）、约翰.斯霍普金斯大学（Johns Hopkins Univ）、密歇根大学图书馆（Univ Of Michigan Libr）、普林斯顿大学（Princeton Univ）、哥伦比亚大学（Columbia Univ）、康奈尔大学（Cornell Univ）、华盛顿大学图书馆（Univ of Washington Libr）、布朗大学（Brown Univ）、杜克大学图书馆（Duke Univ libr）、加利福尼亚大学伯克利分校（Univ of California, Berkeley）等。这些大学大多设立有中国研究中心或东亚研究中心，开设与中国相关的专业或者课程，是为了满足本校师生的学术研究和学习中文、阅读中文文献的需求而收藏该书，据此基本可以推断出《习近平谈治国理政》在美国的读者群，主要是大学教授、专家学者和青年学生。

其次，《习近平谈治国理政》已开始进入美国部分公共图书馆和社区图书馆。美国的公共图书馆、社区图书馆遍及全美各个社区，星罗棋布、高度发达的社区图书馆是美国普通人社区生活的一个中心场所。它提供给社区各个层面的人群以不同的服务，如儿童可以把社区图书馆、公共图书馆当作放学后的安全之所，社区老人把它当做排解寂寞之处。这是美国社会的一个鲜明特征，也是每一个美国普通人进行文化活动的基本场所。这类图书馆主要包括：国会图书馆（Library of Congress）、奥尔巴尼县立公共图书馆（Albany Cnty Pub Libr）、森尼韦尔公共图书馆（Sunnyvale Pub Libr）、圣塔克拉拉县立图书馆（Santa Clara Cnty Libr Dist）、圣马特奥县图书馆（San Mateo Cnty Libr）、旧金山公共图书馆（San Francisco Pub Libr）、洛杉矶公共图书馆（Los Angeles Pub Libr）、阿拉米达县立图书馆（Alameda Cnty Libr）、伯明翰.杰佛逊公共图书馆（Birmingham-jefferson Pub Libr）、老殖民地图书馆网络（Old Colony Libr Network）、萨顿公共图书馆（Sutton Pub Libr）、泊郡图书馆系统（Park Cnty Libr Syst）、理查德森公共图书馆（Richardson Pub Libr）、纽约公共图书馆（New York Pub Libr）、马盖特市公共图书馆（Margate City Pub Libr）等。《习近平谈治国理政》能够进入美国公共图书馆系统，标志着中国主题图书开始摆脱小众化地位，从传统的大学、研究机构开始深入到美国社会中间，与普通美国人近距离接触。这是近年来中国国际地位显著提升，当代中国政治的发展变化引起美国普通民众关注的一个典型案例。

二、海外各界对《习近平谈治国理政》的评价

《习近平谈治国理政》收录了习近平总书记在2012年11月15日—2014年6月13日这段时间的讲话、谈话、演讲、答问、批示、贺信等79篇，分为18个专题。该书多语种版的出版发行，对于海外各界全面准确地把握以习近平同志为核心的党中央治国理念和执政方略，增进国际社会对中国发展理念、发展道路、内外政策的认识和理解，回应国际社

会关切,具有重要意义。

(一)海外政要的评论

德国前总理施密特专门为《习近平谈治国理政》一书撰写书评,称这本书使他受益匪浅。施密特认为,《习近平谈治国理政》一书告诉外国读者,中国的领导层遵循什么样的哲学,中国的发展方向依据何种战略方针。如此,世界可以更好地了解和理解中国的发展,特别是中国的内政外交政策。"2012年5月,我与习先生相识于北京。半年后的2012年11月,习先生当选中共中央总书记。""观察他任职后的两年,我更深刻地认识到,过去40年,中国高层政治家的利益关切和视角发生了重大变化,同时又坚持了中国在内政外交上的传统。"

书评中谈到中华文明五千年来绵延不绝的活力,也谈到19世纪以来中国遭受侵略、积贫积弱的历史。谈到中国的发展道路,也谈到了以习近平为核心的中国新一届领导人需要处理经济高速发展带来的繁杂、重要和艰巨的任务。"习近平主席希望实现中华民族伟大复兴的中国梦,中国必须为此找到自己的道路重新成为世界强国。"施密特说,"这样的书籍有助于外国读者客观、历史、多角度地观察中国,从而更好地了解中国,更全面地认识中国"。书评最后说:"西方国家常常按捺不住冲动,在中国和中国领导人面前扮演教师爷的角色,这种好为人师往往源自傲慢因而碰壁。西方国家或许应该识相地放下身段,让公平竞争发挥作用。"[1]

巴基斯坦总统侯赛因在首发式上说,《习近平谈治国理政》这本书全面阐释了中国共产党和政府有效治理国家的理念,阐述了中国政府对具体问题的观点和立场。希望这本书能够帮助读者理解习近平主席领导的中国政府,以及中国的执政理念、发展道路和外交政策。[2]

泰国副总理威沙努认为,《习近平谈治国理政》这本书中贯穿的国家战略对泰国的改革与发展有很多启迪:"要做一个好的领导人,我认为要是一个好读者、思想家、演说家、作家和实践家,习近平主席都达到了这五点。他读了非常多的书,他在不同场合引用的古代诗词都非常优美,并且恰到好处。这本书不是小说也不是散文,但它不是枯燥无味的,而是有声有色的,中国几千年的文明在这里得到延续、发挥。中国的国家战略和改革其实对泰国的启迪也是非常大的。泰国也许要花好几倍于中国的时间进行改

---

[1] 《让世界更好地了解中国——德国前总理施密特读〈习近平谈治国理政〉有感》,载《人民日报》2014年12月4日。

[2] 王玉:《〈习近平谈治国理政〉在巴基斯坦首发》,新华网,2014年12月20日。见http://news.xinhuanet.com/world/2014-12/20/c_127320389.htm。

革,如果与泰国现状进行比较,同时阅读和思考这本书会很有意义。"[1]

(二)海外知名学者的认知

美国对外关系委员会亚洲研究中心主任易明(Elizabeth C. Economy)撰文称,"近来,我的朋友送来一本新出版的《习近平谈治国理政》,这是一份关于习近平演讲、讲话要点、照片、采访内容的合集,一部传记。尽管我无法恰如其分地评价书中所有内容,但从书中提供的习近平思想以及其他人对他的看法,我获得了有关习近平的十个有趣而迷人的事实"。它们是:

1.习近平热爱古代经典,常常通过引用中国先哲的言论让讲话变得生动活泼。

2.习近平是一位共产主义的信徒,对那些"烧香拜佛"、遇事"问计于神""浑浑噩噩当官""向往西方社会体制和价值""对社会主义的未来失去信心",或者"面对党的领导遭遇的政治挑衅态度含糊"的官员,从来没有客气话。

3.习近平从不让你看到他的汗水,不发牢骚。

4.习近平专心求胜,具有竞争者的精神气质。在谈及渴望中国成为创新型国家时,习近平显然不满足于中国当前的"二流"地位。

5.习近平如何成为中国领导人?他表示"既然人民把我放在这个岗位上……"

6.习近平言行一致,他的言行体现出非常连贯的理念和价值观。

7.在如何加强中国软实力的问题上,习近平除了呼吁"让收藏在禁宫里的文物、陈列在广阔大地上的遗产、书写在古籍里的文字都活起来",以服务于中国的软实力外,他还要求"努力提高国际话语权。要增强对外话语的创造力、感召力、公信力,讲好中国故事,传播好中国声音,阐释好中国特色"……

8.习近平在陕西农村插队时雷锋式的生活。

9.读书是习近平最喜欢的休闲方式之一,实际上是他唯一有时间进行的消遣。

10.习近平的中国梦看起来很可能成为他任期的决定因素之一,其代表着爱国主义、创新和团结。[2]

库恩基金会董事长罗伯特·库恩博士赞扬《习近平谈治国理政》是一个里程碑式的文件。他说,"西方政治家不敢亮出自己的观点,是怕遭到政敌攻击,自己就没有底气。《习近平谈治国理政》这本书融合了中国各族人民实现民族复兴的梦想和期待,以

---

[1] 国际在线:《习近平谈治国理政》泰文版首发式在曼谷举行泰国各界纷纷点赞。见http://news.cri.cn/20170409/8a09194e-9915-8acc-f348-c16071fed7fb.html

[2] 人民网:《读〈习近平谈治国理政〉他们怎么说》,见http://world.people.com.cn/n/2014/1206/c1002-26160462.html

及实现中国梦的道路和步骤。它提出的国家治理不仅仅限于政治领域，而是囊括国家生活和民众、社会等全方位的执政方略，向全世界发出了清晰的政策宣示。""对于那些对中国继续改革开放怀有疑虑的人，那么请他翻到书籍第76页。'关于《中共中央关于全面深化改革若干重大问题的决定》的说明'中写得明明白白，中国将继续推进改革举措"，"《习近平谈治国理政》同时被翻译成9种语言出版。在我看来，它让人们得以从多个层面上理解中国领导人的思维方式；它就像是习近平实现'中国梦'和'伟大复兴'的蓝图。我对这部举世无双的出版物有3个看法：实质性，呈现了习近平的政治哲学；标志性，表明对习近平作为中国领导人的认可；信号性，即向世界传播习近平的思维方式"。[1]

巴基斯坦伊斯兰堡通信卫星大学（COMSATS）信息技术学院中国研究中心主任助理穆罕默德·哈里斯说，通过仔细研读，我对中国共产党和政府有效治理国家的理念、中国政府的外交政策和立场有了更深刻的认识和理解。中国共产党带领中国人民坚定走在深化改革、可持续发展的道路上，中国人民生活水平得到不断改善。同时，中国政府奉行独立自主的和平外交政策，有利于维护世界和平与安全、促进区域乃至全球范围的共同繁荣。中国政府通过有力的反腐行动，有效打击贪腐，得到广大中国人民的信任和支持。我相信，中国新一届领导集体必将带领中国人民取得更大成功。[2]

（三）海外普通读者的赞誉

亚马逊购书读者"公园城的保罗"（Paul in Park City "Paul"）在读完《习近平谈治国理政》后，对这本书给出了五星评价。他说："我刚收到的这本书包括习近平过去三十年所写文章的英文版，尤其是告诉读者他的想法和他从哪来。我猜这是大多数读者都感兴趣的地方。但是如果你在中国做生意，或者想了解中国的经济或者公共政策，你需要这本书，直白地说，它包括了一个领导世界上发展最快经济体的男人的全部。"

英国书虫弗兰克·奥雷利（Frank O'Reily）说，这本书是一个很好的工具，能帮助想要更多了解中国的人。《习近平谈治国理政》一在英国出售，弗兰克·奥雷利就迫不及待地将它买回家。他说："习主席曾引用孔夫子的话——学而不思则罔，思而不学则殆。所以我的想法是，在西方我们对中国有很多评价，但是这些评价从来都没有提及中国领导人的讲话和演讲，它们从来不提他们到底说了什么，写了什么。"

弗兰克·奥雷利是一名退休教授，他说习近平的书是一个很好的工具，能帮到那些希望更多了解中国的人。"想必这本书里收录的大多数演讲都是用中文做的，但是翻译却非常清楚、自然。这本书的末尾还有一个索引，使其成为一本非常完美的参考书，

---

[1] 人民网：《读〈习近平谈治国理政〉他们怎么说》。见http://world.people.com.cn/n/2014/1206/c1002-26160462.html

[2] 人民网：《海外热议〈习近平谈治国理政〉解码当代中国》。见http://world.people.com.cn/n/2015/0319/c1002-26719525.html

同样适合直接阅读。而且这本书对章节、演讲的有关历史、文学等方面的注解都非常详细。"[1]

三、海外缘何持续关注《习近平谈治国理政》

《习近平谈治国理政》一书首发仅仅两年多时间，海外各大图书馆多有收藏，许多国家政要和著名中国问题专家在第一时间给予高度评价。这本书之所以受到国际社会的持续关注，主要在于它记录了习近平和中央领导集体有关治国理政的思考与实践，回应了一个时期以来国际社会对一个正在走向世界舞台中心的大国的关注，为海外读者开启了一扇观察和感知当代中国的重要窗口。

（一）阐明了当代中国的发展道路和发展方向

经过改革开放将近40年的艰辛探索，中国成功开辟了一条中国特色社会主义道路，取得了举世瞩目的成就。这是一条足迹坚实又特色鲜明的道路，在当今世界独树一帜。"中国道路""中国奇迹""中国模式"成为国际社会热议的话题。党的十八大实现了中央领导集体的新老交替，国际社会强烈关注：新的领导人将驾驭中国这艘巨轮驶向何方，发展的中国将给世界带来什么影响？

《习近平谈治国理政》收录了习近平总书记关于坚持和发展中国特色社会主义的大量论述。党的十八大闭幕后的第三天，他在主持十八届中央政治局第一次集体学习时明确提出，中国特色社会主义是发展中国、稳定中国的必由之路。他在十二届全国人大一次会议上当选国家主席时又意味深长地强调，"这条道路来之不易，它是在改革开放30多年的伟大实践中走出来的，是在中华人民共和国成立60多年的持续探索中走出来的，是在对近代以来170多年中华民族发展历程的深刻总结中走出来的，是在对中华民族5000多年悠久文明的传承中走出来的"，深刻揭示了中国特色社会主义道路的深厚历史渊源和广泛现实基础。在本书收录的文章中，习近平总书记还多次强调，中国特色社会主义是植根于中国大地、反映中国人民意愿、适应中国和时代发展进步要求的科学社会主义；我们既不走封闭僵化的老路，也不走改旗易帜的邪路；我们这一代共产党人的任务，就是继续把坚持和发展中国特色社会主义这篇大文章写下去。

鲜明的旗帜、坚定的步伐，展示了中央领导集体对理想信念的执着追求，对世情国情的清醒认识，对中国未来发展走向的深沉思考，让世界感受到中国坚定不移地走中国特色社会主义道路的自觉和自信。有外国政要称赞，"历史将证明，中国走在正确的道路上，国家和民族的未来充满希望"。

---

[1] 中国新闻网：http://www.chinanews.com/gn/2014/12-07/6852699.shtml

(二）阐述了新一届领导人的治国施政理念

进入新世纪以来，随着国际格局深刻变化，特别是随着中国成功应对国际金融危机冲击并保持经济持续健康发展，国际社会对中国及中国共产党的关注程度显著提高。中国的快速发展在世界上赢得了赞誉，也让一部分人产生困惑和疑虑。新一届中国领导人将怎样治理这个快速发展的东方大国？习近平这位常常保持微笑的中国领导人将如何应对在这个越来越小的地球村里各国都面临的就业、资源、能源、生态、经济发展模式转型等问题以及中国面临的执政党自身建设等问题？

《习近平谈治国理政》抓住这些重大问题，为国际社会提供了一个集中观察和感知中国新常态的生动、鲜活的窗口。该书阐述了习近平和中央领导集体治国理政的许多观点，包括关于改革、发展和稳定的关系，政治、经济和社会改革的关系，中央和地方的关系，内政与外交的关系等，包括关于改革开放、创新驱动、外交方针、国防建设、群众路线、反腐倡廉、选贤任能等许多问题的论述。德国汉学家南因果说，许多外国人都希望知道中国领导人是如何治理偌大一个国家的，此前一直没有找到一个令人满意的答案，用多语种出版发行中国国家主席的这本书，并试图对这个问题给予解答，真是令人欣喜。[1]

(三）宣示了中国走和平发展道路的坚定决心

随着中国的快速发展，综合国力和国际地位大幅提升，中国与世界的关系发生了历史性变化，中国越来越走向国际舞台的中心。面对中国的发展壮大，一些国家的心态日趋复杂。针对国际社会的关切，习近平总书记强调，走和平发展道路，是我们根据时代发展潮流和我国根本利益做出的战略抉择。中国走和平发展道路，不是权宜之计，更不是外交辞令，而是从历史、现实、未来的客观判断中得出的结论；和平发展道路对中国有利、对世界有利，是被实践证明走得通的道路。他还多次公开宣示：中国不认同"国强必霸"的陈旧逻辑，永远不称霸，永远不搞扩张。

《习近平谈治国理政》一书顺应这种趋势，从阐述"命运共同体"理念到坚持正确义利观，从构建"新型大国关系"到"亲、诚、惠、容"的周边外交理念，从共建"丝绸之路经济带"到建设"21世纪海上丝绸之路"，一系列充满睿智的新理念新倡议，宣示了中国走和平发展道路的坚定决心，表达了中国发展将造福世界的真诚意愿，向国际社会展示了中国作为负责任大国的责任担当。通过阅读这些文章，读者能清楚地了解到世界问题的中国观点和中国办法，也能真切感受到中国梦与世界梦的交融交汇，还能听到中国与国际社会共享机遇、共同发展、共同进步、共同繁荣的美好愿望和心声。秉持和平发展的理念，以习近平同志为核心的党中央以更加开放从容的姿态活跃在国际舞

---

[1] 周明伟：《国际社会读懂中国的一把钥匙》，载《人民日报》2015年3月11日第7版。

台,提出一系列充满智慧的外交新理念,引领中国外交航向,赢得了国际社会的广泛赞誉和积极响应。

(四)展示了当代中国治国理政理念的深厚历史文化底蕴

中华优秀传统文化蕴含着丰富的政治智慧和思想道德资源,人类文明成果凝结着世界各国人民劳动和智慧的结晶,这些宝贵的精神财富成为中国共产党治国理政理念的丰厚滋养。《习近平谈治国理政》一书从多个角度论述了当代中国治国理政理念对中华优秀传统文化的传承与弘扬、对人类文明有益成果的吸收和借鉴。在阐述坚持走中国特色社会主义道路时,他动情地说:"站立在960万平方公里的广袤土地上,吸吮着中华民族漫长奋斗积累的文化养分,拥有13亿中国人民聚合的磅礴之力,我们走自己的路,具有无比广阔的舞台,具有无比深厚的历史底蕴,具有无比强大的前进定力。"在阐述吸收和借鉴人类文明有益成果时,他强调:"文明交流互鉴,是推动人类文明进步和世界和平发展的重要动力","中华民族是一个兼容并蓄、海纳百川的民族,在漫长历史进程中,不断学习他人的好东西,把他人的好东西化成我们自己的东西,这才形成我们的民族特色"。在国际场合的演讲中,他引用莱布尼茨的名言"唯有相互交流我们各自的才能,才能共同点燃我们的智慧之灯",倡导增进国家之间交流、消除相互认知上的隔膜。他还引用哈萨克斯坦谚语"吹灭别人的灯,会烧掉自己胡子""力量不在胳膊上,而在团结上",倡议通过对话合作促进各国交流和地区安全。

习近平总书记的重要论述,既展示了中华优秀传统文化的丰富内涵,揭示了中华民族屹立于世界民族之林的独特标识,也展现了吸收和借鉴人类文明有益成果、推动人类文明交流互鉴的宽广胸襟。品读这些文章,国外读者可以更清晰地看到当代中国与中华民族悠久的历史文化一脉相承、与世界各国创造的文明紧密相联,进一步了解到中国共产党的治国理政理念不仅凝聚着中华优秀传统文化的智慧结晶,而且吸收借鉴了人类文明的有益成果,有着深厚的底蕴和丰富的滋养。

(五)展现了中国领导人的独特魅力

文如其人。《习近平谈治国理政》一书虽是一本政治理论著作,但语言朴实、文风清新,以小喻大、以事明理,生动鲜活、可读性强。他在讲话中善于运用生活中的语言叙事说理,娓娓道来,通俗易懂。这样的例子,在本书中比比皆是。他用"鞋子合不合脚,只有穿鞋的人自己才知道",说明一个国家的发展道路合不合适,只有这个国家的人民最有发言权;用"发扬钉钉子的精神"阐释政贵有恒的道理,要求真正做到一张好的蓝图干到底;用"坚持'老虎''苍蝇'一起打",表明以零容忍态度惩治腐败的决心;用"人生的扣子从一开始就要扣好",形象地阐述青年时期价值观养成的重要性；用"中国人喜欢茶而比利时人喜爱啤酒"，说明不同文明既各具特色又能够包容互鉴。这些语言源于生活、源于群众，朴实自然接地气，具有很强的亲和力感染力。

研读《习近平谈治国理政》一书，可以感受到习近平主席作为一名大国政治家的风范和魅力，体会到他深厚的历史文化功底和宽广的国际视野，领略到中国领导人平实自然、坦诚谦和的品格，感悟到中国领导人的自信、深情、责任、担当。

（六）突破了传统的对外传播模式

《习近平谈治国理政》一书在编辑过程中突破了领袖著作的传统出版方式，以问题为导向，紧紧抓住"习近平主席想对世界说什么"和"国际社会对中国的重大关注是什么"两条主线，对相关议题以专题形式进行编辑，形成了18个专题，方便读者找到感兴趣的内容。为帮助各国读者了解中国社会制度和历史文化，该书还对很多中国人耳熟能详而外国人并不熟悉的历史事件、人物、典故、引语等做了300多个注释。为满足国外读者希望了解中国领导人工作和生活的愿望，还收入了习近平主席各个时期的照片45幅。在翻译过程中，该书充分体现习近平主席的语言风格，以融通中外的话语方式翻译好中国特色的词句，便于读者理解文章真谛。在对外发行推广方面，首先选择最有影响力的国际书商聚会的德国法兰克福国际书展举办首发式，此后还在美国、俄罗斯、英国、法国、埃及、墨西哥、秘鲁等多个国家的首都或重要城市举办研讨会、座谈会，该书是突破传统对外传播模式、推动中国观点和中国理论"走出去"的一次重要尝试。

从国际社会的积极反响看，该书有针对性地回应了外国读者的需求，契合了他们的阅读习惯和思维特点，把中国特色的价值理念、执政方略等内容鲜活有效地介绍给不同政治制度背景的读者，使该书在海外也得以"接地气"。因此，该书是突破传统对外传播模式、推动中国观点和中国理论"走出去"的一次重要尝试。

书籍是知识和智慧的载体，是文明交流互鉴的桥梁。《习近平谈治国理政》一书反映了中国领导人治理国家的卓越智慧，书中关于可持续发展、反腐倡廉、科教兴国、社会公平等施政理念对国际社会具有重要借鉴意义，"一带一路"等地区合作倡议有望为亚洲乃至世界经济版图带来"革命性变化"。通过阅读这本书，海外读者可以感受到中国人民坚定不移走自己道路的自觉和自信，了解到中华民族走向未来的美好愿景，更好地理解今天的中国从哪里来、明天的中国向何处去。"东方欲晓，莫道君行早，踏遍青山人未老，风景这边独好。"《习近平谈治国理政》一书在海外的畅销，正预示着世界各国对中国的认可，中国的文化软实力正迎着世界的脚步比拼赶超。而未来中国的前景，更值得世人期待。

（本文发表于《对外传播》2015年第9期，有删节）

《习近平谈治国理政》海外传播效果再探*

2015年9月《习近平谈治国理政》出版发行一周年时，笔者曾借助世界联机计算机图书馆中心数据库（OCLC，Online Computer Library Center, Inc.）[1]，对该书在世界范围内的传播效果和受众影响进行初步探讨。[2]如今两年过去，这本著作已从当初的9个语种发展到22个语种，全球发行量从450万册到超过642万册，海外发行量从40万册到突破50万册，覆盖国家和地区从30多个到160多个，在海外受欢迎程度是"40年来没有出现过的盛况"，堪称改革开放以来中国国家领导人著作海外发行的经典之作。那么，3年来《习近平谈治国理政》在海外传播过程中出现了哪些发展变化，在哪些国家和地区传播最为广泛？对我国新时期对外文化传播具有哪些启示？这正是本文要探讨的主要问题。

一、《习近平谈治国理政》海外馆藏分布状况

2017年9月1日至21日，笔者分别以题名为"Xi Jinping, the governance of China" "the governance of China" "Xi Jinping tan zhi guo li zheng" "La gobernación y administración de China" "La gouvernance de la Chine" "China regieren" "Governare la Cina" "习近平谈治国理政" "習近平談治國理政"，同时著者为"Xi Jinping" "习近平" "習近平" "Kinpei Shu" "Si Chinp'ing"等为关键词，再次连续检索世界联机计算机图书馆中心数据库（OCLC）。根据OCLC数据统计[3]，截至2017年9月，海外收藏《习近平谈治

---

* 本文为国家社科基金项目"《中国季刊》视角下的海外中共党史研究"（项目号：14BDJ061）、北京市社科规划项目"当代海外北京研究的政治学视角"（13KDB004）、北京市社科基金重点项目"全人类共同价值的中国文化表达研究"（17KDAL003）阶段性成果。

[1] OCLC，Online Computer Library Center, Inc.，即联机计算机图书馆中心，是世界上最大的、由一万多个成员馆参加的联合编目数据库。内容涉及艺术和人文科学、商务和经济、会议和会议录、教育、工程和技术、普通科学、生命科学、医学、新闻和时事、公共事务和法律、社会科学等领域。它包括11种资料类型，400多种语言，覆盖了从公元前1000年到现在的资料，目前已达1亿多条记录，可以检索到世界上1万多家图书馆的文献资源书目和馆藏信息，是世界上最大的提供文献信息服务的机构之一。

[2] 管永前：《〈习近平谈治国理政〉海外传播效果初探——以海外馆藏为例》，载《对外传播》2015年第9期。

[3] 该数据为不完全统计，实际馆藏数量可能会远远大于显示结果。因为世界上有些国家和地区图书馆由于各种原因还没有联到OCLC数据库。

国理政》各语种的图书馆数量至少有493家，较2015年同期的264家增长229家，增幅为86.7%；语种数量从2015年同期的6种增加到11种，增幅为83%。其中，收藏该书英文版的图书馆为268家，中文版（含简体123家、繁体31家）为154家，德文版20家，西班牙文版17家，法文版17家，波兰文版5家，韩文版4家，葡萄牙文版3家，泰文版3家，意大利文版1家，日文版1家。详见表1：

表1　2015—2017年海外收藏《习近平谈治国理政》各语种图书馆数量对比

语种数量	英文	中文	德文	西班牙文	法文	波兰文	韩文	葡萄牙文	泰文	意大利文	日文	合计
2017年9月	268	154	20	17	17	5	4	3	3	1	1	493
2015年9月	153	92	0	5	11	0	0	2	0	0	1	264

数据来源：作者检索OCLC数据库所得。下同。

下面，仍以最具代表性的英文和中文版本为例，考察《习近平谈治国理政》海外图书馆收藏分布状况。

（一）《习近平谈治国理政》英文版海外收藏图书馆数量分布

统计结果显示，截至2017年9月，海外收藏《习近平谈治国理政》英文版的图书馆数量为268家。其中，美国169家，澳大利亚23家，英国13家，加拿大12家，德国10家，中国香港、新西兰、丹麦5各家，波兰4家，法国、中国台湾、泰国各3家，荷兰、新加坡、牙买加各2家，瑞士、意大利、爱尔兰、以色列、日本、南非、墨西哥各1家。详见图1：

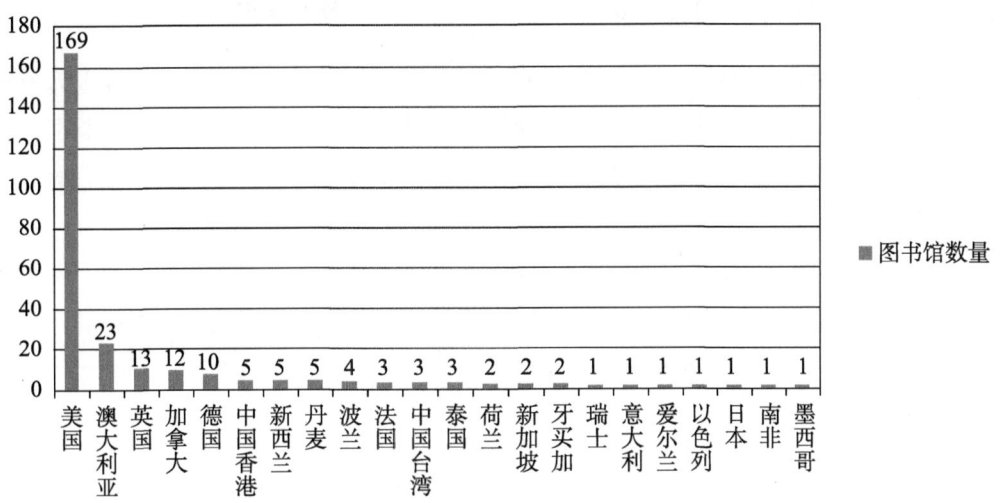

图1　截至2017年9月《习近平谈治国理政》英文版海外收藏图书馆数量分布

相比2015年同期统计数据，海外收藏馆总量只有153家。其中美国106家，澳大利亚14家，英国8家，加拿大6家，新西兰4家，法国、荷兰、波兰、新加坡、丹麦各2家，瑞士、德国、意大利、牙买加、泰国各1家。详见图2：

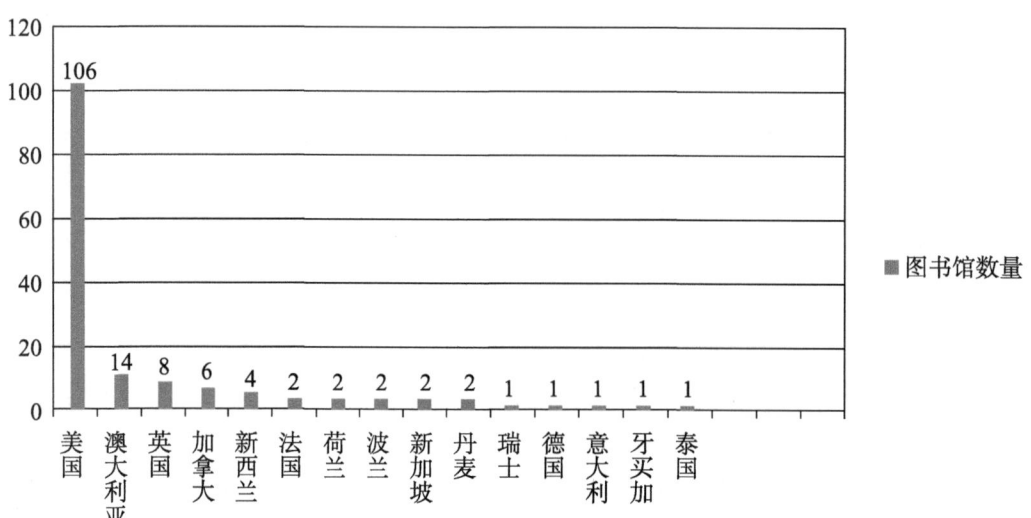

图2 截止2015年9月《习近平谈治国理政》英文版海外收藏图书馆数量分布

通过上图两年来的对比，可以明显发现海外收藏《习近平谈治国理政》英文版本的图书馆数量和国别地区都有大幅增长：收藏馆数量从153家（2015年9月）增长到268家（2017年9月），增幅为75.2%；所在国别和地区从15个（2015年9月）增长到22个（2017年9月），增幅为46.7%。

（二）《习近平谈治国理政》中文版海外收藏图书馆数量分布

截止2017年9月，海外收藏《习近平谈治国理政》中文版本（含简体和繁体）的图书馆数量为154家。其中，美国91家，澳大利亚14家，加拿大12家，德国8家，英国7家，中国台湾4家，中国香港、新西兰、新加坡各3家，法国、丹麦各2家，波兰、泰国、荷兰、瑞士、日本各1家。

相比2015年同期数据，海外中文版本收藏馆数量仅为92家，其中美国61家，澳大利亚8家，英国5家，德国、加拿大各4家，新加坡3家，中国台湾、丹麦、中国香港、新西兰各2家，波兰、瑞士、荷兰各1家。详见表2：

表2　2015—2017年《习近平谈治国理政》中文版海外收藏图书馆数量对比

国别数量	美国	澳大利亚	加拿大	德国	英国	中国台湾	中国香港	新西兰	新加坡	法国	丹麦	波兰	泰国	荷兰	瑞士	日本	合计
2017年9月	91	14	12	8	7	4	3	3	3	2	2	1	1	1	1	1	154
2015年9月	61	8	4	4	5	2	2	2	0	0	2	0	0	1	1	0	92

通过上图对比，我们不难发现海外收藏《习近平谈治国理政》中文版本的图书馆数量和国别地区也有较大幅度增长：收藏该著作的图书馆数量从92家（2015年9月）增长到154家（2017年9月），增幅为67.4%；所在国别和地区从11个（2015年9月）增长到16个（2017年9月），增幅为54.5%。

二、《习近平谈治国理政》海外馆藏的简要分析

通过跟踪考察与对比分析海外图书馆收藏《习近平谈治国理政》的基本状况，可以发现：从语种来说，海外图书馆收藏的版本至少包括英文、中文、德文、西班牙文、法文、波兰文、韩文、葡萄牙文、泰文、意大利文、日文等11个语种，其中以收藏英文版本的图书馆数量为最多，中文版本次之；从国别来说，主要分布在美国、澳大利亚、英国、加拿大等英语国家，其中美国占有压倒性优势；从收藏机构类型看，包括国家图书馆、公共图书馆、专业图书馆、高校图书馆、军事图书馆等，主要以大学、智库和科研机构图书馆居多。尽管OCLC联盟图书馆的覆盖范围有很大局限，但这个数据基本说明了《习近平谈治国理政》在全世界图书馆的收藏与分布，可以大体上反映该书在海外的传播状况。

由于收藏《习近平谈治国理政》一书的图书馆，无论是英文版本还是中文版本，都是美国最多，下面以美国为例分析馆藏分布与读者受众人群。美国图书馆系统种类众多，一般分为两大类，一类是大学图书馆系统，这个系统包含私立、公立的世界级顶尖大学，也包括以基础教育为主的社区大学、职业学院。另一类是社区图书馆、公共图书馆系统，这个系统包含美国各个州郡设立的公共图书馆、社区图书馆，也含有私立的完全免费开放的图书馆。中国主题图书，无论是外文还是中文，在相当长的时间里是服务于西方学术研究，中文图书仅仅在一些开设汉学、东方学研究的大学图书馆里才有收藏，中国图书边缘化、小众化的地位，在过去几百年的时间里没有发生过根本性的变化。但是，通过分析《习近平谈治国理政》一书在美国各大图书馆的收藏，我们可以发现这种状况在悄然发生着变化。

首先，从学术影响看，《习近平谈治国理政》被美国最著名的大学图书馆收藏，标

志着这本中国政治类读物进入了美国主流学术圈。这些图书馆主要包括：斯坦福大学图书馆（Stanford Univ Libr）、芝加哥大学（Univ of Chicago）、哈佛燕京图书馆（Harvard Univ，Yenching Libr）、麻省理工学院（Massachusetts Inst of Tech）、约翰·斯霍普金斯大学（Johns Hopkins Univ）、密歇根大学图书馆（Univ of Michigan Libr）、普林斯顿大学（Princeton Univ）、哥伦比亚大学（Columbia Univ）、康奈尔大学（Cornell Univ）、华盛顿大学图书馆（Univ of Washington Libr）、布朗大学（Brown Univ）、杜克大学图书馆（Duke Univ Libr）、加利福尼亚大学伯克利分校（Univ of California，Berkeley）等。这些大学大多设立有中国研究中心或东亚研究中心，开设与中国相关的专业或者课程，是为了满足本校师生的学术研究和学习中文、阅读中文文献的需求而收藏该书，据此基本可以推断出《习近平谈治国理政》在美国的读者群，主要是大学教授、专家学者和青年学生。

其次，从传播影响看，收藏《习近平谈治国理政》的图书馆几乎遍布美国所有的州，其传播影响力未来有可能辐射到美国全境。众所周知，美国由50个州和1个联邦直辖特区（华盛顿哥伦比亚特区）组成。我们仅以收藏《习近平谈治国理政》英文版本的169家美国图书馆为例，经过统计分析发现，这些图书馆分布在全美41个州和特区，占比达到82.4%。按照各州图书馆分布数量从高到低排列如下：加利福尼亚州（California/CA）38家；纽约州（New York/NY）16家；马萨诸塞州（Massachusetts/MA）11家；华盛顿哥伦比亚特区（Washington District Of Columbia/DC）10家；新泽西州（New jersey/NJ）9家；密歇根州（Michigan/MI）、得克萨斯州（Texas/TX）各7家；俄亥俄州（Ohio/OH）、宾夕法尼亚州（Pennsylvania/PA）各6家；康涅狄格州（Connecticut/CT）、佛罗里达州（Florida/FL）、伊利诺斯州（Illinois/IL）、明尼苏达州（Minnesota/MN）、弗吉尼亚州（Virginia/VA）、华盛顿州（Washington/WA）各4家；马里兰州（Maryland/MD）、新罕布什尔州（New Hampshire/NH）、北卡罗来纳州（North Carolina/NC）各3家；印第安纳州（Indiana/IN）、爱荷华州（Iowa/IA）、肯塔基州（Kentucky/KY）、罗得岛州（Rhode Island/RI）、威斯康辛州（Wisconsin/WI）、怀俄明州（Wyoming/WY）各2家；阿拉斯加州（Alaska/AK）、科罗拉多州（Colorado/CO）、特拉华州（Delaware/DE）、乔治亚州（Georgia/GA）、夏威夷州（Hawaii/HI）、爱达荷州（Idaho/ID）、堪萨斯州（Kansas/KS）、路易斯安那州（Louisiana/LA）、缅因州（Maine/ME）、密西西比州（Mississippi/MS）、密苏里州（Missouri/MO）、蒙大拿州（Montana/MT）、新墨西哥州（New Mexico/NM）、内华达州（Nevada/NV）、俄勒冈州（Oregon/OR）、田纳西州（Tennessee/TN）、犹他州（Utah/UT）、佛蒙特州（Vermont/VT）各1家。

再次，从社会影响看，《习近平谈治国理政》已开始进入美国部分公共图书馆和社区图书馆，近距离接近美国普通大众。美国的公共图书馆、社区图书馆遍及全美各个社区，星罗棋布、高度发达的社区图书馆是美国普通人社区生活的一个中心场所。它提供给社区各个层面的人群以不同的服务，如儿童可以把社区图书馆、公共图书馆当作放学后的安全之所，社区老人把它当做排解寂寞之处。这是美国社会的一个鲜明特征，也是每一个美国普通人进行文化活动的基本场所。这类图书馆主要包括：国会图书馆（Library of Congress）、奥尔巴尼县立公共图书馆（Albany County Public Library）、森尼韦尔公共图书馆（Sunnyvale Public Library）、圣塔克拉拉县立图书馆（Santa Clara County Library Dist）、圣马特奥县图书馆（San Mateo County Library）、旧金山公共图书馆（San Francisco Public Library）、洛杉矶公共图书馆（Los Angeles Public Library）、阿拉米达县立图书馆（Alameda County Library）、伯明翰.杰佛逊公共图书馆（Birmingham-Jefferson Public Library）、老殖民地图书馆网络（Old Colony Library Network）、萨顿公共图书馆（Sutton Public Library）、泊郡图书馆系统（Park County Library Syst）、理查德森公共图书馆（Richardson Public Library）、纽约公共图书馆（New York Public Library）、马盖特市公共图书馆（Margate City Public Library）等。《习近平谈治国理政》能够进入美国公共图书馆系统，标志着中国主题图书开始摆脱小众化地位，从传统的大学、研究机构开始深入到美国社会中间，与普通美国人近距离接触。这是近年来中国国际地位显著提升、当代中国政治的发展变化引起美国普通民众关注的一个典型案例。

三、《习近平谈治国理政》为对外传播带来的重要启示

该书在海外引起强烈反响，反映了中国道路和中国理论在海外的被关注程度，也反映了中国方案在海外的受欢迎程度。这本书的海外热销，也进一步增强了我们通过以习近平同志为核心的党中央治国理政新理念新思想新战略，引领政治话语传播、推进中国理念走出去的信心。

（一）增强文化自信，理直气壮地传播中国声音

如今国际社会对中国充满希望和期待，《习近平谈治国理政》顺应这一趋势，阐述了"中国梦""新型大国关系""一带一路"等一系列充满睿智的新理念新倡议，事实证明能够被大多数外国受众所理解。中国理念在对外传播中深具民族生命力、富有中华民族价值观，应该表现出积极主动的姿态，以必要的价值自信、文化自信和理论自信向世界展现和弘扬中国在价值观念和精神世界领域为全人类所做出的贡献。通过向国际社会介绍中国的历史和现状，勾勒中国的未来与发展，努力消除世界各地对中国的误解。

（二）创新话语表达方式，精心构建对外话语体系

讲述好中国故事、传播好中国声音，创新表达方式至关重要。不同国家间的文化传

播，是不同文化体系之间的交流与融合。在此过程中，会遇到语言差异、思维差异和文化差异等问题。因此，一要准确把握和充分尊重不同受众的文化传统、价值取向和接受心理，以当地受众能够理解的语言和乐于接受的方式开展文化传播。二要打造一批融通中外的新概念新范畴新表述，实现中国故事的国际表达。近年来，习近平总书记在一些重大国际活动中，多次发表演讲阐述人类命运共同体理念。联合国决议写入"构建人类命运共同体"，体现了这一理念和话语得到国际社会的普遍认同。三要善于讲故事，将中国的发展优势和综合国力转化为我们的话语优势。讲好故事，才能不断拉近中国话语与外部受众的距离，让中国声音传得更远、传得更深。

（三）增强国际传播能力，提升中国文化对外传播话语权

我们既要看到《习近平谈治国理政》受到国际社会持续关注，引起热烈反响；更要清醒地认识到，当今世界的政治秩序、经济秩序以及文化格局都是由西方国家一手建立起来的，中国经济的迅速崛起不仅对西方国家主导的世界经济秩序形成冲击，也对现有的世界政治秩序、文化格局产生挑战。这对于已经主导世界政治、经济、文化格局上百年的西方国家来说，无疑是一个不愿意面对的现实。长期以来，世界对中国的认知和想象，还停留在西方主流媒体所传递出的中国形象和中国价值上。这种按照西方思维方式和价值判断所进行的表述与传播，与中国的实际状况之间存在着相当程度的偏差与扭曲。为有效消除这种偏差与扭曲，中国亟需增强对外传播能力建设，提升中国文化对外传播话语权，在全球化的语境下更好地把握舆论，引导人们全面客观地认识当代中国，展示中国道路、理论体系和制度的独特魅力。

（本文发表于《对外传播》2017年第10期）

初大告与中文典籍英译[1]

初大告是我国著名的翻译家和语音学家,早在20世纪30年代剑桥大学留学期间,因翻译中国诗词和老子《道德经》而享誉英国学界。他是较早进行中文典籍英译并获得成功的中国学者之一,曾为中西文化交流和海外汉学的发展做出过重要贡献。新中国成立后他长期在北京外国语大学任教,人们虽然注意到剑桥大学出版社曾多次给他寄来稿酬,却不太清楚他出过什么书,直到去世他自己也没有留下有关这方面的文章。初大告在中文典籍英译方面做出的贡献是不应当忘记的。

一、初大告其人其事[2]

初大告,字达杲,原名铭音,山东省莱阳人。1898年8月14日出生于一个贫农家庭,早年在乡间私塾读"四书""五经"和名家诗文,常写作诗词,奠定了古典文学基础。1914—1918年在山东省第一师范学校学习,对汉语和英语发生浓厚兴趣。1918年考入北京高等师范学校英语系,次年参加"五四"运动被捕入狱(是北京高师被捕的"八勇士"[3]之一)。课堂学习之外,他广泛涉猎西方文学,如托尔斯泰、契诃夫、雨果、巴尔扎克、歌德、席勒、莎士比亚、狄更斯等人的作品。1923年毕业,与6名同学创办志成中学(今北京市35中学),他任校长,教授英语。同年升入北京师范大学英语研究科学习。1929—1934年在北京女子师范大学(和随后的北平师范大学)及中国大学任讲师。

1934年秋,志成中学送他出国留学,在英国剑桥大学师从亚瑟·奎勒-库奇(Arthur

---

[1] 有关初大告中文典籍英译方面的资料十分稀少,本文主要参考了周流溪、袁锦翔、黄立等人的研究成果,特在此说明,深表谢忱。

[2] 除参考上述诸家资料外,作者到北京外国语大学档案馆查阅初大告有关档案,受到热情接待,一并致谢。

[3] 高师校长陈宝泉与北大校长蔡元培等积极设法营救他们。陈宝泉校长派专车去监狱把他们接回,并亲自到校门口迎接。为了他们的安全和毕业后的出路,又亲自为他们改名字:把初铭音改为初大告,陈宏勋改为陈荩民,杨荃改为杨明轩等。周维强:《改名记》,载《学习博览》2010年第4期,第55页。

Quiller-Couch)、瑞恰兹（I. A. Richards）、利维斯（F. L. Leavis）、休·赛克斯·戴维斯（Hugh Sykes Davis）、慕阿德（A. C. Moule）等名家，重点研究英国语言文学和语音学。抗日战争爆发后，他决计回国，于1937年冬成行。1938年3—8月在河南大学任英文教授兼系主任，同年秋转赴重庆，任复旦大学外文系教授，1940年后又兼任教务长。1941—1949年曾先后在中央大学、西北大学、兰州西北师范学院任教。期间，1945年9月与许德珩、潘菽等人一起筹建九三学社；并由张今铎（语还）介绍认识王炳南，又由王炳南介绍，与中央大学教授梁希、潘菽等一起到重庆上清寺拜见毛泽东，在曾家岩拜会周恩来。1946年春，参加郭沫若等人发起的文化界《对时局进言》签名活动。1947年春与张今铎等在上海发起成立"山东民主协会"。1949年9月，由周恩来、王炳南介绍，到北京外国语学校（后改学院）任教授，兼任英语系第一任主任。[1]1950年，又任校工会主席。1956年，评定为二级教授。1959年，任校图书馆馆长。1970年下放干校后，积极发起和参加新中国建立后第一部《汉英词典》的编写工作。[2]1987年6月3日，在北京去世，享年89岁。

在留学英国期间，初大告先后翻译了 Chinese Lyrics（《中华隽词》）、A New Translation of Lao Tzu's Tao Te Ching（《老子道德经新译》）和 Stories from China（《中国故事选译》），于1937年连续发表，一时名震英国学界，成为当时为数不多的中文典籍英译名家之一。初大告认为，自己懂得中英两国语言和文化，应把有关中国文化的作品译成英语，把英国的优秀作品译成中文，作中英文化交流的桥梁。他发现，已经有许多人将中国古诗译为英语，但词却还没有人译。初大告认为宋词也是我们的一份国宝，应当让更多的人通过它来加深对中国古代灿烂文化的了解，因此就译了 Chinese Lyrics。该书最初由剑桥大学出版社出版，收译词50首，后来扩充篇幅一倍，改称 101 Chinese Lyrics（《中华隽词一〇一首》），1987年由新世界出版社（北京）出版。他对几个老子书的译本都不满意，就又译成 A New Translation of Lao Tzu's Tao Te Ching，该书最初由 Buddhist Lodge（London）印行，1959年由 George Allen & Unwin Ltd. 出了第五版。此外，他还翻译了 Stories from China，该书是用 Basic English（基本英语）翻译的，这种简化了的企图作为国际语的英语由瑞恰兹（Richards）协助查尔斯·K·奥格登（Charles K. Ogden）[3]创制，但它不久就失败了。因此，初大告译的词和老子书是他留给世人最重要的财富，而正是凭这两部书，初大告成为一位优秀的中文典籍英译家。[4]

---

[1] 巴金等著，王寿兰编：《初大告传略》《当代文学翻译百家谈》，北京：北京大学出版社，1989年，第424-425页。
[2] 周流溪：《掌握语言的精神——初大告的实践（上）》，载《福建外语》1999年第3期，第61页。
[3] Charles K. Ogden（1889—1957）：英国语言学家、哲学家、作家，对英语语言改革产生过重要影响，Basic English的发明者和传播者。
[4] 周流溪：《掌握语言的精神——初大告的实践（上）》，载《福建外语》1999年第3期，第63页。

二、初大告与Chinese Lyrics

1937年10月7日，英国著名刊物《英语新周刊》（New English Weekly）上刊登了一篇文章，其中有这样几句：在翻译中国诗词的比赛中，韦利先生（Mr. Waley, 1889—1966）遇到了一位强有力的竞争者——初先生（Mr. Ch'u）。这些词（lyrics）不但是以令人钦佩的鉴赏力精选出来的，而且译得极其优美，因而得到了奎勒—库奇先生（Mr. Quiller-Couch, 1863—1944）的盛赞与介绍。[1]

库奇先生是英国知名作家与文艺评论家；韦利先生为20世纪英国最杰出的汉学家与翻译家，曾于1933年译出老子的《道德经》。那位曾在20世纪30年代把中国的lyrics"译得极其优美"、竟能成为韦利的"强有力的竞争者"的初先生就是初大告。自18世纪以来，把中文典籍译成英语的中外学者不乏其人，但译词成英语且享有盛名的却不多见，而初大告是较早的一个。

初版Chinese Lyrics中的词虽然只有50首，面世后却立即得到英国文艺界的好评。伦敦Poetry Review（《诗歌评论》）1937年7月12日评论道：初大告先生译的Chinese Lyrics保留了原作特有的神韵，值得人们深思并拿来和非中国籍译者的英译本比较。它们句调朴素纯真，译者仔细地摹拟了原作的节奏。[2] London Mercury（《伦敦信使》）杂志1937年8月1日写道：一个中国人翻译这些词时，不但运用了地道的英语习语，而且能够如此深刻地领会英语语词的音乐价值，这不能不令人叹为观止。[3]

Chinese Lyrics解放前在国内也深受译界欢迎。张其春在所编的《翻译之艺术》一书中曾多次引用其中的译词作为例证。他对初大告译的李煜《相见欢》一阕的评语是："不仅妥贴，且顺其自然，此其可嘉也"。此外，1975年王尔敏著由台湾商务印书馆发行的《中国文献西译书目》共收录文献3000余种，初大告的《中华隽词》也在其中。[4]

1987年，Chinese Lyrics经扩充修订后改名101 Chinese Lyrics，该书共选取了从唐代张志和、刘禹锡到宋末元初的刘因、管道升以及清代的僧正岩等46位词人的101首词作。

---

[1] "Mr. Waley has in Mr. Ch'u, I think, a formidable rival at the Chinese poetry—translating game. These lyrics are not only chosen with admirable taste: they are almost excellently translated, and Mr. Quiller-Couch gave them an erudite introduction." New English Weekly, Oct.7, 1937. 袁锦翔：《一位披荆斩棘的翻译家——初大告译事记述》，载《名家翻译研究与赏析》，武汉：湖北教育出版社，1990年，第261页。

[2] "Chinese Lyrics translated by Mr. Ch'u Ta-Kao, besides having a peculiar charm of their own, should deserve consideration and comparison with other English versions by authors not Chinese. They have an authentic and native tone, and the translator has been careful to imitate as nearly as possible the Chinese rhythms." Poetry Review, Jul.12, 1937. 袁锦翔：《一位披荆斩棘的翻译家——初大告译事记述》，载《名家翻译研究与赏析》，武汉：湖北教育出版社，1990年，第264页。

[3] "It is quite remarkable that a Chinese should be able to render these poems not only in perfect English idiom but with such sensibility to the musical value of the English words." London Mercury, Aug.1, 1937. 袁锦翔：《一位披荆斩棘的翻译家——初大告译事记述》，载《名家翻译研究与赏析》，武汉：湖北教育出版社，1990年，第264页。

[4] 袁锦翔：《一位披荆斩棘的翻译家——初大告译事记述》，载《名家翻译研究与赏析》，武汉：湖北教育出版社，1990年，第265页。

所选词作多以婉约风格为主,其中苏轼、辛弃疾等人的词作也多为观山临水或抒发内心情怀的抒情之作。46位词人中李煜的作品最多,共16首,辛弃疾9首,苏轼7首,朱敦儒7首,李清照5首,秦观4首,冯延巳和张先各3首,而擅长以慢词写离愁别绪的大词家柳永的作品却只选了2首。除李清照外,书中还选取了其他3位女词人朱淑真、聂胜琼和管道升的词作各1首。初大告选取的不仅是诗词大家的代表作品和读者耳熟能详的词作,还有一些不太为广大读者熟悉的词人词作。101 Chinese Lyrics的选材与国内许渊冲、徐忠杰的译本以及国外一些汉学家的其他译本互为补充,使读者能多方面地了解词的题材、风格和特色。[1]

初大告非常注重词与诗的渊源,将词视为"诗余"。他在该书后记中对"词"的发展历程所做的评注中说[2],词最初源于古代典籍《诗经》并承继了《诗经》中诗歌的押韵格式、语调和长短句形式以及与音乐的关系。到汉代,诗歌在形式上变得规则并开始强调在仪式中使用的颂诗和圣歌的音乐性。在隋、唐时期,尤其是宋代的音乐机构中,音乐与诗歌几乎完全脱离。由于和西方宗教以及中亚地区的密切联系,外来音乐的曲调在没有歌词或者是歌词粗俗的情况下流传到中国,想要为这些音乐填写歌词的诗人不得不"倚声填词",使词的音调和每句不同的长度("长短句")符合规则,这样就形成了诗歌中词这一类别。词这种作品赋予诗人极少的创作自由,所以他们容易背离这些规则,抛弃其中部分法则而保留另一部分。许多诗人就仅仅采用了词牌所要求的作品形式而抛开了这些词牌最初的主题,尽管有些词牌最初是书写感伤的情怀,但诗人们却用来描述战争或历史,这样词牌就仅仅只保留了每首词的形式,词的内容与词牌原来的意义已经没有什么关联了。总之,可以说诗歌中词这一类别的形成不仅使中国诗歌增色不少,也从总体上丰富了中国诗歌的范畴。[3]

初大告选用了英语自由诗的形式来翻译词作,大部分译文采用了一对一的形式,一句译文对应一句原文,译文也根据原文的形式分为上、下两阙,从这点来说他的翻译是忠于原文的直译。译文采用的是规范的英语句式,每一句译文都是一句完整的英语句子,有独立的主谓宾结构,也有添加的代词和介词等成分来联系句中的各个部分,译者还根据需要采用了相应的时态和语态来完善译文的语法结构,使译文能清楚地表达时间、空间和人物的状况。这种规范的英语译文使读者能很容易地通过阅读译文理解原文的意义。[4]

初大告认为,人名、地名一般应该直接拼出来,但拼音多了会给读者造成许多障

---

[1] 黄立:《英语世界唐宋词研究》,成都:四川大学出版社,2009,第94页。
[2] Chu Dagao, "A Note on the Development of the 'Ci' Type of the Poetry". *101 Chinese lyrics*. Beijing: New World Express, 1987, pp228-229.
[3] 黄立:《英语世界唐宋词研究》,成都:四川大学出版社,2009,第95页。
[4] 黄立:《英语世界唐宋词研究》,成都:四川大学出版社,2009,第96页。

碍，所以不妨把它们缩减一下或改为意译，译文才不生硬。例如李清照词《武陵春》的"双溪"他译为the Double Stream，而不是像徐忠杰那样拼作Shuangxi；王观《卜算子》的"江南"他译为the South Country，而不是像徐忠杰那样拼作Jiangnan。又如，苏轼《念奴娇》的"三国周郎赤壁"他译作Lord Zhou's Red Cliff of the time of the Three Kingdoms，而徐译是the Yangzi Bluffs where Zhou Yu won the day。他认为"赤壁"译为Red Cliff能让稍微有点中国历史地理知识的读者不感觉到很困难。下文"公瑾"他联系上文全意译作the young Lord（而不像徐译用Zhou——当然这并无问题），"小乔"他译为the fair Younger Qiao（徐译此处又直拼作Xiao Qiao）。这样，在很多时候他实际上采取的是有限度的直译，有时只求达意而不死守原文的字眼。[1]

从101 Chinese Lyrics来看，初大告在许多地方的确独具匠心，能驾驭语言和把握分寸，准确、恰当地传达出原作的主旨，并以英国读者喜闻乐见的语言形式予以再现。试以韦庄的《菩萨蛮》一阕为例：

人人尽说江南好，游人只合江南老，春水碧于天，画船听雨眠。

初大告的译文如下：

> So all the world praises the South Country to me,
> It befits you a wanderer there to spend your life.
> The waters in spring look bluer than the skies,
> And rains will lull you to sleep in the painted boat.

译文能紧随原作的意思，语言生动活泼。如"春水碧于天"译作The waters in spring look bluer than the skies，有声有色。又"画船听雨眠"译为And rains will lull you to sleep in the painted boat，lull you to sleep这一习语用得比较贴切，颇有诗意，英国读者一看就懂，而且会感到亲切。[2]

初大告指出，汉语文言有一个特点，就是少用人称代词，第一、第三人称常常省去，第二人称倒不省去（有君、若、尔等），这和英语习惯恰恰相反。诗词中第一人称不用代词而以其他字眼代替的情况常常出现，如朱敦儒《鹧鸪天》"人已老"，这"人"不是别人而是自己，所以应译作I am old。不深刻理解中国诗词的人，以为中国诗人不用人称代词是要使读者感觉到自己也被代表了，与诗人发生同感，因而能得到普遍的同情和欣赏。初大告认为这是一个绝大的误会，汉语诗中的"我"常用隐蔽的形式表

---

[1] 周流溪：《掌握语言的精神——初大告的实践（下）》，载《福建外语》1999年第4期，第51页。
[2] 袁锦翔：《一位披荆斩棘的翻译家——初大告译事记述》，载《名家翻译研究与赏析》，武汉：湖北教育出版社，1990年，第263页。

达，译时不可忽略。[1]因此，对于"人有悲欢离合，月有阴晴圆缺，此事古难全。但愿人长久，千里共婵娟"一段，初大告对两个"人"字分别做了不同的翻译：

> Men have their woe and joy, parting and meeting;
> The moon has her dimness and brightness, waxing and waning.
> Never from of old has been lasting perfection.
> I only wish that you and I may be ever well and hale.
> That both of us may watch the fair moon, even a thousand miles apart.

徐忠杰对后一个"人"字用泛指的one，people，they来译是不妥当的。[2]

当然，初大告的翻译中还有一些不尽如人意之处，如陆游的名作《卜算子》中的"无意苦争春，一任群芳妒"，初大告译为：

> It has no wish to court the favor of the spring,
> So let various flowers envy one another.

原文的意思应为"无意在春天和群芳争奇斗艳，听凭百花对自己嫉妒不已"。而译文的意思是"无意去获得春天的青睐，所以听凭百花去相互嫉妒吧"。如果court the favor of the spring还可以意译为"获得春天的青睐，在春天与百花一起开放，争奇斗艳"，但envy one another就只能理解为彼此嫉妒，envy常作动词，后面直接加宾语作为嫉妒的对象，翻译过来就只能是百花相互嫉妒，与原文所表达的听任百花对自己的嫉妒有些出入，未能准确表达出原文的意义。[3]

三、初大告与Tao Te Ching

Tao Te Ching（《道德经》）作为道家经典，很早就引起了西方传教士和汉学家的关注。从16世纪开始，《道德经》就被翻译成多种文字，1866—1942年，《道德经》的英译本有6种之多，而到20世纪60年代，已有40余种。至今，各种西文版的《道德经》已有250多种。[4]据联合国教科文组织统计，被译成外国文字发行量最多的世界文化名著，除《圣经》以外就是《道德经》。在《道德经》的翻译历程中，译过《道德经》的著名西方译者有理雅各（James Legge）、韦利（Arthur Waley）、韩禄伯（Robert Henricks）、

---

[1] 初大告：《我翻译诗词的体会》，载《当代文学翻译百家谈》，北京：北京大学出版社，1989年，第420页。
[2] 周流溪：《掌握语言的精神——初大告的实践（下）》，载《福建外语》1999年第4期，第53页。
[3] 黄立：《英语世界唐宋词研究》，成都：四川大学出版社，2009，第98-99页。
[4] 刘静：《〈道德经〉英译的缘起与发展》，载《郑州轻工业学院学报（社会科学版）》2009年第10期，第120页。

普芬柏格（William Puffenberger）、戴闻达（Duyvendak）、陈荣捷（Wing Tsit Chan）、大卫·辛顿（David Hinton）、欧尔德（Walter Gorn Old）等。相对于西方译本，中国译者的译本出现较晚。1936年胡子霖的译本为第一个中国译者的译本，以后逐渐有初大告、林语堂、汪榕培、辜正坤等译本。

由于《道德经》哲理深奥，外国译者往往不能领会其中的微言大意，因而译文时常出错。如有人把"道可道非常道"中的"道可道"译成"The tao that can be taoed"，令人无法读懂。其实第一个"道"指"宇宙的主体"，因为自成一种哲学和宗教体系，是可以译为Tao或Taoism的。第二个"道"则是普通动词，意为"谈论"，译成taoed就莫名其妙了。再如，有的外国译者过于贪图忠实，以致出现把"百姓"译为the hundred names，把"万物"译成ten thousand creatures，等等。在初大告看来，古汉语里的"百""千""万"有时只是综合数词，意为"所有""一切"，不能按精确的数学概念去理解。他把"百姓"意译为the people，"万物"译作all things。由于初大告是在吃透原文的基础上进行翻译的，加之他创造性地运用了自由诗体的形式，不受格律、韵律所束缚，译文气势磅礴，有如行云流水，一任其自然，译得淋漓尽致，逼肖原文，而又明白易懂，让这部几千年前的深奥经典一下子变得能够为英伦三岛的读者所欣赏和赞许。初大告译的 *Tao Te Ching* 迄今已在英国重印了10余次，事实证明他的译法颇受欢迎。[1]下面，试以韦利和初大告的 *Tao Te Ching* 译本做一简要比较，说明初大告译文的特色。

在韦利的译本中，没有对"百姓"的死译，但有"万物"的死译，在第一章和第三十九章就译为the ten thousand creatures，在第二章译为the myriad creatures。第五章"天地不仁，以万物为刍狗；圣人不仁，以百姓为刍狗"，韦利的译文是Heaven and Earth are ruthless; to them the Ten Thousand Things are but as straw dogs. The Sage too is ruthless; to him the people are but as straw dogs。欧尔德的译文是：Neither Heaven or Earth has any predilections; they regard all persons and things as sacrificial images. The wise man knows no distinctions; he beholds all men as things made for holy uses（"不仁"译得好）。而初大告译为：Heaven and Earth do not own their benevolence; to them all things are straw-dogs. The Sage does not own his benevolence; to him the people are straw-dogs（初大告在各章中通常都把"万物"译为all things）。[2]

又如，韦利对"天下"基本采取直译的做法。第二章"天下（every one under Heaven）皆知美之为美"、第二十二章"天下莫（no one under Heaven）能与之争""为天下式"（testing by it everything under heaven）、第二十五章"为天下（all things

---

[1] 袁锦翔：《一位披荆斩棘的翻译家——初大告译事记述》，载《名家翻译研究与赏析》，武汉：湖北教育出版社，1990年，第266页。

[2] 周流溪：《掌握语言的精神——初大告的实践（下）》，载《福建外语》1999年第4期，第54页。

under heaven）母"，这却可以容忍。欧尔德在这几处分别译成the world, no man, all men, universal；而初大告分别译成all in the world, no one in the world, the world, the Universe，措词兼有前人的长处，是汉英两种语言的读者都能接受的。在四十六章，韦利把"天下有道"译成When there is Tao in the empire（天下无道when there is not Tao in the empire）；欧尔德译为When Tao is in the world（天下无道when Tao has left the world）；而初大告译为When Tao reigns in the world（天下无道when Tao does not reign in the world），表述得既地道又生动。[1]

再如，*Tao Te Ching*第一章"道所道，非常道；名所名，非常名"几家的译文分别是：

  韦利译：The way that can be told of is not an unvarying way；the names that can be named are not unvarying names.

  欧尔德译：The Tao that is the subject of discussion is not the true Tao. The quality which can be named is not its true attribute.

  初译：The Tao that can be expressed is not the eternal Tao；The name that can be defined is not the unchanging name.

这里初译显然优于前面两家，eternal一词也用得很好。

"无名，天地之始；有名，万物之母。"

  韦利译：It was from the Nameless that Heaven and Earth sprang；The named is but the mother that rears the ten thousand creatures, each after its Kind.

  欧尔德译：That which was before Heaven and Earth is called the Non-existent. The Existent is the mother of all things.

  初译：Non-existence is called the antecedent of heaven and earth. Existence is the mother of all things.

这样突出"无/有"一对范畴，似更符合老子的思想。

关于老子的根本处世准则（policy）"无为"，三家的译法是：

"为无为，事无事，味无味。"（六十三章）

  韦利译：It acts without action, does without doing, finds flavor in what is flavorless.

  欧尔德译：Acting without design, occupying oneself without making a business

---

[1] 周流溪：《掌握语言的精神——初大告的实践（下）》，载《福建外语》1999年第4期，第55页。

of it.（第三句未译出）

  初译：Act non-action；undertake no undertaking；taste the tasteless.

"为无为，则无不治。"（第三章）

  韦利译：Yet through his actionless activity all things are duly regulated.
  欧尔德译：He acts by non-action，and by this he governs all.
  初译：He governs by non-action；consequently there is nothing un-governed.

"无为而无不为。"（四十八章）

  韦利译：But by this very inactivity everything can be activated.
  欧尔德译：By non-action there is nothing which cannot be effected.
  初译：By non-action everything can be done.

"道常无为而无不为。"（三十七章）

  韦利译：Tao never does；yet through it all things are done.
  欧尔德译：Tao remains quiescent，and yet leaves nothing undone.
  初译：Tao is ever inactive，and yet there is nothing that it does not do.

  在上面这些译文中，韦利的acts without action和actionless activity都颇有特色。欧尔德的acts by non-action是通顺的，但初大告的act non-action却显得拗口。他的By non-action everything can be done，是很简洁的表述（也有人译为Do nothing，and all things willbe done）。[1]

  初大告作为一名外语教师而能精心研究和翻译老子《道德经》这部古代哲学著作，其精神和成绩都是可嘉的，他对语言的运用之妙有许多值得我们效法的地方。

四、初大告中文典籍英译的特色

  初大告是我国较早地将中华经典与诗词译成英语且享有盛誉的翻译家，对中文典籍英译有许多独到的见解。今择其要者而述之，主要有下面几点：

（一）译者要精通两种语言，透过字面深刻理解原文含义

  初大告认为，翻译的先决条件是对于所译的和译出的语言都要有一定的掌握。若能

---

[1]　周流溪：《掌握语言的精神——初大告的实践（下）》，载《福建外语》1999年第4期，第56-57页。

两种都精通是最理想的，一般是偏重此种或彼种。着手翻译之前，要熟读原作，了解其事实、情节、思想、情感等，进一步审度文章的背景，如历史、地理、宗教、哲学，以及风俗人情等。这是译者应该具备的基本素养和工作程序。他认为译者切不可满足于了解原文的表面意思，对于难懂的原文，如四书五经或古典诗词，尤须反复阅读，直至掌握其深层的含义。然后以通顺的语言和适当的形式把上述有关的条件尽可能地包括在可读的译出的语言中，这就是翻译的原则或标准，换言之，翻译之作要"既能通达于译文而又无碍于原文"。做到这一点的关键是要精通两种语言，粗枝大叶的理解和死板的翻译都是行不通的。[1]

（二）因所用语言不同，诗词的翻译应有别于散文的翻译

严复曾讲过："译事三难，信、达、雅。"初大告认为，这只是指严复在翻译中遇到的困难，而不是说这几个字就包括了翻译的一切方面。事实上，严复译的绝大多数是散文，而且都是外译汉。[2]至于诗词的翻译，而且由汉译外，这几个字恐怕概括不了。因为散文所用的语言与诗词所用的语言不尽相同，有时差别很大。除文化背景外，还有辞藻、韵律、结构、排列等方面都有区别。如若率然用散文去译诗，则译文一定会歪曲原文而损失很大。初大告在翻译中国诗词时，采用了英语诗歌中的自由诗体格式。这种诗体不用韵，结构不同，节奏按诗意、译句的需要由作者自由变化，不受格式的束缚，但要有节奏，以与散文有别。他采用这种诗体去译旧词，结果颇受英国读者欢迎。[3]

（三）翻译要考虑读者的文化背景与反应，译文要明白易懂

在英译汉诗词过程中，当遇到"东风""向东流"一类看似十分简单的词语时，初大告充分考虑到中英文化不同的背景，在遣词择句方面煞费苦心。例如，南唐后主李煜《虞美人》中"小楼昨夜又东风""恰似一江春水向东流"，这里面两个"东"字，如直接译成east和eastward就不能准确达意。初大告认为，"小楼昨夜又东风"里的东风在我国是从太平洋暖流吹来的，温暖而略带湿气，东风就是春风，[4]它标志着一年的开始，李后主感慨到，做囚犯的生活进入新的一年了；但英国的东风却是来自北冰洋南下的寒流，寒冷刺骨。如把"东风"译成east wind，英国读者会误解为："李后主昨天晚上冻坏

---

[1] 初大告：《我翻译诗词的体会》，载《当代文学翻译百家谈》，北京：北京大学出版社，1989年，第416页。

[2] 初大告：《我翻译诗词的体会》，载《当代文学翻译百家谈》，北京：北京大学出版社，1989年，第423页。

[3] 袁锦翔：《一位披荆斩棘的翻译家——初大告译事记述》，载《名家翻译研究与赏析》，武汉：湖北教育出版社，1990年，第267页。

[4] 初大告：《我翻译诗词的体会》，载《当代文学翻译百家谈》，北京：北京大学出版社，1989年，第418页。

了"，这与原意是相去甚远的。因此他把东风译作vernal wind，使两种语意都无妨碍。关于气候的"东"不能直译，关于地势方位的"东"也要斟酌。"一江春水向东流"中的"东流"，如直译为flows eastward或flows to the east，英国读者便会提出疑问："为什么向东？"因为英国的河流向东西南北流向的都有，事实上中国的河流也不尽是向东流。所以他把这词组圆活地译作runs to the sea。这样，在这两种文字中就都说得过去了。[1]

总之，在较早时期，初大告为把我国经典与诗词译成英语尽了开拓之功，成效卓著，为加强中外文化交流做出了重要贡献，值得我们尊重和纪念。

（本文发表于《国际汉学》第23辑，2012年12月）

---

[1] 袁锦翔：《一位披荆斩棘的翻译家——初大告译事记述》，载《名家翻译研究与赏析》，武汉：湖北教育出版社，1990年，第267页。

一位矢志于新中国对外传播事业的美国人

——李敦白的跌宕人生

李敦白（Sidney Rittenberg，1921—2019）是一位矢志于新中国对外传播事业的美国人。他做过35年中国对外广播的专家顾问，参加过许多中央文件的翻译工作，包括《毛泽东选集》的翻译定稿，曾经"红"遍神州大地，后来却从中国百姓的视野和记忆中淡出。他与新中国许多高级领导人，包括毛泽东、周恩来、刘少奇、邓小平、王震、李先念、朱镕基等都有私人交往；在新中国即将成立时，他被怀疑成国际间谍遭受关押；在"文革"爆发后，他成为红极一时的造反派人物，随后再度被捕入狱；在20世纪80年代初，中国对外大门刚刚打开之际，他却悄然携家人返美，后促成美国哥伦比亚广播公司（CBS）记者华莱士（Mike Wallace）专访邓小平。他对当代中国的许多剧变都有近距离的观察，在新中国的对外文化宣传活动中扮演了极有影响力的角色。

令人好奇的是，一个充满理想的美国男孩是如何被中国革命点燃心中的火苗，倾其所有献身中国革命的？作为独一无二跻身中共高层核心圈的外国人，他在新中国的对外传播事业，乃至中国革命和建设过程中扮演过什么样的角色，有过怎样的境遇与情怀？

中共早期唯一的美籍党员

1921年8月14日，李敦白出生于美国北卡罗来纳州查尔斯顿市一个名门望族，先后就读于波特军事学校、普林斯顿大学和北卡罗来纳大学。青年时期曾加入美国共产党，成为一名美共党员。1942年应征入伍，被派往斯坦福美军语言学校学习中文。根据当时美国的有关规定，入伍后不得不脱离了党籍。其实，早在入伍前的大学期间，他就全心投入左派工运，在美共机关报《工人日报》上看过毛泽东关于新民主主义论的文章，读过斯诺的名著《红星照耀中国》，而第一次对中国产生兴趣，是听到纽约市华人洗衣所合唱团演唱的《义勇军进行曲》。

1945年9月，二战的硝烟刚刚散尽，李敦白和他的战友们来到昆明，担任美军军法处中文专员，专门负责调查美军在当地的违法行为以及当地的中国人向美国军方索赔的案件。通过这份工作，他有了接触中国社会不同阶层民众的机会，并逐渐感受到国民党当局的腐败和黑暗，对传说中廉洁又充满理想的中共产生了强烈的好奇。1945年11月，美军在昆明完成了它的历史使命，李敦白本该复员回国。可此时由于同中共地下党员频繁接触，他完全被中国"迷住"了，甚至渴望能到延安去看一看。他决定留下来，并想方设法到美军的上海陆军总部工作，还与上海的地下党"接上了头"。不久，在宋庆龄的介绍下，他转到联合国救济总署驻华办事处工作，从此"脱离"了美国军队。1946年春，李敦白奉命押运救济粮食到湖北省境内的中原解放区，在这里结识了李先念、王震、王树声等中共高级将领，并把"蒋介石要铁心打内战"的情报透露给李先念。后来通过周恩来的介绍，李敦白经北平辗转来到共产党在华北控制的最大城市张家口，在时任晋察冀军区司令员兼政委聂荣臻的安排下，协助新华广播电台开办英语广播。1946年9月，他从张家口出发，途径4省，突破封锁线，渡过黄河，走了45天，终于到达延安。

在极其缺乏外国人才的延安解放区，李敦白很快受到赏识和重用，成为共产党宣传战线最重要的外语专家之一。后来，经过毛泽东、刘少奇、周恩来、朱德、任弼时中央书记处五大书记直接批准，由李先念、王震做介绍人，李敦白成为当时唯一的美籍中共党员。在革命的熔炉里，这个满腔热血的美国青年完全沉浸在为新中国成立而奋斗的红色事业中，很快成为新中国对外新闻报道事业的重要功臣。在其人生的最顶峰，他与毛泽东同坐一辆吉普车，感觉"就坐在历史的旁边"。这期间，作为外国专家，他不仅投身中共高层社交圈，更深入权力核心，成为中共领导人的座上宾。

受"斯特朗案"蒙冤入狱

然而，1949年2月中下旬，李敦白却忽然神秘地消失了。原来，苏联当局认为在莫斯科帮助编辑英文报纸《莫斯科新闻》的斯特朗（Anna Louise Strong）是"美国间谍"，在世界上布置了一个大范围的"情报网"，李敦白受她的领导，负责收集中国情报。苏联当局逮捕了斯特朗，并且通知中共方面，把李敦白也抓了起来。这起冤案使李敦白在监狱关了6年多。期间，正是在牢房糊窗户的报纸上，心情糟糕的他看到了"中华人民共和国成立"的消息，顿时精神为之一振。在狱方提供的作为学习材料的《人民日报》旧报纸上，他读到了抗美援朝的报道，以及魏巍写的《谁是最可爱的人》。当看到斯大林去世的消息时，他为此失声痛哭——那时（1953年）他并不知道中苏存在的分歧，也不清楚自己的牢狱之灾由谁造成。

1955年4月斯特朗平反后，李敦白也被无罪释放，出狱时公安部向他道了歉。后来毛泽东对李敦白说："你被牵连到她的案子，我们犯了一个很坏的错误，你是一个好同志。"[1]在重返中央广播事业局的工作岗位后,他甚至相信自己已是一名经过考验、真正标准的中国共产党人了。尽管入狱期间,他曾深爱的中国妻子魏琳离开了他,其视力也因狱中所受折磨变得很差。不过幸运的是,1956年李敦白找到了自己的终身伴侣王玉琳,两人于当年2月11日结为连理。

"文革"初期大红大紫

1966年10月1日,是中华人民共和国成立17周年庆典。斯特朗、李敦白等6位外国朋友,被邀请登上了天安门城楼,分别同毛泽东合影。他满怀敬意地称呼毛泽东为"主席",毛泽东则用英文一字一顿地说出他的名字"Rit-ten-berg"。他掏出了"红宝书"请毛泽东签名,毛泽东问写什么,他一愣,就说写您的名字吧。第二天,《人民日报》在第一版刊登了毛泽东和李敦白的合影,李敦白的大名顿时传遍了全国。但是,每当回忆这件事时他还是懊悔不已:"我应该要他写下对群众的新指示,或是他的著名诗句,或是对我个人的赠言,要不就是给美国人民的一句话,还是给谁的一句话,但当时根本想不起来。"[2]

1967年上海"一月革命"夺权后,李敦白以"国际共产主义战士"的身份,参加了中央广播事业局的"夺权"斗争。"中央文革小组"在广播事业局成立了一个由"整风派"人员构成的"三人小组",李敦白被任命为名义上的负责人。作为"文革"初期的大红人,在最风光的时刻,除了广播事业局外,许多学校、机关、广场的造反派集会,都请他去发表演说。走在大街上,他会被无数市民围堵,争相索要签名。1967年4月8日,《人民日报》甚至用大半版的篇幅发表了李敦白的文章《中国"文化大革命"打开了通向共产主义的航道》。政治权力的致命吸引,呼风唤雨的巨大幻觉,让他沉迷其中不能自拔。

风云突变再次入狱

然而,这种"风头正健"的日子仅仅维持了6个月。1968年2月21日,李敦白再次被捕,关进秦城监狱,他又成了"美国特务"。后来他听说,在他的逮捕令上,有周恩来等13位中央领导签名,正式的定性是"卷入王力、关锋、戚本禹反革命集团"。这或者与李敦白在"文革"初期表现激进,曾当上其所任职的中央广播事业局造反派的领导人,一度"红"透中国的经历有关。而李敦白本人则认为,他是因为不慎得罪了江青而

---

[1] [美]李敦白、阿曼达·贝内特著,丁薇译:《红幕后的洋人:李敦白回忆录》,上海:上海人民出版社,2006年,第180页

[2] [美]李敦白、阿曼达·贝内特著,丁薇译:《红幕后的洋人:李敦白回忆录》,上海:上海人民出版社,2006年,第220页。

失势的，虽然他一开始就衷心赞成"文革"中群众大民主的做法，并认定江青才是"真正的、红彤彤的左派"。

李敦白说："在狱中，我听闻林彪坠机、尼克松访华、周恩来逝世、毛泽东逝世等事件，我还感觉到300里之外的唐山大地震。当我在报纸上不再看到'四人帮'的消息时，我相信自己即将出狱。在狱中，我好几次都失去了生活的勇气，是那些身边的人鼓励我活下去，他们知道我只是政治的牺牲品。"[1]他还给自己定下两条原则：第一，不论受多大委屈都不能不爱中国；第二，不论受多少苦都不能被整垮。1977年11月19日，经过9年8个月零1天的关押，李敦白被释放出狱，成为外国专家造反派中最后一个被释放的人。

理想与现实的张力

李敦白是一位坚定的理想主义者。他满腔热情投身中国革命，曾被焦裕禄精神感召，搬出大办公室，退掉一半工资，将收藏的明代家具全部捐献；他两次不明不白地入狱，一共坐牢16年（几乎占他全部中国岁月的一半），出狱之后，却无怨无尤，依然深爱这片给了他太多磨难的土地。第一次被关了6年，他没有怨恨，认为这是为革命牺牲，放出来后，他更加觉得毛泽东伟大，很想加入中国国籍，是周恩来劝他，做一个帮助中国的美国人，比做中国人更能发挥作用，他才放弃。1956年大鸣大放，很多知识分子提意见，他很愤怒，认为是攻击共产党，赶紧向中央汇报。第二次入狱，与1949年恍如晴天霹雳的冤狱相比，见识过更多中国政治风云变幻、人事浮沉的李敦白，其"二进宫"经历要平静许多。但出狱后一段时间的所见所闻，使他对新时代产生了深刻的疏离感。如人们开始越来越"向钱看"的种种"病态"，让他痛苦地意识到，自己为社会主义坐了多年牢，出来却发现"社会主义"已经没有了。而一旦发现自己毕生追求的革命事业逐渐"变色"，他宁愿选择离去，义无反顾地回到早已人地生疏的美国，从头再来。因此，重获自由后不到3年，他携家人悄然离开生活和奋斗了35年的中国，重返美国老家。

为什么一度备受中共高层重视，深信自己在这片新天地里找到了革命理想和激情的李敦白，会在35年之后，临近退休之时，决意告别中国，重归故里呢？为什么本来打算终老中国，把所有的才情和热情都毫无保留地献给中国的李敦白，竟发现自己难以适应时代的变化呢？李敦白选择回美国的深层原因，在很大程度上恰恰是对中国告别革命、转向改革开放的严重不适。正当国人对萌动中的变革、对开放的新时代满怀希望的时候，李敦白从监狱出来了，他的思想还没有完全转变过来："与社会隔离了十年，出狱之后，我没有多少变化，社会却已大变，我们已经不能相互适应。我的思想比较僵化是

---

[1] 黄灿：《"国际间谍"李敦白的"文革"岁月》，载《新天地》2009年第2期。

问题的一方面,另一方面则是这个社会显然染上了我早年深恶痛绝的病态。"[1]对于邓小平的改革开放,他最初还是难以接受:"我当时(1979、1980)的看法是,邓小平背弃了革命的道路,因此对他很不满意。"[2]更奇妙的是,当他重投"资本主义怀抱"之后,经过短暂的适应期,竟能很快进入新角色,而没有固执地继续活在原来的"革命理想"中。

不可否认的是,在李敦白"左"的背后,最突显的仍是其革命理想主义情怀。晚年李敦白剖析其"左"的主观原因时,认为有三大根源:首先,他在20岁前参加美国共产党和工人运动,在美国这样发达的资本主义国家,这本身就是极左行动。纯洁的理想主义与苏式教条相结合,"左"成为他的思想底色。其次,他在中国已经坐过6年监牢,害怕再犯错误。那么,如何才能避免再犯错误?那就是紧跟形势,紧跟毛主席。在毛主席不断革命思想的指引下,解放后中国的政治运动可谓是马不停蹄,如果以"左""右"来分,当然绝对往"左",不断往"左",紧跟的结果,显然就是在"左"的道路上越走越远。再次,他是美国人,又是中共党员,不断提醒自己,不要成为中共身上的弱点,不能让敌人通过自己攻击中共,所以他又成为"左道"上的"左"。他后来常自问,如果自己是中国人,还会不会这么"左"?他觉得起码在程度上会有区别。[3]

作为最"革命"的"老外",对参与中国的内部权力斗争,李敦白的悔恨一直伴随到晚年。"冤枉无辜好人我也有份。胁迫他人和寻找替罪羔羊已经制度化了,我看不到真相,因为那时我觉得中国制度的方方面面都是好的,我感到自己是促进人类进步、自由和幸福的运动中的一份子。我不能设身处地地考虑别人的感受。这是一种腐化,正是这种腐化毁掉了一切。""我本应该支持那些为争取发言权和保留不同意见的权利而斗争的人。我本应该退出。而我却让这些事情以我的名义继续下去。我骑虎难下。这里面有着太多的虚荣和诱惑。我曾认为,我是历史的一部分。我无法放手。这就是意识形态和权力的诱惑。你学会以建构美丽新世界的名义,硬起心肠。一旦硬起心肠,你就什么都干得出来。我就是这么做的。"[4]

矢志不渝的中国情怀

"1945年,一个美国青年第一次来到中国,就深深爱上了中国的语言和文化。"

---

[1] [美]李敦白口述,徐秀丽撰写:《我是一个中国的美国人——李敦白口述历史》,北京:九州出版社,2014年,第256页。
[2] [美]李敦白口述,徐秀丽撰写:《我是一个中国的美国人——李敦白口述历史》,北京:九州出版社,2014年,第204页。
[3] [美]李敦白口述,徐秀丽撰写:《我是一个中国的美国人——李敦白口述历史》,北京:九州出版社,2014年,第93-94页。
[4] [美]乔纳森·马戈利斯著,何黎译:《毛泽东的"洋朋友"》,英国《金融时报》2013年3月29日。

"在中国，我找到了自己通向稳定、实在、幸福的道路。它从来没有令我失望。""中国千千万万个有名和无名的革命英雄，用他们的智慧和毅力感动并教育了我。""我做了35年中国对外广播的专家顾问，我一直觉得这是让我有机会参加历史的创造，深感光荣。我还参加了许多中央文件，包括《毛泽东选集》的翻译定稿工作，更觉得自豪。""16年的幽囚岁月也让我有许多思考的空暇。""中国正经历着翻天覆地的变化，从一个世界最古老的文明社会正发展成为最新的和平崛起的世界强国。困难和挑战很多，但中国这独一无二的五千年古国的历史，就是一部克服困难迎接挑战的历史。""我是独身一人到中国的，回到美国却是和我心爱的夫人在一起。她就是我梦寐以求的最完美的生活伴侣。""我同中国的缘分是从60年前开始的，我要为修建美中关系的桥梁而努力一辈子。"[1]

回望李敦白坦诚又执着的一生，既有对理想的坚持，又有真诚的忏悔，他的情怀值得我们尊重。他个人生活的跌宕起伏，折射着历史的华章与疯狂，发人深省。而李敦白对理想矢志不渝的追求，他的救赎与疗治，对于中国读者深具启发意义。在浮躁的当下中国与世界，李敦白可以帮助我们感受理想主义者的真诚，追寻生命的力量与真谛。

（本文发表于《对外传播》2016年第9期）

---

[1] ［美］李敦白、阿曼达·贝内特著，丁薇译：《红幕后的洋人：李敦白回忆录》，上海：上海人民出版社，2006年，中文版序，第1-2页。

跨越国界的友谊传播

——鲜为人知的费正清与林徽因的交往

作为美国最负盛名的中国学家,费正清晚年在回忆录中称林徽因为"毕生最要好的友人",而费正清夫人费慰梅则亲自为林徽因著书立传,并在美国出版。通过回顾这段鲜为人知的跨国友谊,我们不仅能够感受中美两国学人结下的深厚情谊,更可体验那段坎坷动荡的岁月里,中国知识分子在异常艰苦的条件下仍矢志不渝坚持学术报国的可贵精神。可以说,这是发生在中国20世纪三四十年代一道亮丽的文化风景线。

初识林徽因

据费正清回忆,他与费慰梅初识林徽因、梁思成夫妇是在1932年。那时他们刚刚来到北平要进行为期4年研究生的学习,而林徽因和梁思成刚从沈阳回到北平,开始在中国营造学社的工作。费慰梅后来在她所著的《梁思成与林徽因》的传记中,对此做了更加详细的说明:"在我们婚礼后的两个月,我们遇见了梁思成和林徽因。当时我们都不曾想过这段友谊日后会持续那么多年,但一开始彼此就互相吸引住了。他们很年轻,彼此深爱对方,同时又很乐意我们常找他们做伴。……他俩都会说两国语言,通晓东西文化。徽因以她的健谈和开朗的笑声来平衡丈夫的拘谨。谈话间,各自提到美国大学生活趣味之事,她很快就知道我们夫妇俩都在哈佛念过书,而费正清是在牛津大学读研究生时来到北平。"又说:"我们离去时,她向我们要了地址。这时才惊讶地发现,原来我们两家的房子离得很近,他们就在大街的尽头东城墙下。……从那时开始,两家的友谊与日俱增。"[1]林徽因和梁思成还专门为这对年轻的美国小夫妻起了极具中国特色的名字,这就是后来大名鼎鼎的"中国问题专家"费正清和费慰梅名字的由来。

两对年轻人为何初见即成莫逆之交?按照费正清的分析,"形成他们性格的最大影

---

[1] [美]费慰梅著,曲莹璞、关超等译:《梁思成和林徽因——一对探索中国建筑的伴侣》,北京:中国文联出版公司,1997年,作者前言,第1、2页。

响也许是他们的出身"。[1]林徽因出身官宦世家,其祖父林孝恂考中进士,历官浙江金华、孝丰等地。其父林长民毕业于日本早稻田大学,擅诗文,工书法。而祖母游氏典雅又高贵,是位端庄贤淑的美丽女子。林徽因身上沿袭了他们儒雅优秀的血统,从小在东方和西方双重文化的教养下长大。四书五经、诗词曲赋与拜伦、雪莱、莎士比亚、狄金森一起滋养着她的心灵,东西方文化在她的血液里水乳交融地流淌。仁义礼智信的传统与崇尚自由、张扬个性的精神在她的行为方式中都有鲜明的体现。保持双重文化的生活形态,对林徽因来说,不仅是出于习惯,更是一种生命的需求。毫无疑问,林徽因的精神气质隶属于"五四"后生长起来的那一代中国自由主义知识分子群体。而引领费正清和费慰梅进入这个群体的正是林徽因和梁思成。

走进"太太的客厅"

冰心曾写过一篇小说,题目叫《我们太太的客厅》。在国难深重的20世纪30年代现实生活中,在偏处北平一隅的一个"私人空间"里,确实存在这样一个"太太的客厅",这就是东城北总布胡同林徽因家的客厅。这里汇集了当时北平一大批对文学、艺术和学术有兴趣的文人雅士,凝聚着当时中国最优秀的知识分子,形成了一个独特的交往网络和富有吸引力的"公共空间"。常在这个"客厅"中出没的既有如金岳霖、钱端升、张奚若、陈岱孙等著名学者教授,也有如沈从文、萧乾、卞之琳这些成长中的后起之秀。在这个知识贵族的公共空间里,林徽因是当仁不让的主角,是以之为交往网络的核心和灵魂。

与当时充斥北平、上海的社交明星不同,林徽因不是依靠她的美貌吸引众多的来访者,而是依赖于她的学识、智慧与洞察力建筑了一种"精神魅力"。费正清回忆说:"她是有创造才华的作家、诗人。是一个具有丰富的审美能力和广博的智力活动兴趣的女士,而且她交际起来又洋溢着迷人的魅力。在这个家,或者她所在的任何场合,所有在场的人总是全都围绕着她转。她穿一身合体的旗袍,既朴素又高雅,自从结婚以后,她就这样打扮。质量上好、做工精细的旗袍穿在她均匀高挑的身上,别有一番韵味,东方美的闲雅、端庄、轻巧、魔力全在里头了。"[2]费慰梅这样回忆她的"亲历感受":"每个老朋友都记得,徽因是怎样滔滔不绝地垄断了整个谈话。她的健谈是人所共知的,然而使人叹服的是她也同样擅长写作。她的谈话和她的著作一样充满了创造性,话题从诙谐的轶事到敏锐的分析,从明智的忠告到突发的愤怒,从发狂的热情到深刻的蔑

---

[1] [美]费正清著,陆惠勤、陈祖怀、陈维益、宋瑜译:《费正清对华回忆录》,北京:知识出版社,1991年,第121页。

[2] [美]费正清著,陆惠勤、陈祖怀、陈维益、宋瑜译:《费正清对华回忆录》,北京:知识出版社,1991年,第122页。

视,几乎无所不包。她总是聚会的中心人物,当她侃侃而谈的时候,爱慕者总是为她那天马行空般的灵感中所迸发出的精辟警语而倾倒。"[1]

与林徽因、梁思成的交往使费正清夫妇在中国的生活变得丰富而精彩。正如加拿大传记作家保罗·埃文斯在《费正清看中国》一书中所说:"十分幸运的是,费正清夫妇的朋友圈超出了西方人团体的界限,他们与一些中国人建立了深厚、持久的联系,特别是与著名政论家和改革者梁启超的儿子梁思成及他的妻子菲利斯(即林徽因)关系更为密切。作为建筑师,他们两人在美国得到培养,分别就读于耶鲁大学和哈佛大学。……梁思成夫妇向他们介绍了一些学者,其中有哲学家金岳霖、政治学家钱端升,还有章士钊、陶孟和、陈岱孙,以及物理学家周培源等。这是一个对中国的未来起了重要作用的杰出群体。费正清与他们所做的无目的的非正式交谈,为他与中国学术精英的长期联系打下了基础。"[2]

除了这种中国式的学术沙龙外,林徽因与费慰梅成了至交。费慰梅后来回忆说,当夏日炎热而漫长的下午,费正清要去图书馆查阅资料、写作论文时,她自己就乘一辆人力车直奔北总布胡同。林徽因的家庭及朋友,对于医生家庭出身、从小热爱艺术的费慰梅有着磁石般的吸引力。她喜欢坐在车上观看北京的街景,在她的眼里,沿街叫卖的奶油杨梅、蜜饯樱桃、藤萝饼、玫瑰糕,无论是名称还是形状,都带着甜美的诗意。

林徽因这时刚成为第二个孩子(即梁从诫)的母亲。每当佣人报告"费太太来访"时,林徽因就会离开书房或把孩子交给女佣,和费慰梅在起居室坐下。佣人送来了茶和点心,她们之间的话题就像杯中的茶叶,慢慢地舒展开来。林徽因和费慰梅的交谈完全用英语,即使后来费慰梅的汉语已达到一定程度,她们仍然主要用英语交谈。这样使费慰梅毫无语言障碍和心理障碍,同时林徽因也得到了双语交流的快感。费慰梅后来对梁从诫说过,林徽因的英语,常常使他们这些以英语为母语的人都感到羡慕。

朝夕相处的山西之行

1934年夏,林徽因、梁思成同费正清夫妇去山西汾阳、洪洞等地考察古建筑。

费正清回忆说:"我们的友谊是在艰难时刻同甘共苦所结成的,在空旷道路上的历险使我们4个人在难以忍受的环境中相依为命,不分你我,不分主客。"[3]这次山西之行将近一个月时间,他们朝夕相处,一起商量每天的行程,一起在曲曲折折的山路上跋涉,费正清夫妇甚至学会了简单的测绘。这样近距离的交往,大大促进了他们相互之间

---

[1] 唐小兵:《30年代北平的两道风景线》,载《书屋》2007年第4期。
[2] [加]保罗·埃文斯著,陈同、罗苏文、袁燮铭、张培德译:《费正清看中国》,上海:上海人民出版社,1995年,第87页。
[3] [美]费正清著,陆惠勤、陈祖怀、陈维益、宋瑜译:《费正清对华回忆录》,北京:知识出版社,1991年,第127页。

的深入了解。

刚开始,费慰梅很不适应林徽因起伏变幻的情绪。常常有这样的情形,体力的透支和恶劣的环境使林徽因的心情坏透了,她抱怨批评落后的社会,诅咒糟糕的道路和天气,嘲笑阎锡山在山西境内铺设的可笑的窄轨铁路……还有那些不顾他们的考察计划,宣称每个小时必须停下来休息吃饭的脚夫,为了一点小钱把寺院壁画撕下来卖给外国人的猥琐的僧人……这一切都让徽因情绪反应激烈。温和细致的费慰梅面对情绪激动的林徽因,常常不知所措,她觉得这个急躁激动的徽因和那个快乐优雅的徽因简直判若两人。她仿佛要把情感消耗到极致才能使自己复归平静。

随着相处日久,费慰梅觉得,林徽因就像一团带电的云,挟裹着空气中的电流,放射着耀眼的火花。如果她性格中没有了这些特征,那么,林徽因将不是林徽因,而只剩下一个不真实的、飘渺的幻影。共同的行程,使费正清夫妇更加深切地理解了林徽因和梁思成夫妇的为人和他们工作的意义。原本热爱艺术的费慰梅从此迷上了中国的古建筑研究。在以后的岁月里,她对于中国山东武梁祠重建的构想,使她在美国建筑学界享有了声誉。她据此写出的《"武梁祠"祭坛》在哈佛大学出版,梁思成和林徽因为之欢欣鼓舞。

1935年秋,费正清和费慰梅要回美国了,分别在即,相聚的时刻便显得格外珍贵。他们常邀林徽因到郊外骑马,出城野餐。林徽因过去从未骑过马,她只是在香山养病时骑过驴。费正清、费慰梅耐心地引导着她,很快她就掌握了骑马的要领并热爱上了这项运动。这年的圣诞节前,费正清和费慰梅回到了美国。在20世纪30年代后期,虽然费、梁两家在命运的摆布下天各一方,但他们的友谊在书信往来之中依然保持不断。

跨越国界的友谊传播

抗战爆发后,林徽因、梁思成被迫带着家人辗转流亡到西南大后方昆明。从1940年初冬起,梁思成任职的营造学社随中央研究院史语所进入四川,林徽因一家亦迁四川南溪县李庄镇上坝村。不久,林徽因肺病复发,从此抱病卧床四年。尽管李庄交通不便,物质穷困,生活条件极差,林徽因、梁思成和同事们仍旧勤奋的工作着。当时林徽因的肺病已经很严重了,晚上经常咳嗽无法入睡。没有医生,没有药品,甚至连体温计都没有,但她仍然强撑着。

费正清夫妇在中国抗战期间及战后作为美国政府雇员两次来华工作,费正清本人曾一度出任过美国驻华使馆新闻处处长等职。1942年11月4日,费正清由重庆到李庄探望林徽因一家。对于这次探望,他在回忆录中写道:"徽因瘦极了,但依旧那么充满活力,并且在操持着家务,因为什么事她都比旁人先想到。饭菜一样样端上。然后,我们就聊起来。傍晚五点半,就得靠一支蜡烛或者一盏油灯来生活了。八点半就只好上床去睡觉。没有电话，只有一架留声机和几张贝多芬、莫扎特的唱片。有热水瓶，可没有咖啡。毛衣也不少，就是没有一件合身的。有被单，但缺少洗涤的肥皂。有笔，可没有纸。有报纸，可都是几天以前的。"费正清看到了梁家的困境，不由得慨叹说："在那样艰苦的条件下，他们仍继续做学问。倘若是美国人，我相信早已会丢开书本，把精力放在改善生活境遇上去了。然而这些受过高等教育的中国人，却能安然接受这种农民的原始生活，继续坚持从事他们的学术研究事业。学者所承担的社会职责，已经根深蒂固地渗透到社会结构和对个人前途的期望中了。"[1]

在梁思成随后给费正清和费慰梅的信中，他描述了李庄的生活："……很难向你描述也是你很难想象的：在菜油灯下做着孩子的布鞋，购买和烹调便宜的粗食，我们过着我们父辈在他们十几岁时过的生活但又做着现代的工作。有时候读着外国杂志看着现代化设施的彩色缤纷的广告真像面对奇迹一样。……我的迷人的病妻因为我们仍能不动摇地干我们的工作而感到高兴。"[2]正是在李庄营造学社简陋的工作室里，在夜晚昏黄的菜油灯光下，在半饥饿的状态中，梁思成完成了《中国建筑史》的写作（这是第一部由中国人自己写的建筑史），并受国立编译馆的委托用英语写成了《图像中国建筑史》。梁思成所做的这一切，都融入了林徽因的心血。梁思成的所有文字，大多经过她的加工润色。这些文字集科学家的理性、史学家的清明、艺术家的激情于一体，常能见人所未见，发人所未发。梁思成在《图像中国建筑史》的前言中表达了对林徽因的热爱和敬重：没有她的合作与启迪，无论是本书的撰写，还是我对中国建筑的任何一项研究工作，都是不能成功的。

日本投降的当天，梁思成在重庆。当胜利的消息传来时，他却不在林徽因身边。为了与病中的林徽因共同庆祝胜利，在费正清夫妇的帮助下，梁思成由重庆乘飞机到宜宾，之后又把林徽因接到重庆。自1932年始，他们两家人在北京相处了4年，后来虽然一家在重庆一家在李庄，但书信往来不断。1944年11月，梁思成与费正清两人一同审阅《中国建筑史》图稿胶卷，而1948年费正清的《美国与中国》出版后，便立即寄给已经回到北京的林徽因夫妇。两个家庭的亲密友谊贯穿了他们的一生，他们为中美文化交流做出了独特的贡献，这在中美关系史上并不多见。正如费正清所言，"中国对我们产生了巨大的影响，而梁氏夫妇在我们旅居中国的经历中起着重要作用。如果把维尔玛（费慰梅）和我当作沟通中美两国文化的中间人加以报道，那么该项报道必须把他们包括进去"[3]。

（本文发表于《对外传播》2017年第2期）

---

[1] ［美］费正清著，陆惠勤、陈祖怀、陈维益、宋瑜译：《费正清对华回忆录》，北京：知识出版社，1991年，第268-269页。

[2] 张清平著：《林徽因传》，天津：百花文艺出版社，2007年，第236页。

[3] 张清平著：《林徽因传》，天津：百花文艺出版社，2007年，第121页。

在世界范围内展开中国文化研究
——张西平教授访谈录

张西平教授1948年9月出生，河南温县人，长期致力于现代西方文化、1500—1800年的中西文化交流史、西方汉学史和中国基督教史研究，在中西文化交流史、西方早期汉学研究与中国文化海外传播研究方面建树颇多。现为北京外国语大学中国海外汉学研究中心主任、博士生导师，《国际汉学》主编，中国社会科学院基督教研究中心副主任，世界汉语教育史国际研究会会长，国际中国文化研究学会会长，中国宗教学会和中国比较文学学会理事，国务院有突出贡献的专家，享受政府特殊津贴。代表性著作有《历史哲学的重建》（1997）、《历史与阶级意识》（1998，译著）、《中国和欧洲早期哲学与宗教交流史》（2001）、《传教士汉学研究》（2005）、《跟着利玛窦来中国》（2006，中文、英文）、《中国传统文化的价值》（2009，中文、西班牙文、英文、法文）、《欧洲早期汉学》（2009）、《丝绸之路：中国与欧洲哲学与宗教交流史》（2011）等，在《中国社会科学》《历史研究》《哲学研究》《世界宗教研究》等国内外学术刊物上发表论文一百余篇。

自20世纪90年代初，他从西方当代哲学研究转向明清中西文化交流史研究，并以此为基点向东西两侧展开，向东即"西学东渐"，进入明清基督教史研究和明清文化史、思想史研究；向西即"中学西传"，进入欧洲早期汉学史研究、欧洲近代文化史和思想史研究，在世界文化的范围内审视中国文化的价值。他为何要"问学于中西之间"？如何看待这一代人的学问与志向？如何评价海外汉学（中国学）的价值和意义？如何促进全球化状态下的学术互动？笔者带着这些问题，有幸拜访了张西平教授。

"我们这一代人的学问"

管永前：在当今国内学术界，出生于20世纪40年代末到50年末的一代人，眼下势头正劲，各领风骚。这一代人独特的生命历程如何造就和决定了他们的学问与志向？

张西平：我是"老三届"高中毕业生，转眼之间，我们这一代人已先后进入"耳顺之年"。我们这一代人下过乡，在泥巴中打过滚，知道山峦乡村之苦；当过兵，扛过枪，经历过那种八百里狼烟无人迹，沙场秋点兵的场面；做过工，在火烧烟缭的车间抡过锤，在人声鼎沸的码头扛过包。正是带着这样的社会阅历，我们在80年代进入了学堂，开始自己的学习生活。

80年代是个狂飙的时代，反叛的时代，批判残酷无情的"文革"岁月，告别60年代以来那种空疏沉闷的学术叙事。在疯狂的西学热潮中，学习新知识、探索新理论，眼界从此开阔；被压抑的求知热情一下子爆发了出来，念外语，读洋文书；学历史，沉醉于古籍文本之中。青春好像在读书中得到补尝，流失的岁月似乎在每日的阅读中追回，知识的增长与思想的反叛成为80年代的记忆。

正像我们个体的那种被压抑的青春爆发出来一种不可阻挡的反叛和求知一样，历经百年苦难的中国那种被压抑的现代性也爆发出了一种人类史上所没有的现代化冲动。在宏大的历史叙事中，短暂的90年代初的沉闷很快被新一轮的改革开放浪潮所取代。当学术史研究渐成学界主流时，像马克斯·韦伯所说的那样，学术也被纳入到一个庞大的运转机器之中。空洞的政治热情已经不能构成学术的主题，以知识为其趋向的学术叙述逐步成为一种主流的叙事。我也正是在90年代初开始了自己的学术转型。

几乎近十年我完全从原来的西方当代哲学研究领域消失，当1998年在三联的《哈佛燕京丛书》第三批出版了我的《历史哲学的重建：卢卡奇与当代西方社会思潮》时，我正在经历着艰苦的学术转型。此时，我才发现自己在学问上很幼稚，有如此多的书没有看过，有如此多的重要人物和事件完全不知，一个学科就是一片天地，一个领域就是一片海洋，自己原来的那些狂傲和自大是多么可笑。那时我才真正理解了庄子所说的"吾生有涯，而知也无涯。以有涯随无涯，殆已；已而为知者，殆百已矣。为善无近名，为恶无近刑。缘督以为经，可以保身，可以全生，可以养亲，可以尽年"。我当然没有象庄子那样走向无为之路，但却知道了自己的无知，看到了知识的博大和个人之渺小。正是在这样的学术转型中，跨学科的研究使我的精神世界从此更加辽阔，对人生的理解也开始更为平实，从80年代的狂躁中重新回到了自然和朴实的思想状态。

管永前：孔子曾说："独学而无友，则孤陋而寡闻。"从您自己的治学道路来看，在跨学科的学术转型中，哪些人对您的学问增进帮助最大？

张西平：就在这个时候，一些学术先贤和前辈开始吸引了我。陈垣先生此时成为我的偶像，方豪先生的书几乎每天都要翻来翻去，我寻找过向达先生散失的书籍，访问过王重民先生的后人，认真读过袁同礼先生所编的汉学书目，读着他主编的《国立北京图书馆馆刊》，我一本本地寻找藏国家图书馆中的中西文化交流的历史文献和汉学书籍。在国家图书馆工作的6年给我提供了从未有过的良好学术环境，在夕阳的余晖之下，我在善本部的阅览室中一本本地翻阅了北堂的摇篮本，在港台室的晨曦之中，我第一次借到了《天学初函》，在这里我找到了方豪主编的《上智编译馆馆刊》，看到了藏在善本部里的利玛窦地图的残卷，还发现了一些尚未编入北堂书目中的传教士的手稿。我特别感谢国家图书馆在我最彷徨的时刻收留了我，感谢任继愈先生在我思想恍惚之时给我指出了一条崭新的学术之路。同时，学术的圈子也开始扩大，在这一时期我结识了历史所的耿昇先生，认识了中华书局的谢方先生、杭州大学的黄时鉴先生，开始比较密切地与中国社会科学院历史所的何高济先生和张凯先生交往。同时，在编辑《国际汉学》的过程中，结识了北京大学严绍璗先生、孟华先生、李明滨先生和中国社会科学院许明龙先生。在学习中交往，在交往中学习，谦卑是发自内心的，因为我结识的这些朋友的知识都如此渊博，学问都是那样的广博和扎实，而自己正像一个从石头缝中长出的小草，虽然有足够的生命力和坚韧的毅力，其实在知识和学问上缺乏养分和阳光，没有丰厚的土地支撑，明显感到先天的不足。

历史好像跟我们这一代人在开玩笑：尽管我们在耀眼光环下有着一些虚荣的名声，其实我们根本没有清末民初那批学者的学养；尽管我们处在人生的顶峰之中，家境略微改善，有了些斯文的生活，其实我们完全没有民国时代那些文人们的富足和从容；我们也游走四海，求学五洲，但精神的家园似乎在飘荡，而不像三四十年代的那批留学者一样，有着强烈的家园归属和文化自觉。我一直把自己看成一个过渡性的人物，其实我们这一代大体都是这样，有太多的理想，但先天的不足，使我们无法远行。说句玩笑话，我觉得自己是心比天高，命比纸薄，一代"红颜薄命"似乎应是我们这一代人的归宿。

但不经意之间，在学术的推进和思想的重建上突然把我们这一代人推向了历史舞台的前沿。因为，国之强大已经重立于世界民族之林，它需要学者们在国际舞台上代表这个东方大国说话；因为，东方的日出已经不再是神话，500年的世界格局在我们这一代要发生根本性的变化，近100年来在欧风美雨熏陶下成长的知识分子突然失语，发现自己无法用东方的语言和思维说话。此时，我们发现过去从先生那里学来的知识已经大都陈旧了，甚至先生的先生们的一些话语和逻辑都要重新审视，学术的重建的重担几乎在瞬间压在我们这一代人的肩上。此时，生活之树的繁茂和理论的灰色反差如此之大，我们是在几乎完全没有思想准备的情况下，突然面临了这一切的发生。

在不到30年间的时间，我们生活于其中的中国已经连我们自己都无法辨认，现代化和现代性的冲突已经成为生活的现实，从自由主义那里接续来的香火似乎并不能完全点亮我们前行的道路，尽管它包含着部分的真理；从西方舶来的那套思想和社会理论在学理上是美丽的，但西方的经验虽然有时可以开启我们的头脑，但却无法完全解释这个有着5000年文化传统的国家所发生的文化巨变。茫然，分歧，探索，精神世界的分裂感的使命从未像今天这样强烈，学术重建的重担从未像今天这样繁重，思想从未像今天这样活跃，争论也从未像今天这样激烈。这或许是在人类古代文明中唯一延续下来的中华文明所要经历的一次前所未有的大考，或许是是一个伟大国家与古老文化在又一次经历着凤凰涅槃，浴火重生。

我们能担起这3000年未有之变局的大任，为往圣继绝学吗？历史能从我们这一代开始重新书写中国的知识体系与学术的道统吗？在这"前不见古人，后不见来者"的动荡世纪里，一切都崭新而陌生，全球化的现实、中国的崛起都需要思想的变革和理论的支撑，我们能为这个变动的世界提供一个东方色彩的理论吗？在这个资本消融一切的平面化社会中，我们这一代读书人能"为天地立心，为生民立命"吗？

只有问题，没有答案。因为历史正在行进中，我们正在书写历史。

"问学于中西之间"

管永前：据我所知，在90年代初国内学界对海外汉学（中国学）研究还少有人涉及，您是如何转入这个研究领域的？在方法论上有何感悟？

张西平："问学于中西之间"是我对自己学问的一个初步总结。我从研究当代哲学转入海外汉学研究以后，很长时间把握不住这个研究领域。因为，域外汉学不是一个学科，它是一个研究领域，其内容几乎没有边界。渐渐地我在学长和前辈的带领和指导下，逐步摸索出了研究这个领域的一些方法，概括起来就是"问学于中西之间"。这就是说，对中国和西方的学问都要有所涉猎，不懂中国自己的学问，没有根；不懂西方的学问，抓不住汉学的神。中国学问和西方学问如此之大，从何入手？只能由点入面，我的点是哲学和宗教，这样我基本上仍在我的专业范围之内。在海外汉学研究上，从方法论来说，我受到严绍璗先生和孟华先生影响较大，前者擅长严谨的文献研究和原典实证的方法，后者熟悉跨文化的方法。在历史研究上，中华书局的谢方先生、浙江大学的黄时鉴先生、暨南大学的汤开建先生，他们的历史考据研究方法对我有较大的影响。

在世界文化范围内审视中国文化的价值

管永前：当代法国汉学家于连有一段话说的很精彩，他认为只有从外部来才能重新审视欧洲。如果排除印欧语系，在欧洲文明以外真正能和其对话的只有中国文明。所以，他说"从严格意义上讲，唯一拥有不同于欧洲文明的'异域'，只有中国"。中国的特点在于它无法按照欧洲的逻辑进行归类。正是中国的这种"异"，既使欧洲黑暗，又有光明可寻，作为"他者"的中国始终成为西方反思自己文化的参照系。那么，如何把握西方思想界对中国文化的这种认识呢？

张西平：这实际上为我们提供了一个重新认识自己的视角。对中国文化本身来说，将中国置于全球文化的语境之中，研究它与其他文化的关系，使其成为正在进行的全球文化多元建构的一个组成部分。这是我们过去从来未有的遭遇，也是全无经验的一个崭新的领域。在与西方文化的互动中关照中国文化的价值和意义，在世界文化的范围内考察中国文化的当代意义，这是一个全新的研究。

在中国重新返回世界民族之林的时刻，文化自觉成为我们唯一正确的选择。这种文化自觉正如费孝通先生所说，首先要了解自身文化的种子（基因）；其次，必须创造条件，对这些基本特点加以现代解读，让原有的文化基因继续发展，使其在今天的土壤上，向未来展开一个新的起点。实现文化自觉的一个重要的方法就是在世界范围内重新审视自己的文化，在这样的考察中，我们会有一种新的历史感，会重新竖起文化的自信。

一个民族的崛起首先是精神的崛起，一个国家的强大，首先是文化的强大。经济的强大是重要的，但仅仅有此是远远不够的。当今世界上凡在全球范围内产生重大影响的国家都不是那些仅仅腰缠万贯的富国，而是那些既有强大经济实力，又具有文化影响的国家。历史上任何一个大国的崛起，首先是对自己文化的自信、自觉，历史上从来没有那种将自己的文化建立在对异国文化的迷恋上的大国。坚信自己的价值，包容与理解其他文化，这才是一个健康的文化心态。抖落掉晚清以来的悲情，走出困扰我们已久的狭隘与自大的双重困境，在与多元文化的对话中走向文化自觉。

海外汉学史构成中国近代学术史的一部分

管永前：每当展开对海外汉学研究的时候，总可以听到这样的声音，中国的学问，这些汉学家们懂吗？他们认为，这些汉学家的研究无论如何也无法和中国学者的研究成果相比。这涉及我们在国内学术界展开对域外汉学研究的意义和价值问题。您对这个问题如何看待？

张西平：海外汉学（中国学）界的研究，奠基了我们中国本土学术界许多研究领域展开的基础，海外汉学史构成中国近代学术史的一个部分。

提出这样的观点，也许使人十分吃惊，但是这是一个事实。1814年当雷慕莎出任法兰西学院的第一任汉学教授时，西方汉学作为东方学的一个分支，已经开始进入西方的近代学术体系。他们已经开始用近代学术的方法来研究中国的学问和历史，而此时，中国学术本身仍处在乾嘉学派的影响之下，尚未进入近代的学术研究的体系。但当时，西方汉学并不是远在天边，许多汉学家来到了中国，并同中国的学者展开了合作与讨论，催生了中国学术的转变。在这个意义上，海外汉学（中国学）从其诞生起就同中国学术界有着千丝万缕的关系，特别是西方汉学，在一定意义上讲中国近现代学术的产生是和西方近现代的汉学发展是紧密联系在一起的，也就是说中国近现代学术之建立是中国本土学者与汉学家们互动的结果。利玛窦与徐光启，理雅各与王韬，王韬与儒莲，伯希和与罗振玉，胡适与夏德、钢和泰，高本汉与赵元任等等……汉学家与中国学人的交往我们还可举出许多例子，正是在这种交往中双方的学术都发生了变化，互为影响，相互推动。戴密微在厦门大学任教，卫礼贤执教于北大讲坛，陈寅恪受聘于牛津，在20世纪二三十年代双方的交往比今天还要频繁。就中国来说，正是在这种交往中中国学术逐步地向现代化形态发展。

当年傅斯年在谈到伯希和的学问时说："本来中国学在中国在西洋原有不同的凭借，自当有不同的趋势。中国学人，经籍之训练本精，故治纯粹中国之问题易于制胜，而谈及所谓四裔，每以无较材料而隔膜。外国学人，能使用西方的比较材料，故善谈中国之四裔。而纯粹的汉学题目，或不易捉住。今伯先生能沟通此风气，而充分利用中国学人成就，吾人又安可不仿此典型，以扩充吾人之范围乎。"这说明了当时汉学对中国学人的启示。实际上近现代以来，中国学术对西域的研究日益加强，引起许多学者感兴趣，这显然是受到了西方汉学家的影响。胡适在1916年4月5日的日记中说："西人之治汉学者，名Sinologists or Sinoloques，其用功甚苦，而成效殊微。然其人多不为吾国古代成见陋说所拘束，故其所著书往往有启发吾人思想之处，不可一笔抹煞也。"

这里胡适已认识到汉学的特点，以后胡适在与汉学家钢和泰交往中改变了原来认为汉学家治学"成效殊微"的看法，而是直接向钢氏求教于梵文。而他对瑞典汉学家高本汉的评价更说明西方近代汉学对中国学术的影响，高本汉以治音韵学而著称，胡适说："近年一位瑞典学者珂罗倔伦（即高本汉）费了几年工夫研究《切韵》，把260部的古音弄的（原文如此）清清楚楚。林语堂先生说：'珂先生是《切韵》专家，对中国音韵学的贡献发明，比中外过去的任何音韵学家还重要。'（《语丝》第四卷第二十七期）珂先生成绩何以能这样大呢？他有西洋音韵学原理作工具，又很充分地运用方言的材料，用广东方言作底子，用日本的汉音吴音作参证，所以他几年的成绩便可以推倒顾炎武以来300年的中国学者的纸上功夫。"[1]鉴于西方汉学的这一成就，他号召青年人要掌握新的研究方法，那时再来重新整理国故，便可"一拳打倒顾亭林，两脚踢翻钱竹江"。

当时西方汉学对中国学界的冲击非常之大，以至陈垣先生说："现在中外学者谈论汉学，不是说巴黎如何，就是说日本如何，没有提到中国的，我们应当把汉学中心夺回中国，夺回北京。"[2]其实中国近代学术从传统的注经转变为现代社会科学的方法，一个重要因素是受启于海外汉学。陈寅恪任教清华之初，遵循地道的欧洲汉学及东方学方法，讲授欧洲东方学研究之目录学。赵元任和李方桂的语言学研究走出传统的小学，而采取现代语言学的方法，一个重要原因就是受到高本汉语言学研究的影响。这说明汉学和我们自己本土的学术传统有着内在的联系。

---

[1] 胡适：《胡适文存》第3卷，北京：外文出版社，2013年，第203-205页。

[2] 郑天廷：《五十自述》，载《天津文史资料选辑》第28辑，第8页，转引自桑兵：《国学与汉学：近代中外学界交往录》，杭州：浙江人民出版社，1999年，第139页。

这一段历史说明，在中国近代学术确立的过程中，西方汉学起到了重要的作用。因此，研究西方汉学的历史不是一件外在于中国学术的事，而是中国近代学术史研究中不可回避的一个重要历史事实。这就揭示了研究西方汉学史的一个重要意义：搞清西方近代汉学史，也就是梳理中国近代学术史。

推进中国文化在世界的传播研究

管永前： 西方汉学家以中国文化为其研究对象，他们的研究成果为我们展现出了一幅中国文化在西方各国传播的历史画卷。在中国文化逐步走向世界的今天，探讨中国文化在世界各国传播的历程，研究中国文化在世界各国接受的过程，研究中国典籍的翻译，是我们亟待展开的一项研究工作。而要做好这项工作，首要之点就是做好海外汉学的研究，对西方来说就是做好西方汉学史的研究，因为，西方的汉学家是中国文化走向世界的桥梁，离开了对汉学家和汉学史的认真研究和梳理，是根本做不好中国文化外传史研究的。

张西平： 是的。目前就中国文化在西方的传播来看，至今仍未有一个较为系统的书目。台湾学者王尔敏所编的《中国文献西译书目》[1]是目前最为全面的目录，但离真正的中国文献西译的全目还相差很远。目录是学问之始，如果连中国文献在西方传播的基本目录都未做好，所谓展开中国文化外传史的研究只是一句空话。上面，在方法论中，我们已经强调了展开基础性研究的重要性，这里是想说明，为何这样的基础性工作没有做好呢？重要的一条就是对西方汉学历史的研究没有展开，对西方汉学家的个案研究没有深入展开。[2]

翻译研究也是如此，如果对西方汉学家已经翻译的中国文化典籍没有一个基本的了解，我们就很难展开中国文化在海外传播的研究，对西方不同国家，不同语种的中国典籍的翻译个案研究是目前一个重要的学术方向。目前，中国学术界展开的研究，大都停留在一般性的研究上，由于西方语言繁多，从而在文本的翻译上呈现出多种多样的风格和特点，必须从一般性研究进入不同国家和语种的翻译研究，这样才能真正梳理清中国文化外传的实际文化历程和特点，而做好这一点的基础仍是对西方汉学史上重要翻译家的个案研究。[3]

---

[1] 王尔敏：《中国文献西译书目》，台北：商务印书馆，1975年。
[2] 最近读到《儒学走向世界文献索引》（齐鲁书社，2001年）和《儒学在国外的传播与影响》（齐鲁书社，2004年），实在不敢恭维，如果说前者还稍做了点基础性工作的话，后者基本上是一个材料的汇编，在研究上毫无推进。目前，在书店中，这样大而无当的著作太多了。
[3] 王丽娜：《中国古典小说戏剧名著在国外》，上海：学林出版社，1988年；[苏]李福清著，田大畏译：《中国古典文学研究在苏联，小说戏曲》，书目文献出版社，1987年；宋柏年主编《中国古典文学在国外》，北京语言文化出版社，1998年；乐黛云，陈珏编选《北美中国古典文学研究名家十年文选》，江苏人民出版社，1996年；周发祥：《西方文论与中国文学》，江苏教育出版社，1997年；孙歌等：《国外中国古典戏剧研究》，江苏教育出版社，1999年；王晓路：《西方汉学界的中国文论研究》，巴蜀书社，2003年。目前国家新闻出版署所推行的"走出去"计划中所面临的最大问题是中国古典文献的外译，近几十年的外语教育已经很难培养出像杨宪益这样的翻译大家，但在未了解西方汉学家的翻译成果情况下，匆忙上马一些中国古典文化的翻译在学术上是不妥的。

全球化状态下的学术互动

管永前：西方汉学的存在标志着中国自身的学问已经成为一个世界性的学问，但应看到，在这个世界上文化的主导权基本上掌握在西方文化手里，西方文化仍是一个主导性的文化。这表现在学术就是，中国学术界的西学研究基本上不受西方学术界的重视。反之，我们看到西方的汉学研究在中国受到了前所未有的重视。这很清楚地反映了文化上的权重，说明了这个世界的主导文化是西方文化。

张西平：在全球化时代，学术和思想的流动犹如商品的流动，学术研究也象商品一样很难只限定在一个狭小的范围内。但我们应冷静地看到，在当前西方文化作为世界的主导性文化的总体局面短期内很难改变的情况下，西方汉学的引进有着双重的作用，汉学在当下的中国学术发展中是一把双刃剑。

从有利的方面说，引进汉学研究成果对于促成我们学术的转变有着积极意义。学术必须是一个开放性的事业，只有在多元文化的竞争中，在多种学术系统的相互交融过程中，学术才能健康的发展。20世纪80年代以后，中国学术界走出了长期的学术的停滞状态，当时西方汉学的引进极大地刺激了中国学术的发展，汉学家们给中国学术界展示了一个过去从未思考过的研究领域，一个从未使用过的理论方法，一种全新的理论表述的方式。例如，在中国文学史的研究中夏志清的《中国现代小说史》在当时就产生了相当大的影响，无论是他的研究理论、研究方法、研究领域都使中国现代文学史的研究感到耳目一新。

又如，在中国近代史的研究中，美国中国学的著作翻译出版后一时洛阳纸贵，将社会科学的研究方法运用到历史研究中成为一种潮流，现代化的研究角度使许多青年学者走出了长期以来传统研究模式。正是在西方汉学，特别是在美国中国学的晚清研究的刺激下，中国近代史研究、晚清史研究呈现初前所未有的繁荣。

今天，我们可以清楚地感觉到西方汉学的研究已经和我们本土的学术研究交织在一起，西方汉学的文章已经开始在中国当代学术刊物上发表。在阅读这些文章时，绝大多数学者没有一种文化比较的概念，而是完全把其作为本土的学术研究纳入自己的思考，由此，造成的"误读"和分歧常常发生，像我们上面所讲，由于西方汉学的研究成果已经如此大量的进入我们的学术环境，而中国本土的学者很少使用比较文化的方法来对其观察，这样的冲突必将长期存在。但也有些学者自觉地认识到这种区别，并从根本上反思西方汉学研究的方法和研究路向对近代以来中国学术界所产生重大影响，从而在对西方汉学研究方法的反思中开辟了中国学术自身逻辑与特点的研究，开始走出五四以来的学术思路。在这个意义上，西方汉学的研究刺激了中国学术的崭新的发展。[1]

但另一方面，西方汉学作为主导世界文化的欧美文化的一部分，中国学术界对它的接受也呈现出了另一种特点：汉学心态的出现。这就是对西方汉学的一味的追求和模仿。在现在文学研究中这一点表现的比较突出，温儒敏先生对这种现象做了分析，他说："若问现当代文学研究在向哪里看齐？哪些研究主导着现当代文学的'话语生产'？在一些学者那里，恐怕就是海外汉学。这是很不正常的。现当代文学本来是很鲜活的学问，与现实密切关联，但现在似乎太过强调研究立场的超然了。许多文章都把本来很鲜活的文学现象硬是作为干巴巴的'知识'来'考古'，强调所谓的'价值中立'，远离文学审美分析，主要对研究对象的形成做社会的，文化逻辑的阐释，这样的论作可能显得别致，毕竟又是隔岸观火，无关痛痒。这种趋向就跟外来影响有关，是对海外汉学经验生活的生吞活剥，一味模仿汉学（尤其是美国汉学）研究的思路，盲目地以汉学的成绩作为研究的的标尺，失去自己的学术根基。我们可以把这种盲目性称为'汉学心态'。"[2]

这样的现象不仅仅在现当代文学研究中，在近代史研究领域，在晚清史研究中，在中国思想史研究中都有这样的现象。急切的套用西方汉学著作中的学术术语，急切照搬西方汉学的一些研究方法，这已经成为当前文科研究中，特别是在传统的人文学科研究中的一个很普遍的现象。一些看似很新潮的著作，一些看似很玄妙的理论，如果我们深究一下，几乎都可以在西方汉学（中国学）的著作中找到原性。我们并不反对对西方汉学研究成果的借鉴、学习，但是在没有搞清西方汉学著作的理论背景下，在没有分析西方汉学学术术语的理论来源的情况下，拿来就用的态度和方法是很成问题的。

更重要的在于，这种对西方汉学家的追随和挪用，这种对西方汉学家不加批判的宣扬，无原则的吹捧，都很深刻地反映出不少学者仍处在"西方中心主义"的支配之下，在学术上缺乏原创精神，缺乏从根本上反思五四以来中国学术的基本能力，完全不知目前中国思想与文化在中国崛起的文化背景下所面临的根本性变革的重大意义。其实就是今天，那些批评国内从事汉学研究的人，像我们上面讲的批评"汉学主义"的人，所使用的方法完全是赛义德的《东方学》理论，他们不过是把赛义德的话重复了一遍，在思想和理论上毫无创造。追随西方的理论与思想，生吞活剥的转述西方的理论，缺乏对中国本土思想和文化的根本性思考仍是当下学术界一个主要的倾向。那些对这些西方汉学家的追随和挪用的做法不过是中国学术界这样思潮在汉学研究的一个表现而已。

---

[1] 参阅方朝晖：《儒学在美国：动向与反思》，载《中国思想史研究通讯》第3辑；程刚：《西方学者的先秦史研究》，载《周秦汉唐文化研究》第1辑，西安：三秦出版社；蔡亮：《重构与解构：对美国汉学界早期儒学研究的一些回顾和思考》，杨泽波：《性的困惑：以西方哲学研究儒学所遇到困难的一个例证》，载《中国学术》2005年第4期，北京：商务印书馆。

[2] 温儒敏：《谈谈困扰现代文学研究的几个问题》，载《文学评论》2007年第2期。

所以，在全球化背景下的当代西方汉学的引进对中国学术界来说是一把双刃剑，一方面，它提供给我们一些新的方法和思路；另一方面，我们也开始有了新的讨论的对象，一个新的争论的对手。任何对西方汉学的排斥和恐惧都是可笑的，在知识和思想全球化的今天，西方汉学已经是我们不可回避的一个学术对象，我们必须直面他们所提出的各种问题，同他们展开合作，展开沟通，展开交流，展开讨论，他们既是我们的朋友，也是我们的学术对手，我们的域外的学术对话者。正是在他们平等的对话和讨论中，中国的学术事业开始在国际空间中展开，正是在和他们的合作中，我们学习到新的知识和方法，对重新反思我们自己的学术和研究提供了一个新的维度；任何对西方汉学的献媚和无原则吹捧，对西方汉学的蹩脚的挪用都是毫无价值的，这些都是"西方中心主义"在学术上的表现，是一种殖民思想的体现，是学术上无根的表现。

正像中国本土学者因为西方汉学的引进开始了一种新的学术裂变一样，与此同时，一旦西方汉学家的著作被翻译成中文，它也就开始要面对中国的读者和研究者。西方汉学家们也必须做好思想的准备，他们在中国所获得的绝不仅仅是廉价的赞扬，严肃的学术讨论，直接的学术批评会同时伴随而来，正如他们在本国所遇到的学术境域一样，不过这次他们会面对学术上真正的对手——中国本土的学者。

我个人认为，对西方汉学的全面的评价至今并未开始，一方面，我们的西方汉学史的研究尚未跟上，国内学者对这批洋读者的面孔还很陌生，还不能向对待国内学者那样，可以很快地摸清讨论对象的背景，然后展开深入的分析和研究。[1]另一方面，从20世纪80年代的拥抱西方学术，到20世纪的90年代的学术重建，中国快速的崛起，使学人们的心魂一时很难找到自己的学术定位。此时的西方汉学主要作为"老师"的角度呈现在中国学术界，年轻的学子们在如饥似渴的读着西方汉学的著作。但随着学术界的文化自觉成为主流，中国文化的价值重建成为在中国重新崛起背景下的必要的学术诉求，在躁动和艰难中的中国学人找到自己的学术定位，那时，对西方汉学的全面讨论就开始了。[2]

（本文发表于《社会科学论坛》2014年第8期）

---

[1] 正是在这个意义上，对西方汉学史的研究绝不仅仅是一个西方东方学历史的梳理，它同时是当代中国学术建设的一个重要的部分，是为中国学术界全面消化西方汉学成果的一个最重要的学术准备。

[2] 参阅何培忠主编：《当代国外中国学研究》，北京：商务印书馆，2006年；何寅，许光华主编：《国外汉学史》，上海：上海外语教育出版社，2002年；刘正：《海外汉学研究：汉学在20世纪东西方各国研究和发展的历史》，武汉：武汉大学出版社，2002年。

致　谢

本书是我近年来有关海外汉学和中国学研究的部分习作。拙著得以完成，首先要特别感谢张西平教授、侯且岸教授，是他们的悉心指导，引领我走上海外汉学和中国学研究之路。感谢北京外国语大学国际中国文化研究院的各位领导和同事，尤其是梁燕教授、顾钧教授、任大援教授、李真副教授、孙健副教授、张西艳副教授、谢明光博士、谢辉博士、张明明博士、姜丹老师、牟琴老师、周健老师等各位同仁的关心支持。感谢北京大学严绍璗教授，北京语言大学阎纯德教授，中国社会科学院何培忠研究员、唐磊研究员，华东师范大学萧延中教授，北京联合大学梁怡教授、刘文忠教授、周文华教授，中央党史与文献研究院翟亚柳处长、郑颖副编审，北京师范大学周良书教授，北京行政学院韦磊教授、刘汉峰副教授，燕山大学李晔教授，郑州师范学院郭磊教授等师友的大力帮助。

感谢美国丹佛大学美中合作中心主任赵穗生教授，美国纽约皇后图书馆劳雷尔顿（Laurelton）分馆馆长王小良教授，美国加州大学洛杉矶分校（UCLA）东亚图书馆馆长陈肃教授，美国哥伦比亚大学东亚图书馆馆长王成志教授，美国卡特中心中国项目主任刘亚伟教授。感谢韩国明知大学姜允玉教授，韩国加图立关东大学李奎泰教授，加拿大拉瓦尔大学李晟文教授，印度国际大学中国学院院长阿伟杰特教授，西班牙马德里康普顿斯大学罗慧玲博士。

感谢多年来给予我无私帮助和支持的领导和师友，他们是李顺和、李保平、胡国顺、杨天增、高增、程传江、宫新平、宫宏林、刘合存、李淑芬、陈娟、陈发印、肖清志、孙凯、潘德金、史文锐、马坚波、赵永成、张瑛等。

感谢北外国际中国文化研究院的研究生郭玉红、余倩虹、宋逸鸥、刘乐艺、尹丽、侯一菲、耿瑞敏、张天皓、闫畅等同学，在资料收集和整理方面的付出。

最后，还要感谢本书的两位责任编辑潘占伟老师和李媛老师，感谢他们认真的态度和出色的编辑工作，为本书付出了诸多心力。本书只是阶段性的初步成果，由于笔者知识和水平有限，错误和不足之处在所难免，本书中的任何错误都应由作者承担。恳请各位专家学者批评指正，以求实现新的提升。

管永前

2020年7月3日